中学生态文明教育的

体系构建与优化策略研究

韩 梅——著

九州出版社 | 全国百佳图书出版单位

图书在版编目（CIP）数据

中学生态文明教育的体系构建与优化策略研究 / 韩
梅著. —— 北京：九州出版社，2024.3
ISBN 978-7-5225-2702-4

Ⅰ．①中… Ⅱ．①韩… Ⅲ．①生态环境－环境教育－
教学研究－中学 Ⅳ．①G633.982

中国国家版本馆CIP数据核字(2024)第055514号

中学生态文明教育的体系构建与优化策略研究

作　　者	韩　梅　著
责任编辑	张皖莉
出版发行	九州出版社
地　　址	北京市西城区阜外大街甲 35 号 (100037)
发行电话	(010)68992190/3/5/6
网　　址	www. jiuzhoupress.com
印　　刷	北京九州迅驰传媒文化有限公司
开　　本	720 毫米 ×1020 毫米　16 开
印　　张	20.25
字　　数	289 千字
版　　次	2024 年 3 月第 1 版
印　　次	2024 年 3 月第 1 次印刷
书　　号	ISBN 978-7-5225-2702-4
定　　价	58.00 元

目 录

绪　论

自 20 世纪中叶以来，人类对自然的索取能力和干预能力显著增强，生态危机和环境问题日益凸显。生态危机的根源在于人的精神危机，即不合理的认知理念和价值观念。化解生态危机，建设生态文明社会需要对人的理念进行变革与教化。当前人类的生态环境意识已逐渐觉醒，但仍未达到预期的效果，必须进行深入、彻底的反思与变革。生态文明是人类在反思生态危机的过程中对现实生存和发展问题进行的理性选择。人与自然和谐共生是生态文明的核心要义，党的二十大报告指出："要推动绿色发展，促进人与自然和谐共生。"生态文明教育是生态文明建设、美丽中国建设、绿色发展的重要基础工程，在其中发挥着重要的基础作用。生态文明教育是国民教育体系的重要内容，中学生态文明教育又是学校生态文明教育体系的重要内容，在实现2035 年教育现代化过程中具有举足轻重的作用。作为本书的开端，绪论主要包括以下几方面：一是选题的背景与意义，二是国内外研究现状，三是研究目标与研究内容，四是研究方法与创新点，五是本书的结构及内容概要。

一、研究的背景与意义

（一）研究的背景

随着全球性的生态破坏和环境危机的日益加深，人与自然和谐共生关系的重塑已迫在眉睫。当前我国生态环境保护任务依然艰巨。尊重自然、顺应自然、保护自然是全面建设社会主义现代化国家的内在要求。党的十九届五

1

中全会指出：要构建生态文明体系，建设人与自然和谐共生的现代化。党的二十大报告指出："要以中国式现代化全面推进中华民族伟大复兴"，其中"人与自然和谐共生的现代化"是中国式现代化内涵的五个维度之一，即"促进人与自然和谐共生"是中国式现代化本质要求的重要内容之一。并指出：到2035年我国发展的总目标之一是"广泛形成绿色生产生活方式，碳排放达峰后稳中有降，生态环境根本好转，美丽中国目标基本实现。"

生态文明教育在国家上述目标的实现中发挥着重要的基础作用。生态文明教育可以为生态文明建设、美丽中国建设提供价值导向和人才保障。中学生群体是生态文明建设的重要后备力量，他们的生态文明素养状况，尤其是生态文明行为能力状况将直接影响我国生态文明建设、美丽中国建设的成效。2017年教育部颁布的《中小学德育工作指南》中将生态文明教育作为中小学的五项德育内容之一进行明确要求。当前中学教学实践中对于生态文明教育的实施仍处于粗放状态，缺乏系统理论的支撑和有效的保障机制，中学生态文明教育的实效性亟待提升。基于此，美丽中国建设的大背景下，中学生态文明教育的理论和实践研究应引起各界的高度重视。

（二）研究的意义

本书尝试从理论和实践的双重维度展开研究，期望能在中学生态文明教育的理论和实践方面均取得一定的突破，为我国生态文明建设、美丽中国建设提供有力的支撑与动力。具体来说，本选题的意义主要体现在以下几方面。

第一，有助于进一步完善生态文明教育的相关理论。只有形成完善的生态文明教育体系，才能对生态文明教育的开展、推广和实施提供根本保障。目前我国生态文明教育体系构建的理论和实践研究还处于探索阶段，且以宏观层面的理论阐释居多，迫切需要开展系列深入、系统的研究。中学生态文明教育目标体系、内容体系、方法体系的构建是有助于进一步丰富与完善现有生态文明教育的相关理论。

第二，有助于丰富和完善学科课程与教学理论。中学生物、地理、政治等学科是渗透生态文明教育的优势学科，但相关学科的生态文明教育意蕴与价值挖掘远远不够。中学生态文明教育理论体系的构建，能够把相关学科渗透生态文明教育的实践理论化、系统化，能为相关学科课程编制、课程标准修订、教科书编写提供参考和依据，有利于相关学科课程与教学理论的丰富和完善，进而为相关中学学科课程的发展开拓更大的空间。

第三，有助于指导中学教师开展生态文明教育的实践。本研究能为国家教育部门、环保宣教部门、各级中学以及其他相关人员掌握中学实施生态文明教育状况提供一手资料，并为中学教师有针对性地开展生态文明教育提供理论上的依据和实践上的指导，从而减少教学实践中的盲目性和随意性，并为实现跨学科的合作提供契机，进而增强中学实施生态文明教育的实效性。

第四，有助于提升中学生参与生态文明建设、美丽中国建设的责任感。人与自然和谐共生是"美丽中国建设""生态文明建设""绿色、和谐发展"的核心和重要维度，生态文明教育是将"人与自然和谐共生"理念内化为个人观念、外化为行为的重要手段，有助于提升中学生群体积极参与生态文明建设、美丽中国建设的自觉性与责任感。

二、国内外研究现状

生态文明教育是具有中国话语表达特点的概念，是对环境教育、可持续发展教育的继承和超越。所以，本书中国内外研究现状的梳理侧重于国内研究现状的概括与总结。

（一）国外研究现状

通过对国外相关文献的检索与分析发现，国外关于生态文明的理论研究主要集中在生态伦理思想的探讨，以及与此相对应的生态文明观；直接论及生态文明教育的文献极少，相关的教育理念主要包含在环境教育和可持续发展教育的研究中，如美国学者亨格福德提出了环境教育课程的目标理论、英国学者卢卡斯提出的环境教育模式等。国外相关研究成果关注生态环境情感、态度与价值观目标的达成，不仅注重生态环境相关知识的传授，更强调生态环境伦理观、价值观、责任感以及环境行动力的培养和提高，强调负责任环境行为的产生与维持是以生态环境价值观为核心和基础的。美国、加拿大、澳大利亚、日本等国家在此方面都做了很多有意义的尝试和实践，对我国开展中学生态文明教育具有重要的参考和借鉴价值。

（二）国内研究现状

目前我国生态文明教育无论是在理论研究层面，还是在具体的实施层面，都处于探索、尝试阶段。通过对国内现有文献的检索与分析发现，2007 年以来，国内学术界关于生态文明教育的研究成果呈递增趋势，目前有关生态文明教育的学术著作只有为数不多的几本，其中基础教育阶段仅有 1 本（张婧2020）。从研究内容来看，多数学者集中于探讨生态文明教育的含义、思想理论基础、重要意义、主要内容及目标、方法和实施途径等（陈丽鸿2019，岳伟2020，杜昌建2018 等），以宏观的理论阐释和具体经验介绍为主，具体内容、具体学段的深入系统研究较为缺乏；从研究对象来看，呈现出对高校的相关研究明显多于基础教育中的相关研究，即中学生态文明教育的研究处于薄弱环节，在此从以下几个角度对本研究相关的研究成果作梳理。

1. 关于中学生态文明教育现状调查的研究

研究成果以硕士学位论文为主，部分研究者开展了中学生态文明教育的现状调查，主要以中学生、教师两类目标人群开展问卷调查，调查结果均表明当前中学生态文明教育的成效与预期目标之间差距较大，亟待改进（张婧2020，陈薪伊2019，何秀霞2011，李文静2017 等）。上述相关调查研究在核心概念厘定与调查指标体系设计上存在一定差异，很少涉及专家层面的观点调查，选取的样本多局限于研究者所在地，缺乏较大范围样本数据。此外，在研究工具和数据分析方面也有所欠缺：如缺乏对测评工具的信效度分析；数据统计分析多采用频率百分比的形式来呈现，很少采用假设检验、方差分析、因子分析等对数据进行深入的分析，导致对数据的利用不充分等，影响研究结果的科学性与应用性。

2. 关于中学各学科渗透生态文明教育的研究

中学各门学科渗透生态文明教育的研究集中于生物、地理、思想政治学科，主要是基于学科性质、内容等来探讨开展生态文明教育的必要性、可行性、存在问题及解决对策（韩路 2016，金旭峰 2017，李嘉颖 2015，程兰 2016 等），其他学科相对薄弱；而且这些研究仍处于探索阶段，缺乏深入、系统性，不利于中学生态文明教育的有效开展。当前迫切需要解决的问题是，中学相关学科课程标准的相关规定过于空泛，一线中学教师对所任教学科可渗透的生态文明教育的目标、内容不明确，对于如何进行实际操作更是不知从何着手。基于此，有必要在深入挖掘相关学科生态文明教育价值和因素的基础上，开展中学生态文明教育目标、内容、方法体系的构建。

3. 关于生态文明教育体系构建的研究

相关研究成果匮乏，由于研究者研究角度和立意的差异，导致体系构建的内容存在较大差异。总体来说，高校的相关研究多于基础教育，有研究者以教育目标、教育内容、教育途径、保障、评估为框架构建高校生态文明教育体系（陈小荣 2015）；有研究者尝试从保障、运行、评价等机制出发，进行体系构建（聂惠 2019）；部分研究者尝试进行中学生态文明教育目标、内容、方法等内容的探讨，如王鹏（2019）对中小学生态文明教育的目标和方法进行探讨，石建等人（2015）尝试进行初中生物教学中生态文明教育目标、内容、方法体系的构建，仵芳（2015）尝试进行中学地理学科生态文明教育内容体系构建。上述相关成果对本研究具有重要参考价值，本研究在体系构建时，力图对关键和核心环节进行重点击破，基于学科又高于单一学科层面，着重对中学生态文明教育的目标体系、内容体系、方法体系进行构建，突出层次性、系统性、实践操作性。

4. 关于中学生态文明教育实施路径的研究

部分研究者在现状调查的基础上，从不同角度进行了中学生态文明教育路径的探讨，主要集中于从保障机制、课程设置、校园文化氛围、课外实践活动、家庭教育等角度进行探讨（张婧 2020，李志强 2011，陈薪伊 2019，林敏 2015 等）。相关研究仍停留在初步探讨阶段，多从宏观层面或结合具体学科特点进行论述，具体路径的提出缺乏针对性、系统性、实效性，很少关注路径之间的协同配合，深入程度也有待加强。

针对上述研究中存在的不足与薄弱之处，本研究力图有所突破，立足于新时代生态文明建设、美丽中国建设的高度，基于实证研究与理论探索，尝试构建中学生态文明教育的目标体系、内容体系、方法体系，并提出中学生态文明教育的优化路径，以重塑人与自然的和谐共生关系。

三、研究目标与内容

（一）研究目标

本研究旨在深入挖掘中学相关学科的生态文明教育价值和因素，审视中学生态文明教育的现状，构建出中学生态文明教育的目标体系、内容体系、方法题，并提出中学生态文明教育的优化策略。主要目标可概括为以下几点：一是探讨中学相关学科与生态文明教育的内在关联；二是客观、科学地诊断中学生态文明教育存在的问题；三是构建出中学生态文明教育的目标体系、内容体系、方法体系；四是提出中学生态文明教育的优化策略。

（二）研究内容

基于上述研究目标定位，本书的具体研究内容主要包括以下几方面。

1. 中学生态文明教育相关理论

通过文献梳理和分析主要从生态文明教育的发展历程，生态文明教育的概念界定及内涵，生态文明教育的相关概念辨析，中学生态文明教育的价值意蕴，中学生态文明教育的目标、内容涵盖、教学方法综述，以及中学相关学科课程与生态文明教育的相关性分析等方面展开研究。

2. 中学生态文明教育现状调查

着重对中学生和中学教师两类目标人群展开调查，通过抽样调查辽宁省域内不同级别学校中学生的生态文明素养状况，客观、科学地评估中学生的生态文明素养水平及影响因素；通过对辽宁省不同地域不同级别学校中学教师实施生态文明教育状况的调查，把握中学教师实施生态文明教育的现状及存在问题，并进行影响因素分析。通过对中学教师对于"中学生态文明教育目标、内容、方法构成"的观点展开调查，力图从实证层面进一步明晰中学生态文明教育的目标、内容、方法构成。

3. 中学生态文明教育目标、内容、方法体系构建

着重从目标体系、内容体系、方法体系三个维度进行体系构建，通过前期文献综述以及相关学科专家、中学教师的观点调查，从理论和教学实践的双重向度上构建出中学生态文明教育的目标、内容、方法体系，力图呈现出一个层次清晰、内容涵盖全面、具有较强操作性的体系框架。

4. 中学生态文明教育的优化策略

在基础理论分析、实施现状调查、观点调查的基础上，立足于生态文明建设、美丽中国建设的目标需求，从教育目标定位、教育内容选择和配置、教学与评价方式方法选择、师资队伍建设、制度保障等方面提出具体的优化策略。

四、研究方法与创新点

（一）研究方法

本研究采用的研究方法主要有：文献法、内容分析法、问卷调查法、比较法等，注重定性研究与定量化研究的结合。

1. 文献法

通过查阅和研习国内外相关的文献资料，力图对生态文明教育的发展历程、概念界定及内涵、内容涵盖，中学生态文明教育的价值意蕴，以及中学相关学科的生态文明教育价值与因素等方面的内容有一个清晰的把握。

2. 内容分析法

通过对国家和地方颁布的生态文明教育的政策文件，以及中学相关学科课程标准和教科书中相关生态文明教育内容的分析和解读，为中学生态文明教育的有效实施提供政策支持和坚实的资源载体保障。

3. 问卷调查法

通过问卷调查法掌握当前中学生的生态文明素养状况，中学教师在相关

学科教学中渗透生态文明教育状况，以及中学教师对于"中学生态文明教育目标定位、内容构成、方法选用"的看法，以为后续理论体系构建与优化路径的提出提供现实依据。

4. 比较法

本研究中国内外相关研究内容的横向比较研究贯穿始终。通过国内外生态文明教育（或环境与可持续发展教育）的目标、内容、方式方法、改进策略等文献观点的比较分析，力图较为全面、客观地把握研究内容的实际状况，同时有助于吸收和借鉴国外先进的理念与方法。

（二）创新点

在学术思想上，构建出中学生态文明教育的目标体系、内容体系、方法体系，力图呈现出一个层次清晰、内容涵盖全面、具有较强操作性的体系框架，与同类研究相比有一定的突破，在理论完善上有所创新。

在学术观点上，中学生态文明教育目标体系、内容体系、方法体系在理论体系的构建中具有先导性作用，有利于把零散的、经验性的、边缘化的中学生态文明教育实践走向理论化、系统化、规范化，有利于跨学科生态文明教育的有效实施，为生态文明建设、美丽中国建设提供坚实的、可靠的后备力量。

在研究方法上，本研究涉及多门学科的理论，需要寻求开展跨学科的协同研究；调查研究中使用的问卷（教师、学生问卷）均为自行开发设计，能够为后续的相关研究工作提供重要参考。

第一章　中学生态文明教育理论概述

中学生态文明教育是国民生态文明教育体系中的重要组成部分，对推动我国教育现代化具有重要作用。本章作为全书的概述篇章，主要交代和厘定以下几方面内容：一是梳理生态文明教育的发展历程，二是明晰生态文明教育的概念界定及内涵，三是生态文明教育相关概念的辨析，四是探讨开展中学生态文明教育的价值意蕴。

一、我国生态文明教育的发展历程

生态文明教育的提出具有鲜明的中国特色，它是我国在生态文明建设新时代背景下的一项教育创举。按照时间发展的脉络将与生态文明教育相关的重大事件、重要会议、重要文件进行相关梳理，从中可以窥见我国生态文明教育的发展轨迹。依据不同时期的目标指向和价值意蕴，我国生态文明教育发展历程大体可划分为"为了环境保护的教育""为了可持续发展的教育"和"为了生态文明的教育"三个阶段[①]。

（一）生态文明教育的初期——为了环境保护的教育

该阶段是从新中国成立到1992年之前。新中国成立之后，尤其是"大跃进""文化大革命"时期，由于片面追求经济产值与粮食产量，我国的环境污染和生态环境破坏日益严重。毛泽东和周恩来均高度重视由此产生的环境问

---

① 岳伟，陈俊源. 环境与生态文明教育的中国实践与未来展望 [J]. 湖南师范大学教育科学学报，2022，21（1）：1-9.

题，以环境保护为宗旨，推动了环境教育的初步发展。

在 1972 年瑞典首都斯德哥尔摩召开的"联合国人类环境会议"的推动下，我国的环境教育事业从 1973 年正式起步，即第一次全国环境保护会议的召开。会议讨论通过了《关于保护和改善环境的若干规定（试行草案）》，是我国环境保护工作起步时期的重要纲领性文件，第一次对环境教育做出正式部署。其中的第九条特别提出要做好环境保护的宣传教育，要求"有关大专院校要设置环境保护的专业和课程，培养技术人才。……要采取各种形式，通过电影、电视、广播、书刊、宣传环境保护的重要意义，普及科学知识，推动环境保护工作的开展。"

在该文件的引领下，我国的学校环境教育、社会环境教育、领导干部环境教育培训均得到了初步的发展。在高等教育方面，主要体现在高校的环境专业建设，自 1977 年清华大学建立我国第一个环境工程专业，到 1992 年有关环境专业的专业点达 86 个[①]。在基础教育方面，根据 1978 年《环境保护工作汇报要点》关于"普通中学和小学也要增加环境保护知识的教学内容"的要求，我国启动了中小学环境教育试点工作，推动了基础教育领域中环境教育的融入。

此外，环境教育的组织机构与立法保障也为环境教育的平稳有序推进发挥了重要作用。1988 年，为保障环境宣传教育的有序推进，国家环保局专设宣传教育司，自此我国有了专门的环境教育组织机构；1989 年通过的《中华人民共和国环境保护法》指出"国家鼓励环境保护科学教育事业的发展"，此法律文件对我国有序开展环境教育起着重要的立法支撑与保障作用。

自 1973 年开始的近 20 年时间里，我国的生态文明教育处于"为了环境保护的教育"的初级阶段，这一期间的环境教育仅停留在认识、防治及政策三个层面上，以知识传播和宣传教育为主，并未触及伦理观、价值观、发展观的层面。

---

① 王忠祥、谢世诚. 中国环境教育四十年发展历程考察 [J]. 广西社会科学，2013，（10）:184-189.

（二）生态文明教育的过渡期——为了可持续发展的环境教育

1992 年，在巴西里约热内卢召开联合国环境与发展大会，这次会议的突出特点是将环境与发展作为同等重要的主题，通过的《21 世纪议程》强调："环境教育要重新定向，以适应可持续发展的需要。"在联合国环境与发展大会的影响下，我国确定了可持续发展战略。据此，我国环境教育的指导思想开始由单纯的环境保护转向环境与发展相协调的可持续发展理念，即我国的环境教育开始由"为了环境保护的教育"转向"为了可持续发展的教育"。此阶段的具体进展如下。

1992 年，中共中央、国务院批准《我国环境与发展十大对策》，指出："加强环境教育，不断提高全民族的环境意识"。同年，原国家教委颁布《九年义务教育全日制小学、初级中学课程计划（试行）》，明确提出："要使学生懂得有关人口、资源、环境等方面的基本国情。小学自然、社会，初中物理、化学、生物、地理等学科应重视进行环境教育。"[①]强调通过学科渗透，使学生获得相应的环境知识、技能和情感。正式确立了环境教育在我国义务教育阶段的地位。

1993 年，由全国人大环境与资源保护委员会、中央宣传部和国务院有关部门联合开展的"中华环保世纪行"活动正式拉开帷幕，围绕"向环境污染宣战""维护生态平衡""珍惜自然资源""保护生命之水"等主题开展了广泛的环境保护宣传教育活动。

1994 年，我国政府颁布了第一个国家级"21 世纪议程"——《中国 21 世纪议程：中国 21 世纪人口、环境与发展白皮书》，文件中指出："加强对受教育者的可持续发展思想的灌输……将可持续发展思想贯穿于从初等到高等的整个教育过程中。"[②]1995 年，《中国环境保护 21 世纪议程》指出："环境宣传教育，就是提高全民族对环境保护的认识，实现道德、文化、观念、知识、

---

① 邹晶. 教育部官员谈环境教育 [J]. 环境教育，2002，（1）：4.
② 国家环保总局. 中国 21 世纪议程：中国 21 世纪人口、环境与发展白皮书 [M]. 北京：中国环境科学出版社，1994.34.

技能等方面的全面转变，树立可持续发展的新观念，自觉参与、共同承担保护环境、造福后代的责任与义务。"①标志着，我国已开始了面向可持续发展的环境教育。

1996年，国家环保局、中共中央宣传部和国家教委联合发布《全国环境宣传教育行动纲要（1996—2010）》，是我国第一份环境宣传教育的专门文件，此文件指出，"环境教育是提高全民族思想道德素质和科学文化素质（包括环境意识）的基本手段之一。环境教育的内容包括：环境科学知识、环境法律法规知识和环境道德伦理知识。"②此文件从构成要素的角度，进一步明确了环境教育的内容。

2001年6月，国务院发布的《国务院关于基础教育改革与发展的决定》中，将"具有初步的环境意识"作为素质教育的一项内容。根据这一精神，我国第八次基础教育课程改革中，教育部决定将环境教育正式纳入中小学课程，在颁布的《全日制义务教育各学科课程标准（实验稿）》中，相关学科均加强了可持续发展教育内容的渗透力度。同年10月，中共中央印发《公民道德建设实施纲要》，该文件指出：社会公德是全体公民在社会交往和公共生活中应该遵循的行为准则，涵盖了人与人、人与社会、人与自然之间的关系。保护环境是社会公德的主要内容之一。由此，环境教育被纳入了公民道德教育的范畴，其素养价值愈发凸显。

2003年，教育部颁布了《中小学环境教育实施指南（试行）》《中小学生环境教育专题教育大纲》，它是我国颁布的第一部国家级环境教育指导性纲要文件，该文件明确指出："环境教育已不再是仅仅对应环境问题的教育，它与和平、发展及人口等教育相融合，形成一个新的教育发展方向——'为了可持续发展的环境教育'"。将环境教育纳入中小学课程，有助于培养中小学生的忧患意识和可持续发展的观念，树立正确的人口观、环境观和发展观，促

---

① 国家环境保护局. 中国环境保护21世纪议程 [M]. 北京：中国环境科学出版社，1995.244.

② 转引自李久生. 环境教育论纲 [M]. 南京：江苏教育出版社，2005.35.

使他们从关心身边的环境问题入手，积极采取行动，共同创造可持续的未来。该文件从前言、目标、学习内容，到实施与评价建议均定位于"为了可持续发展的环境教育"，中小学面向可持续发展的环境教育得到持续深化。

在高等教育方面，环境专业教育得到进一步发展。1993 年，北京师范大学招收了第一届环境教育硕士研究生；环境专业设置得到继续加强。此阶段，环境专业教育的教材编写受到前所未有的重视，出现了系列著作。此外，我国还积极参与可持续发展教育的国际合作，先后参与了"GLOBE"计划 (1995)、中国 EPD 教育项目 (1998)、国际生态学校项目 (2009) 等全球项目，与国际著名机构联合发起了"中国中小学绿色教育行动" (1997)，并成立了环境与可持续发展学院 (2002)。这些项目对于培养学生的可持续发展价值观具有重要作用。

为了可持续发展的环境教育其内涵更为丰富，意义更深远，整合与发展了环境教育，是对为了环境保护的教育的超越与重新定向。

（三）生态文明教育的确立期——为了生态文明的教育

2003 年 10 月，党的十六届三中全会提出了"以人为本，树立全面、协调、可持续的发展观，促进经济社会和人的全面发展"为基本内涵的科学发展观。之后，我国在科学发展观的引领下开启了生态文明建设的探索之路，科学发展观不仅为生态文明教育提供了强有力的理论支撑，也为在全社会牢固树立生态文明观念奠定了理论基础，由此推动着"为了可持续发展的环境教育"向"为了生态文明的环境教育"发展，环境教育、可持续发展教育在生态文明思想引领下升华为生态文明教育。

2005 年，党的十六届五中全会提出要全面贯彻落实科学发展观，加快建设资源节约型、环境友好型社会；同年，胡锦涛在中央人口资源环境工作座谈会上，首次公开呼吁要"在全社会大力进行生态文明教育"。

2007 年，党的十七大报告明确提出，把建设生态文明作为我国未来发展的新目标，要在全社会牢固树立生态文明观念。可见，党的十七大已将通过宣传教育在全社会牢固树立生态文明观念作为生态文明教育的重要任务进行了明确。

2012 年，党的十八大报告进一步把生态文明建设上升为"五位一体"的社会主义整体建设布局之一，报告指出："必须树立尊重自然、顺应自然、保护自然的生态文明理念"，并提出"要加强生态文明宣传教育"，这是首次在国家重要文件中对生态文明教育作出明确要求。党的十八大以来，我国在以习近平同志为核心的党中央领导下，形成了习近平生态文明思想，也推动着中国走向生态文明新时代。

2014 年，教育部《关于培育和践行社会主义核心价值观，进一步加强中小学德育工作的意见》要求"各级教育部门和中小学校要普遍开展生态文明教育"。

2015 年，《中共中央国务院关于加快推进生态文明建设的意见》进一步指出，"把生态文明教育作为素质教育的重要内容，纳入国民教育体系和干部教育培训体系。"这标志着生态文明教育的正式确立。

2017 年《国家教育事业发展"十三五"规划》《中小学德育工作指南》相继发布，生态文明教育被作为一项重要内容。

2018 年，全国生态环境保护大会确立了习近平生态文明思想的基本内容，为新时期生态文明教育的发展提供了根本遵循。在习近平生态文明思想的指引下，我国为了可持续发展的环境教育彻底转向生态文明教育，并获得质性提升。2018 年 6 月，生态环境部等五部门发起了为期三年的"美丽中国，我是行动者"主题实践活动，并发布了《公民生态环境行为规范（试行）》，从活动与规范两个层面联合塑造公民的生态文明意识与行为习惯。此外，2018年，"生态文明"与"生态文明建设"被历史性地纳入《宪法》，也为生态文明教育的深入开展提供了重要法律依据。

2021 年，生态环境部等部门发布《"美丽中国，我是行动者"提升公民生态文明意识行动计划(2021—2025)》，从学校与社会两个维度对全民生态文明教育作出时间安排与系统部署。

2022 年，党的二十大报告指出："要推动绿色发展，促进人与自然和谐共生"，并把"促进人与自然和谐共生"作为中国式现代化本质要求的重要内容之一。明确了未来五年的主要目标任务之一是：城乡人居环境明显改善，美丽中国建设成效显著。要将人与自然和谐共生作为建构生态文明教育体系的核心理念，进一步认识人与自然和谐共生理念对新时代生态文明教育的全新要求。

在高等教育方面，此阶段高校从课程、人才培养、科研、合作等方面全力深化生态文明教育。课程实施方面，主要通过开设生态文明通识课（如清华大学"生态文明十五讲"通识课），培育在校学生的生态素养；专业合作方面，当属2018年5月成立的"中国高校生态文明教育联盟"，具有较大的影响力。

在基础教育方面，我国中小学生态文明教育形成了国家引领、地方主导与学校自主相结合的多元推进格局。学校除了注重生态文明教育的学科渗透之外，还积极寻求生态文明教育与综合实践活动、探究性学习、研学旅行等新型学习方式的融合，意在增强学生的自然体验和实践参与，引导他们努力成为美丽中国建设的主力军。

我国生态文明教育实践基地的创建，拓展了生态文明教育实践场域，为学校生态文明教育的实践发挥了重要作用，利于在生态文明教育过程中进行活动课程教学。我国早在2009年就启动了国家生态文明教育基地的申报与创建工作，截止到2017年10月，我国共建成76个国家生态文明教育基地。至此，根据党的十八大、十九大、二十大报告关于生态文明建设的基本要求，以及各省市（区）关于生态文明教育的规划，我国的生态文明教育已逐渐步入正轨，处于不断发展与完善中，但生态文明教育的深入与有效推进仍然任重道远。

二、生态文明教育的概念界定及内涵

在明晰生态文明内涵的基础上，对本研究的核心概念生态文明教育进行界定与分析，只有深入理解生态文明教育的内涵，才能对生态文明教育的目标、内容、有效实施与评价有更深入的思考。

（一）生态文明的概念及内涵

对生态文明概念及内涵的分析是研究生态文明教育的前提，在界定生态文明及内涵之前，有必要对"生态"和"文明"两个词的含义进行清晰的认识。

1. "生态"与"文明"的含义

从词源学意义上看，"生态"即是自然与生物、生物与生物间存在的影响关系及生存与发展状况。随着人类认识和实践的发展，"生态"一词的含义也趋于多样化，大体有以下四层含义：一是生态象征着某种耦合关系，这种耦合关系主要存在于整体与个体、自然与生物、局部与整体之间；二是生态是多学科综合研究的对象，涉及很多不同的学术领域；三是生态表示一种和谐状态；四是生态还是一种定向的进化过程。尽管"生态"一词的含义多元，但其基本意义仍是自然界生物之间、生物和环境之间的相互关系以及生存与发展的状态。本文选用其基本意义。

"环境"是与"生态"存在密切关联的一个概念，有必要作以区分。《中国大百科全书·环境科学》中的"环境"是指人群周围的境况，以及其中可以直接、间接影响人类生存和发展的各种自然因素和社会因素的总体，即人类的生存环境。生态学中的"环境"是指生态环境，是与人类及所有生物生存、发展相关的所有外界因素的集合。

《中华人民共和国环境保护法》中所称环境，是指影响人类生存和发展的各种天然的和经过人工改造的自然因素的总体，包括大气、水、海洋、土地、矿藏、森林、草原、湿地、野生生物、自然遗迹、人文遗迹、自然保护区、风景名胜区、城市和乡村等。

"生态"与"环境"的区别和联系主要体现在：生态是包括人类在内的所有生物与其周围环境的关系及其生存状态；而环境是指某一主体（主要指人类）周围与其发生联系的所有事物（主要指自然事物）的总和，包括自然环境和社会人文环境。可见，两者的内涵与外延存在差异，前者大于后者；两者的价值立场也不同，生态立足于生态系统整体，环境则偏向于人类主体中心，可见"生态"一词与人与自然和谐共生的理念更契合。

"文明"一词的基本意义是"讲文明的""有修养的",与"野蛮"一词相对。我国研究人员虞崇胜曾在其研究中对"文明"的概念进行了归纳分析,将其分为 13 类,可见对"文明"一词的理解和界定较为多元。随着社会的进步与发展,"文明"一词的内涵趋于丰富、外延较为广泛,并且处于持续发展中。一般来说,文明是指人类社会在发展过程中所创造的物质财富和精神财富的总和,是人类社会前进发展的重要标志。文明从历史的纵坐标反映了人类社会的发展程度,是人类走出野蛮时代以后的社会发展程度和进步状态;从历史的横坐标反映了一个国家或民族的经济、社会和文化的发展水平和整体风貌,因此文明是表征人类社会进步的重要标志。

2. 生态文明的内涵

生态文明以尊重和维护自然为前提,以人与人、人与自然、人与社会和谐共生为宗旨,以建立可持续的生产方式和消费方式为内涵,以期引导人们走上持续、和谐的发展道路。① 我国最早对生态文明进行概念界定的学者是我国著名的生态学家叶谦吉,他认为,生态文明属于自然与人类之间形成的某种关系,在这种条件下人类在得到大自然馈赠的同时要对大自然发展起到积极的促进作用,在对自然改造的基础上要做到对自然的尊重,实现人与自然的互利共赢。此概念仅关注了人与自然的关系。

徐洁认为,生态文明是指人类社会实践在遵循自然规律基础上所取得的一切物质成果与精神成果的总和,其核心理念是确立人与人、人与社会、人与自然之间的和谐共生关系,其价值目标在于变革传统的价值观念、生产方式、制度体系与生活方式,最终实现人类社会的永续发展。

潘岳认为,"生态文明,是指人类遵循人、自然、社会和谐发展这一客观规律而取得的物质与精神成果的总和;是指人与自然、人与人、人与社会和谐共生、良性循环、全面发展、持续繁荣为基本宗旨的文化伦理形态。"在生态文明概念的相关界定中,此界定得到了普遍的认同。

---

① 胡锦涛. 高举中国特色社会主义伟大旗帜,为夺取全面建设小康社会新胜利而奋斗——在中国共产党第十七次全国代表大会上的报告 [M] 北京:人民出版社,2007: 24.

杜昌建认为，生态文明是人类为了实现整个生态系统（包括自然界和人类社会）的平衡稳定与永续发展而在生产生活中自觉践行的以科学发展与和谐共生为主价值理念与思维方式。

生态文明这一概念内涵丰富，外延广泛，在不同的语境下其内涵存在差异，有必要从多角度、多层面进行分析，主要可从以下几个角度进行分析。一是从纵向的社会发展历程上来看，生态文明与渔猎文明、农业文明、工业文明的概念相并列；二是从横向的社会发展形态来看，生态文明与物质文明、精神文明、政治文明、社会文明相并列；三是从治国理念层面看，生态文明是一种价值理念与治国方略，是关于人与社会、自然和谐共生的观点。

（1）生态文明是人类文明发展历程中的最新范式

纵观整个人类文明的发展历程，人类文明主要经历了渔猎文明、农业文明、工业文明、生态文明四种形态，生态文明是人类文明发展历程中的最新范式。在渔猎文明中，人类尚未从自然中完全独立出来，表现为对自然的依赖、盲从、迷信和崇拜，人与自然关系处于一种被动的"和谐"中；在农业文明中，人类改造自然的信心和能力不断膨胀，但社会生产力的发展仍相对比较缓慢，人类对自然生态的开发与利用仍是有限的、局部的，且自然界有一定的自我修复能力，表现为人类对自然的初步改造，总体上处于平衡状态；工业文明中，人类社会生产力极大提高，人类中心主义的观念占主导地位，人类对大自然进行了掠夺性开发与利用，其破坏力度与范围均达到了历史新高，出现了系列全球性环境问题，表现为人类对自然的掠夺性改造。面对工业文明中人与自然关系的对立与冲突，人类开始深刻反思自身行为，在批判与继承的基础上不断寻求对工业文明发展范式的根本性变革，摒弃人类中心主义的价值观念，生态文明由此走进历史舞台。生态文明作为人类文明历史发展进程中崭新的文明形态，强调尊重一切自然生命的内在价值，在寻求人与自然和谐共生的基础上，实现人类经济社会的可持续发展。

（2）生态文明寻求生态环境、经济、社会协调发展

生态文明是兼顾经济社会发展与环境保护的文明形态，"生态文明建设就

是通过反观自然的生态系统与规律，来建设自然与经济、社会以及人自身的存在与发展的良性系统与和谐关系"①。可见，生态文明是一种寻求政治、经济、文化、生态环境等诸要素协同发展的文明形态，因为生态文明是以生态价值理念对社会政治、经济、文化、科技、制度进行全方位渗透与建构，否则经济社会各要素的发展无法与生态文明建设的要求相匹配；另外，生态文明中政治、经济、文化、科技、制度等要素的生态式发展应该是协同的、共生的，相互关联、相互制约。

（3）生态文明的核心价值理念是"人与自然和谐共生"

人与自然和谐共生理念是生态文明的本质特征和核心。生态文明的核心要义是在促进人与自我、人与他人、人与自然和谐共生的基础上，实现人类社会的可持续发展。其中，人与自然和谐共生是生态文明的核心价值取向。"人类与自然是共生共荣关系，如果人类破坏了自然，自然就必然会报复人类，如果人类保护和优化自然，自然就会造福于人类"。②生态文明所追求的人与自然的和谐区别于以往原始的被动的和谐，而是建立在人的主观能动性的基础之上的人与自然的和谐。正如马克思所说："社会是人同自然界的本质的统一，是自然界的真正复活，是人的实现了的自然主义和自然界的实现了的人道主义"。③

（二）生态文明教育的概念及内涵

生态文明教育是具有中国话语表达特点的概念，是教育促进生态文明建设的重要举措。在生态文明建设的大背景下，生态文明教育是站在生态正义和文明发展方式的高度，对"培养什么人"与"如何培养人"问题的重新思考，是对环境教育的继承与超越。

---

① 戴圣鹏. 生态文明研究中存在的若干问题 [J] 马克思主义哲学研究，2017（1）：259-266.

② 高中华. 环境问题抉择论：生态文明时代的理性思考 [M] 北京：社会科学文献出版社，2004: 112.

③ 马克思、恩格斯. 中共中央马克思恩格斯列宁斯大林著作编译局译. 马克思恩格斯文集（第1卷）[M] 北京：人民出版社，2009: 187.

目前，学界对生态文明教育的概念界定与内涵阐释的研究日益丰富，出现了一些代表性观点，但对于生态文明教育的概念界定尚未形成统一的认知。"生态文明教育"这一概念最早出现在 1998 年王良平发表的《加强生态文明教育，把环境教育引向深入》一文，指出"生态文明教育是环境教育在生态文明时代走向深入的必由之路"①。陈丽鸿等人（2009 年）认为，"生态文明教育是针对全社会展开的向生态文明社会发展的教育活动，是以人与自然和谐为出发点，以科学发展观为指导思想，培养全体公民的生态文明意识，使受教育者能正确认识和处理人—自然—生产力之间的关系，形成健康的生产生活消费行为，同时培养一批具有综合决策能力、领导管理能力和掌握各种先进科学技术促进可持续发展的专业人才"②。此概念受到了学界的广泛认可，涉及生态文明教育的价值基点、指导思想、培养目标与教育对象。

彭秀兰认为，生态文明教育有广义和狭义之分，"广义的生态文明教育是针对全体社会公众而言的；狭义的生态文明教育则是指专门的学校教育"③。高岩认为，生态文明教育是以科学发展观为指导，以人与人、人与社会、人与自然和谐共生为教育目标，面向全社会所进行的一切有目的有计划的教育实践④。

杜建昌认为，"生态文明教育是国家根据人的心理发展规律和社会发展要求，通过家庭教育、学校教育和社会教育等方式，向全体社会成员传授生态文明知识，灌输生态文明理念，以使其树立科学生态观，养成生态文明行为习惯，进而成长为生态公民的各种社会实践活动。"⑤广义的生态文明教育是指国家对全体公民开展的所有有关资源、环境、生态等方面的教育活动，狭义的生态文明教育是指关于生态文明的教育学科，可以是学校开设的相关课

---

① 王良平.加强生态文明教育，把环境教育引向深入［J］.广州师院学报(社会科学版)，1998(1):81－85.

② 陈丽鸿，孙大勇.中国生态文明教育理论与实践［M］.北京：中央编译出版社，2007:81.

③ 彭秀兰.浅谈高校生态文明教育［J］.教育探索，2011(4).

④ 郭岩.高校生态文明教育探究［J］.教育探索，2015(10).

⑤ 杜昌建，杨彩菊.中国生态文明教育研究［M］.北京：中国社会科学出版社，2018:20.

程和专题讲座等。

徐洁（2017）认为，"生态文明教育是一项以科学发展观为指导，以变革人类文明发展方式为方向，紧紧围绕人的发展这一核心，培养全体社会公民的生态意识、生态伦理、生态审美与生态行为，进而促使其逐步成长为一个有益于促进'人—社会—自然'和谐共生的新型生态人的教育实践活动。"[①]

岳伟认为，生态文明教育是为从深层解决生态危机、围绕生态文明建设而展开的培育全体公民生态文明素养的教育活动。它是环境教育在生态文明建设时代背景下的新发展。

在此从上述生态文明教育概念的具体表述和构成要素进行具体分析。从生态文明教育所属的学科领域来看，属于教育学科领域，落脚点均为教育活动或教育实践活动；从培养或教育目标来看，个体目标定位为培养公民的生态文明素养或生态公民，社会目标定位为"人—社会—自然"和谐共生或从深层解决生态危机；从教育内容来看，涉及生态意识、生态伦理、生态审美与生态行为，或表述为生态文明知识、生态文明理念（或意识）、科学生态观、生态文明行为习惯（或行为能力）；指导思想定位为科学发展观。

综合上述代表观点的梳理与分析，生态文明教育有广义和狭义之分，广义的生态文明教育是面向全体公民的生态文明教育，狭义专指学校的生态文明教育。本研究中的生态文明教育是指狭义学校的生态文明教育，即在学校相关课程教学（学科课程、实践课程）中开展的生态文明教育。具体界定为：生态文明教育是指以科学发展观为指导，以人与人、人与社会、人与自然和谐共生为社会培养目的，有目的、有计划、有组织实施的面向学校全体学生传授生态文明知识，激发生态文明情意，树立生态文明理念与价值观，养成良好的生态文明行为能力和行为习惯，进而提升学生整体生态文明素养的教育实践活动。

[①]　徐洁.生态文明教育的内涵、特征与实施 [J]. 现代教育科学,2017(08):8-12.

三、生态文明教育的相关概念辨析

环境教育、生态教育、生态文明教育相关概念之间有何异同，有必要对生态文明教育的相关概念之间的关系作以阐释和说明。

（一）环境教育与生态文明教育

从上面生态文明教育的发展历程，我们大体可以对环境教育与生态文明教育的区分与联系有一定的认识，为更深入地理解生态文明教育的内涵、目标、内容涵盖，有必要进一步厘清两者之间的关联，具体阐释如下。

1. 从发展历程看，生态文明教育是环境教育的继承

我国真正意义的环境教育开始于 20 世纪 70 年代，经历了"为了环境保护的教育""为了可持续发展的环境教育"，均属于环境教育的范畴。21 世纪初，随着国家生态文明建设方略的提出，环境教育由此进入到生态文明教育的发展阶段。从发展历程上看，两者的关联体现在环境教育为生态文明教育的产生与发展奠定了基础，生态文明教育是环境教育新的历史时期发展的必然，站在人类文明发展的高度，符合人类文明的演进趋势，是对环境教育的继承与超越。

2. 从价值理念引领来看，生态文明教育更具先进性

虽然环境教育经历了"为了环境保护的教育""为了可持续发展的环境教育"，引领的价值理念也在发展与进步中，由"为了人类保护环境"到"为了人类社会的可持续发展"，但其价值取向仍局限在人类中心主义的范畴内，人类的利益仍是最基本的出发点和归宿。这种弱化的人类中心主义虽然有一定的进步性，开始强调对自然应有的尊重，但却是不彻底的，仍主张人类对自然的决定地位，否认自然与其他生命具有内在价值。生态文明教育是根基于生态文明思想的教育实践活动，生态文明倡导人与自然和谐共生，将人类社会与生态环境视为一个休戚与共的整体，承认与尊重自然及其他生命的内在价值；生态文明教育是以"人与自然和谐共生"的理念为引领，实现包括生态、社会与经济在内的整个生态系统的协同演进与永续发展的教育实践活动，其价值理念表现为整体主义、生态中心主义，因此更具先进性。

3. 从教育目标定位来看，生态文明教育更具时代性

目标定位方面，包含个体目标和社会目标，两者的目标定位具体如下。从个体目标定位来看，环境教育的目标在于培养具有综合环境素养的公民，生态文明教育的目标在于培养具有生态文明素养的公民，即具有生态文明知识、生态文明理念与价值观、生态文明行动意愿与生态文明行为能力的生态公民；从社会目标定位来看，环境教育的目标在于促进社会的可持续发展，生态文明教育的社会目标定位为解决生态危机，满足国家生态文明建设需求。从上述表述可以看出，生态文明教育的目标定位更契合时代发展需求。

4. 从教育内容涵盖来看，生态文明教育更具丰富性

如前所述"生态"的概念中涵盖了"环境"的内容指向。从教育内容涵盖来看，环境教育基本包含在生态文明教育之中，即环境教育是生态文明教育的重要组成部分，继承了环境教育对于生态环境与环境保护知识的重视。环境教育的内容构成要素主要由环境科学教育、环境法律法规教育、环境伦理道德教育三部分构成。相比之下，生态文明教育的内容更为丰富、多元，其价值引领的因素更为凸显，涵盖了关于生态文明的知识、生态文明的技能与行为、生态文明道德与价值观、生态文明法制、生态审美等内容，其中生态文明的理念与价值观教育处于核心的地位，生态文明行为能力和习惯的养成也日渐强化。因此，与环境教育内容相比，生态文明教育的内容更具丰富性。

（二）生态教育与生态文明教育

自 2007 年"生态文明"被写入党的十七大报告以来，"生态教育"与"生态文明教育"紧密关联，甚至被某些学者认为等同或混淆使用。两者是有其内在联系和区别的，总体来说，生态文明教育比生态教育具有更深刻的内涵，有必要加以厘清。

《生态文明建设大辞典·第二册》中指出："生态教育以培养生态意识、普及生态知识和促进生态参与为目的的教育方法"。《社会科学新辞典》中指出："生态教育主要指热爱自然和保护自然的教育。它是社会生态文明的重要组成部分，是培养全面发展的人的一个重要方面，也是协调社会和自然相互关系

的主要途径之一"。当前由于研究者对生态教育的研究视角不尽相同，对其内涵的界定也存在差异。大体而言，生态教育有广义和狭义之分。狭义的生态教育是指帮助受教育者树立正确的生态价值观和可持续发展观的一门学科，受教育者通过接受生态教育能够激发自身的生态保护意识，形成解决生态问题的相关技能，从而正确处理人类与自然的关系，最终实现人类与自然的和谐共处[①]。广义的生态教育是指按照生态学的观点思考教育问题，旨在充分发挥教育在应对生态危机中的作用，为人类的生存与合理发展寻找道路[②]。本文主要指的是狭义的生态教育。

生态教育与生态文明教育两者之间的联系主要体现在：一是两者的价值理念引领基本一致，均为生态整体主义的价值理念，倡导人与自然和谐共生的生态伦理观；二是两者的目标定位大体一致，在于提高受教育者的生态素养，促进国家的生态文明建设；三是两者的内容组成存在包含关系，生态教育是生态文明教育的重要组成部分，生态文明教育是生态文明建设背景下的生态教育，内在包含生态教育的内容。两者的区别体现在以下几方面。

1. 从发展历程看，生态文明教育是生态教育的进一步发展

生态教育源于环境教育（以浅绿色发展观为基调）又高于环境教育，被认为是现代生态思想运动的开端。生态教育产生于 20 世纪 90 年代深绿色发展观（主要从人类社会历史和人的内在精神、意识的角度思考生态环境危机根源），深绿色发展观是对浅绿色发展观（主要是对旧有生产方式、生产技术、管理模式等的改良）的进一步反思，即生态教育源于人类对日益严重的生态危机的深刻反思。生态教育是建设生态文明的脉络之源、行动之基，对我国生态文明建设具有重要的引领作用。党的十八大以来，我国生态文明教育在生态文明建设战略背景下逐渐显性化发展起来。随着国家生态文明建设的逐步推进，生态文明理念、价值观的宣传教育日益凸显，根植于生态文明

① 王龙，蔡文. 论生态教育在高中物理教学中的渗透［J］. 现代基础教育研究，2018（4）：216-220.

② 李高峰. 国际视野下的生态教育实施与展望［J］. 中国校外教育，2008（8）：13-14.

思想的生态文明教育逐渐走进历史舞台，显现出更强的生命力和时代感，并取得了一定的成绩与进展。可见，从时间发展历程上来看，生态教育先于生态文明教育，生态文明教育是生态文明建设时代生态教育的进一步发展，生态文明教育具有更深刻的内涵。

2. 从内容涵盖来看，生态文明教育内容更为多元、丰富

从内容涵盖来看，生态教育主要包括生态知识与技能、生态伦理观、生态价值观三个方面；生态文明教育的内容则更为多元，主要包括生态文明知识、生态文明价值观、生态文明技能与行为、生态文明道德与法制等内容。具体来说，生态知识仅是生态文明知识的重要部分之一，生态文明知识范围更广，还涉及环境问题与议题的知识、环境保护的知识、生态文明的含义与理念等；生态文明价值观源于生态伦理与价值观，既要考虑人类，又要关注自然，更切合生态文明时代发展的需求，是新时代习近平生态文明思想的凝练和概括，其核心是人与自然和谐共生，还涉及人自身的和谐、人与人和谐、代际的公平等；生态文明法制的内容也远超过生态相关法律法规的范畴，还涉及生态文明建设、生态文明宣传教育等的法律法规；此外，生态文明技能与行为的内容也不局限于生态技能与行为范畴，还涉及生态文明宣传、生态文明决策、生态文明经济、生态文明实践等行为。可见，与生态教育相比，生态文明教育的内容更为多元、丰富。

四、中学生态文明教育的支撑理论

中学生态文明教育科学、扎实、有效地推进离不开其坚实的理论基础的支撑，本书主要从对中学生态文明教育具有重要支撑作用的相关思想和理论进行阐释，具体包括习近平生态文明思想、经典环境教育理论、道德教育理论、建构主义认识论等。

（一）习近平生态文明思想

2018 年 5 月，党中央召开全国生态环境保护大会，正式提出习近平生态文明思想。习近平生态文明思想是习近平新时代中国特色社会主义思想的重要组成部分，蕴含着丰富的马克思主义立场、观点和方法，是关于生态文明建设的认识论、价值论和方法论，是我们党不懈探索生态文明建设的理论升华和实践结晶，是新时代我国生态文明建设的根本遵循和行动指南。

国内学界对习近平生态文明思想进行了深入研究与系统阐释，就其具体内涵来说，主要涉及人与自然、保护与发展、环境与民生、国内与国际等关系，集中体现为"十个坚持"，即：坚持党对生态文明建设的全面领导，坚持生态兴则文明兴，坚持人与自然和谐共生，坚持绿水青山就是金山银山，坚持良好生态环境是最普惠的民生福祉，坚持绿色发展是发展观的深刻革命，坚持统筹山水林田湖草沙系统治理，坚持用最严格制度最严密法治保护生态环境，坚持把建设美丽中国转化为全体人民自觉行动，坚持共谋全球生态文明建设之路。"十个坚持"深刻回答了新时代生态文明建设的根本保证、历史依据、基本原则、核心理念、宗旨要求、战略路径、系统观念、制度保障、社会力量、全球倡议等一系列重大理论与实践问题[①]。习近平生态文明思想仍在不断的发展和完善中，现对其中对中学生态文明教育具有重要指引价值的主要思想内涵具体阐释如下。

1. "生态兴则文明兴"的深邃历史观

"生态兴则文明兴"揭示了生态环境与文明兴衰的内在联系，阐明了环境变迁对社会发展方向的影响作用，体现了习近平生态文明思想的深邃历史观。习近平总书记从人与自然之间的关系出发，立足于人类文明发展的战略基点，高瞻远瞩地揭示了生态文明时代的到来是历史发展的必然趋势，同时也是人类社会前进的目标方向。由此提出生态兴衰蕴意文明兴衰的重要论断，重点强调了生态建设发展与人类文明源远流长之间的紧密联系。生态文明建设，功在当代、利在千秋，是实现中华民族永续发展与伟大复兴的根本保证。

2. "人与自然和谐共生"的科学自然观

"人与自然和谐共生"充分体现了习近平生态文明思想的科学自然观，是马克思生态自然观的延续和深化。"人与自然和谐共生"既肯定人类对自然的

---

① 《习近平生态文明思想学习纲要》摘编（一）[J]. 林业与生态，2022（10）：4-5.

合理开发与利用，又坚信自然对人类的反哺与反噬，强调两者和谐共处。万物源起于自然，自然孕育万物，自然就是人类的根。人与自然是生命共同体，无止境地向自然索取甚至破坏自然，必然会遭到大自然的报复。人类应以敬畏之心，遵循自然生态规律，积极发挥人的主观能动性，坚持节约优先、保护优先、自然恢复为主的方针，保护自然就是保护人类，建设生态文明就是造福人类。

3. "绿水青山就是金山银山"的绿色发展观

"绿水青山就是金山银山"（即"两山理论"）辩证地揭示了经济发展和生态环境保护的关系：对立统一，充分体现了习近平生态文明思想的绿色发展观，深化了马克思主义关于生产和生态的辩证统一关系的认识，是对生态环境、自然资源制约下"如何科学发展"命题的回应。习近平认为，绿水青山不仅是自然财富、生态财富，从某种意义上说，它还是社会财富、经济财富。"绿水青山就是金山银山"的绿色发展观要求在不逾越生态红线的前提下，尽可能保障经济发展，协调好两者之间的关系，推动生态与经济实现交互共赢。

4. "良好生态环境是最普惠的民生福祉"的基本民生观

良好生态环境是人民能够享受的普惠福祉，维护好生态环境发展，就是为人民谋福祉。"良好生态环境是最普惠的民生福祉"回答了生态文明建设的目标指向，充分体现了习近平生态文明思想的基本民生观。将生态问题作为一个重要的民生问题来抓，凸显了保护生态环境的重要性和现实意义。关注基本民生，促进良好生态效益与民生福祉的相互转化，是生态文明建设的核心任务。以生态惠民、生态利民、生态为民为己任，把解决损害群众健康的突出环境问题置于首位，将共同富裕、共融发展的目标融合于生态文明建设实践中，创造优良的生态环境，生产质优价廉的产品，坚持高质量发展，不断满足人民日益增长的美好生活需要。

5. "山水林田湖草是一个生命共同体"的整体系统观

自然生态系统的各要素是相互联系、不可分割的。"山水林田湖草是一个生命共同体"指明了生态文明建设的系统思维，充分体现了习近平生态文明思想的系统整体观。习近平总书记指出，抓实推动系统治理工作，要完成这个目标必须要把生态环境治理这件事情置入复合生态系统中进行分析[①]。生态治理需要树立系统思维，既兼顾全局，又照顾个体，需要齐心协力相互合作，统筹协调，整体谋划，确保生态系统健康发展，生态文明建设协同共进。

6.“用最严格制度最严密法治保护生态环境”的严密法治观

“用最严格制度最严密法治保护生态环境”回答了生态文明建设的保障机制，充分体现了习近平生态文明思想的严密法治。习近平明确指出，生态环境保护只有在完善的制度保障下才能有序推进，强调建立健全系统性、完备性、可行性的环境保护治理体系；同时，强调政策制度的贯彻执行，让制度成为刚性约束和不可触碰的高压线，坚决严厉打击破坏环境的行为，用最严格制度和最严密法治手段维护生态环境的长治久安。

7.“把建设美丽中国转化为全民自觉行动”的全民行动观

“把建设美丽中国转化为全体人民自觉行动”回答了生态文明建设和生态环境保护的行为主体，充分体现了习近平生态文明思想的全民行动观。全体公民既是社会环境系统的保卫者与建设者，也是社会环境系统良好运行的见证者、受益者，应担当起建设美丽新中国的主体性责任。全民行动观建立的关键在于，大力加强生态文明宣传教育，充分发挥广大民众的主观能动性，使全体公民牢固树立生态文明价值观念和行为准则，把建设美丽中国转化为全民的自觉行动。

8.“共谋全球生态文明建设之路”的共赢全球观

“共谋全球生态文明建设之路”回答了国际话语权问题，充分体现了习近平生态文明思想的共赢全球观。世界是牵一发而动全身的“命运共同体”，国际社会应合力攻坚生态文明建设，共谋全球生态文明建设之路。建设美丽清洁的世界是各国的共同责任和价值追求[②]。中国在全球舞台上积极行动，习近

---

① 刘耀彬，郑维伟.习近平生态文明思想：历史形成、逻辑主线及实践创新［J］.湖南科技大学学报（社会科学版），2018，21（1）：68-76.
② 周建超.论习近平生态文明思想的鲜明特质［J］.江海学刊，2019(6)：5-11.

平倡议共建"一带一路",制定碳峰值、碳中和目标,提高国家自主贡献力度,引导应对全球面临的气候变化的严峻挑战,彰显力促全球共赢的大国风范,为全球共建生态文明贡献中国力量与中国智慧。

习近平生态文明思想必将在指引美丽中国建设、实现人与自然和谐共生的现代化的伟大实践中不断发展、持续丰富、更加完善,也必将在指导实践、推动实践中充分展现出科学理论的真理伟力。习近平生态文明思想也必将成为中学生参与生态文明建设与实践的重要思想遵循,成长为习近平生态文明思想的坚定信仰者和忠实践行者,也必将引领中学生态文明教育走向深入。

(二)经典环境教育理论

生态文明教育是生态文明建设背景下环境教育的进一步发展,产生于20世纪60年代的环境教育有着深厚的基础,产生了系列较为经典的环境教育理论,对新时代有效实施中学生态文明教育也具有重要的参考和指导价值,有必要加以认真领会。

1. 卢卡斯环境教育模式

1972年,英国环境教育专家亚瑟·卢卡斯(M.A.Lucas)提出了"卢卡斯环境教育模式",他指出环境教育应包括"关于环境的教育、在环境中的教育、为了环境的教育这三个维度",并指出"只有当这其中两方面或两方面以上相互结合时,环境教育才具有意义"[①]。其中,"关于环境的教育"强调"教",主要是指教师在课堂上向学生传授与环境相关的基础知识和基本技能,以保证学生能够顺利运用这些知识和技能解决日常生活中所遇到的环境问题。"在环境中的教育"强调"做中学",要将环境作为教育的媒介,通过学生身处实际环境,让学生发现问题并解决问题,并通过这一过程培养学生对周围环境的敏感性。"为了环境的教育"强调"育",即不仅要培养学生的环境意识、行为意识,还要使学生形成"环境保护是个体的责任"这种意识和价值

---

① M.A.Lucas. Environment and Environmental Education:Conceptual Issues and Curriculum Implications[M]. Columbus:The Ohio State University,1972:98.

观念①。

卢卡斯环境教育模式的三个层面，"关于环境的教育"侧重于环境相关的基础知识和基本技能层面，"关于环境的教育"侧重于体验与经验层面，倾向于"过程与方法"；"为了环境的教育"侧重于情感、态度与价值观层面，每一层面都对环境教育总目标的达成起着独特的不可替代的作用。只有三个层面协同并进、有效融合，才是达成培养学生综合环境素养的预期目标。卢卡斯环境教育模式对于新时代中学生态文明教育目标的准确定位、内容的多元选择，以至教与学方式方法的选择均具有重要的指导价值。

2. 亨格福德的环境教育课程目标体系

1980年，美国著名环境教育专家哈洛德·阿·亨格福德（Harold Hungerford）等人依据第比利斯会议提出的环境教育总目标，构建了环境教育课程目标体系。他们认为，第比利斯会议提出的环境教育目的与目标是宏观性的和高度概括性的，本身不具备可操作性，必须进行分层和细化②。他们提出的环境教育课程目标共包括四个层次，分别为：生态学基础层次（包含4个次目标）、概念意识层次（包含6个次目标）、调查与评价层次（包含8个次目标）、环境行为技能层次包（含6个次目标）③。至今，该套目标是各国环境教育课程开发的基本依据。

其中，生态学基础层次（第一目标层次）是提供充分的生态学概念和知识，是学习者能够运用它们去识别、分析环境问题及其所包含的重要生态学原理，在生态学基础上对问题的解决方法的取舍作出决策。概念意识层次（第二目标层次）是分析个人或集体的行为对生活质量或环境质量会产生什么影响，从而激发他们的环境意识以及主动寻求解决环境问题的途径。调查与评价层次（第三目标层次）是提供学习者调查环境问题和评价解决问题方法

---

① M.A.Lucas. Environment and Environmental Education:Conceptual Issues and Curriculum Implications［M］. Columbus:The Ohio State University,1972:106-107.

② 祝怀新. 环境教育论. 北京：中国环境科学出版社，2002：66.

③ H.Hungerford & Peyton,R.Peyton &R.Wilkie.Goals for Curriculum Development in Environmental Education［J］. In Journal of Environmental Education,1980(3):42-47.

所必需的知识和技能。环境行为技能层次（第四目标层次）是发展学习者为维持生命与环境质量间的平衡而采取积极行动所需的技能。前两个层次一般较适合低年级的课程实施，后两个层次一般较适合高年级的课程实施，整个课程范围应在各年级各学科中予以体现。[①] 亨格福德的环境教育课程目标体系对于基于生态文明素养培养的中学生态文明教育目标体系的构建具有重要的参考价值。

3.环境教育课程组织模式

一般认为，基础教育中的环境教育有两种课程组织模式：一种是渗透式的课程组织模式，一种是单一学科式的课程组织模式。

渗透式的课程组织模式（也称为多学科模式），是根据课程的目的和目标，将适当的环境内容（包括概念、态度、技能等）渗透到各门学科中，通过各门学科课程的实施，来化整为零地达成环境教育的目的和目标。[②] 单一学科课程组织模式（也称为跨学科模式），是从各个学科领域中选取有关环境的内容，将它们结合在一起，形成一个整体，发展成为一门独立的课程，即某些中学开设的环境教育的选修课或是必修课。

上述两种环境教育课程组织模式各有其优缺点，下面从课程编制、课程实施、适用阶段、学生负担、课程评价、师资培训 6 个方面进行比较，具体如下表 1—1 所示。

表 1-1　两种环境教育课程组织模式的优缺点比较

比较角度	渗透模式	单一学科模式
课程编制	在现行各学科中增加相关的环境内容，因而必然要对现行各科课程内容和顺序重作调整。	具有完整的概念体系，较容易编制各部分内容。
课程实施	课程安排无须考虑专门时间，但要求各科之间较好的协调，在教学中易出现零散、不系统性。	较有系统性和针对性，但要在课表中作专门的安排。

① 祝怀新.环境教育论［M］.北京：中国环境科学出版社，2002：111-116.
② 祝怀新.环境教育论［M］.北京：中国环境科学出版社，2002：147，154.

比较角度	渗透模式	单一学科模式
适用阶段	适用所有阶段的教学，但更适于低年级的教学。	适用于较高年级，尤其是中学以上阶段的教学。
学生负担	不增加学生的学业负担。	增加学生的学业负担。
课程评价	环境内容分布在各学科中，不易作综合评价。	易于课程的综合评价。
师资培训	要求所有相关学科的教师均要接受一定训练，但训练内容与具体学科相应，易于被相关学科的教师接受。	所需受过专门训练的教师数量较少，但训练内容较深，对教师能力要求较高。

从上表的比较中，可以看出，如果综合各种因素，当前较易于推行的是学科渗透的课程组织模式；如果从学生综合素质提升的角度来看，应该创设条件来开展单一学科的环境教育课程。环境教育课程组织模式理论为中学生态文明教育的有效组织以及教学方式方法的选择提供重要理论基础。

（三）道德教育理论

学校生态文明教育属于德育的范畴，因此经典的道德教育理论对生态文明教育的有效实施也具有重要的支撑作用，下面对支撑作用较强的、代表性的道德教育理论的观点阐述如下。

1. 道德认知发展理论

道德认知发展理论是西方最有影响的德育理论，对生态文明教育的有效开展也具有重要的启示和支撑价值。道德认知发展理论的代表人物是皮亚杰和柯尔伯格，其代表观点是：道德发展有一个固定不变的发展顺序，道德判断要以一般的认识发展为前提和基础，道德发展是在个体与社会相互作用中实现的。

其中，皮亚杰采用"对偶故事法"，从儿童的道德判断入手，其主要的理论观点有：第一，他律和自律是道德发展过程中的两种基本类型，从他律到自律代表了道德发展的基本规律。随着年龄的增长，儿童的道德判断不断从他律走向自律。第二，儿童的道德发展是一个阶段性（划分为四个阶段：自我中心阶段、权威阶段、可逆期阶段、公正阶段）、连续发展的过程，逻辑思维的发展是道德发展的必要条件。第三，协作活动是儿童道德发展的根本动力。皮亚杰认为，儿童道德认知的发展主要受其认知发展水平和交往协作行为的影响，前者是儿童道德发展的认知原因，是道德发展的必要条件，后者是儿童道德发展的社会原因，是道德发展的根本动力[①]。

柯尔伯格以皮亚杰的道德判断研究为基础，运用"道德两难故事法"对个体的道德认知发展进行研究，提出道德认知发展阶段理论，总结出"三个水平六个阶段"的道德认知发展模型[②]。

第一种水平为前习俗水平（0–9岁），出现在幼儿园及小学低中年级。这一水平的主要特征表现为道德观念是外在的，根据行为的直接后果和自身的利害关系判断好坏是非。这一水平又可分为两个阶段：阶段一"惩罚与服从取向阶段"，主要根据行为的有形后果来判断行为的好坏及严重程度，服从权威或规则只是为了避免惩罚；阶段二"工具性的相对主义取向阶段"，以自己的利益为根据来评价行为的好坏。

第二种水平为习俗水平（10–15岁），出现在小学中年级至中学阶段。这一水平的主要特征是满足社会的期望，较多地关心他人的需求，开始意识到个人的行为必须符合社会的准则。这一水平也分为两个阶段：阶段三"人际协调取向阶段"，以人际关系的和谐为导向，尊重多数人的意见，谋求他人的赞赏和认可；阶段四"维护权威或秩序的道德取向阶段"，以服从权威为导向，认识到个人有维护社会秩序的责任感，应遵守已建立的权威或制度。柯尔伯格认为大多数的青少年和成人的道德认知处于习俗水平。

第三种水平为后习俗水平（16岁以后），也称为普遍性原则的道德水平，在青年期人格成熟后才会出现。这一水平的主要特征是道德行为受普遍的道德准则支配，道德标准已内化为内部的道德命令，达到完全自律的水平。这一水平也分为两个阶段：阶段五"社会契约取向阶段"，认识到法律或习俗是

---

① 张茂聪，唐爱民. 儿童品德发展与道德教育［M］. 济南：山东人民出版社，2012.9-12.
② 蒋一之. 品德发展与道德教育［M］. 杭州：浙江大学出版社，2014.38-41.

一种社会契约，是大家商定的，是可以改变的；阶段六"普遍的道德原则或良心取向阶段"，是道德判断的最高阶段，能以公正、平等、尊严等最一般的原则为标准进行思考。

道德认知发展理论对生态文明教育的支撑作用体现在，在开展生态文明教育的过程中，应依据学生所处的道德发展阶段有针对性地开展教育教学活动，促进学生生态文明认知水平逐级提升与发展。

2. 代表性道德教育模式

在借鉴与吸收西方经典道德教育理论的基础上，当前我国德育理论进行本土化实践指向的发展愈发明显，出现了各种道德教育模式的探索，其中对生态文明教育实施具有重要引领价值、且理论较为成熟的道德教育模式主要有：情感德育模式、活动德育模式、生活德育模式、制度德育模式等。

其中，情感德育模式强调道德的情意取向，认为情感是道德生成的内部动机系统，以情感为核心的动力机制是个体道德发展的内部保证，个体道德行为的发生发展受情感的导向与调节，情感体验是个体道德学习的重要学习方式。情感德育模式的精髓在于调动学生亲身经历的情感体验。

活动道德教育模式强调道德的主体性与实践性，认为个体的自主活动既是道德教育的目的（活动、实践道德生活应成为道德教育追求的最高境界），又是其手段（把活动作为个体道德发生、发展、意义实现的途径）；主张活动课程是道德教育的主导性课程[①]，同时活动应贴近社会生活，使学生在实际参与社会生活实践中形成道德实践能力。

生活德育模式强调道德的生活取向，生活与道德是一体的，生活是道德得以生长的土壤，离开了生活，道德是无法进行"无土栽培"的[②]。生活是道德存在的根据与形态，道德学习应是生活的、实践的，而非简单归结为知识的、思想的[③]。生活德育模式与基础教育课程改革的核心理念"回归生活"相

---

① 戚万学. 活动课程：道德教育的主导性课程 [J]. 课程·教材·教法，2003，(8)：42-47.
② 高德胜. 生活德育简论 [J]. 教育研究与实验，2002，(3)：1-5+72.
③ 鲁洁. 生活道德·道德教育 [J]. 教育研究，2006，(10)：3-7.

契合，有广阔的应用空间。

制度德育模式是倡导通过道德的制度教育人、以制度德性培养个人德性的德育模式，认为良好的道德需要制度的保障。德育制度是不可忽视的德育资源，具体包括正式的、理性化的、系统化的、形诸文字的行为规范，如学生日常行为规范等。学校中生态文明行为规范的制定与执行也是提升生态文明教育实效性的方式途径之一。

上述道德教育模式各有其侧重点，但其终极目标是一致的，均是提升道德教育的实效性，在实际操作中更多的是兼而有之、相互促进、融会贯通，如生活实践中的情感体验等。

五、中学生态文明教育的价值意蕴

生态文明建设是一项复杂的系统工程，对人的理念进行变革与教化在这项系统工程中具有重要的基础和支撑作用。随着我国生态文明建设深入推进，生态文明教育在其中的价值越发突显。生态文明教育对于促进观念转变，树立以人与自然和谐共生为核心的生态文明理念与价值观具有重要价值。按照教育对象进行划分，生态文明教育大体可分为：领导干部的生态文明教育、学校生态文明教育、社会公众的生态文明教育。中学生态文明教育是学校生态文明教育体系的重要组成部分，起着重要的承上启下的作用，其具体价值主要体现在以下几方面。

（一）培育生态文明建设的生力军

自 20 世纪 90 年以来，我国基础教育层面的环境与可持续发展教育，乃至近些年的生态文明宣传教育，对中学生环保意识、可持续发展意识的提升，以及生态文明理念的树立发挥了一定的作用，但总体上表现为不系统、不规范、不深入，知行脱节仍是突出的问题。生态文明教育在生态文明建设中发挥着重要的基础性作用，但生态文明教育在整个教育体系中的地位却一直未达到应有的高度和重视程度。

为适应新时代生态文明建设的时代需求，培育出与生态文明建设相匹配的新生力量，使其成为具有生态文明建设能力的高素质生态公民，是生态文明教育义不容辞的责任与使命。中学生是未来生态文明建设的生力军、后备力量，正处于世界观、人生观、价值观形成的关键期，需要对其进行精心引导和积极培育；他们既是生态文明理念、绿色生活方式的践行者和宣扬者，今后也将成为勇于担起对自然和社会责任的各行各业的建设者，他们的生态文明素养状况将直接影响我国生态文明建设、美丽中国建设的成效。因此，施行高质量的中学生态文明教育至关重要，即中学生态文明教育将转向生态文明认知、情感、能力与行为的全方位统整的培育，以切实服务于国家战略发展的需要。

（二）落实中国学生发展核心素养

基于学生核心素养的教育改革已引起全球关注。2016 年 9 月，《中国学生发展核心素养》发布。学生发展核心素养主要是指学生应具备的，能够适应终身发展和社会发展需要的正确价值观、必备品格和关键能力。中国学生发展核心素养以"全面发展的人"为核心，综合表现为三个方面、六大素养、十八个基本要点。其中的人文底蕴、科学精神、责任担当、实践创新四大素养均与生态文明教育密切相关，并在"社会责任"基本要点中明确提出其主要表现之一即为"热爱并尊重自然，具有绿色生活方式和可持续发展理念及行动"，是生态文明教育直观显性体现。中学各门学科课程为落实立德树人根本任务，对接与落实中国学生发展核心素养的要求，基于各门学科本质和其独特的育人价值凝练了各自学科的核心素养。如，中学地理学科的"人地协调观"，中学生物学科的"生命观念""科学态度与责任"，中学化学学科的"科学态度与责任""道德与法制"学科的"责任意识"等均是中学学科课程落实生态文明教育的指向性要求体现。

生态文明建设要求教育要致力于维护整个生态系统的健康与可持续发展，公民生态文明素养的培养是一项核心任务。当前的中学生态文明教育实践偏重生态知识科普与生态文明情怀形成，对生态文明价值观内化、生态文明行为能力的关注显著不足，也无法满足中学落实学生发展核心素养的要求。生态人格是与生态文明建设要求相适应、相匹配的一种新型人格。中学是实施生态文明教育的重点场域，要以有效提升中学生的综合生态文明素养为目标和旨归，使中学生成为具有生态人格的合格公民。具备生态文明素养和生态人格倾向的人应拥有结构合理的生态文明知识，尊重、顺应、善待自然的生态文明情怀与态度，稳固的以人与自然和谐共生为核心的生态文明价值观，积极参与生态文明实践的行为能力。基于此，中学应以贯彻落实立德树人根本任务、促进学生的全面发展、培养学生发展核心素养为旨归，紧密围绕基础教育阶段的培养目标，将生态文明素养作为培养目标之一纳入育人体系并置于重要位置，切实开展生态文明教育，引导学生成为生态文明的践行者和美丽中国的建设者。

（三）推进基础教育课程改革进程

素质教育是 21 世纪我国教育改革的旗帜和行动指南，如何进一步深化与推进素质教育，是新一轮基础教育改革中必须应对的问题。当前，基于"学生发展核心素养"的基础教育课程改革正在如火如荼地进行，其中责任担当、实践与创新能力、社会适应能力、"跨学科素养"的培养已日益引起关注。生态文明教育是素质教育体系的重要组成部分，具有综合性、实践性等特点，对于上述能力素养的培养具有重要价值。生态文明问题多为系统性问题，应以整体思维看待、分析和解决，生态文明的内容为跨学科学习（实践）活动的开展提供了平台和空间。生态文明教育也绝非某一门学科课程的任务，而是诸多相关学科课程的共同任务。新颁布的初高中课程方案为增强课程的综合性、实践性，引领育人方式的变革，对跨学科主题学习（实践）活动进行了明确规定。如《义务教育课程方案（2022 年版）》规定各学科用不少于本学科总课时的 10% 开展跨学科主题学习（实践）活动；基于新课程方案的要求，义务教育各学科课程标准（2022 年版）均对跨学科学习（实践）活动给予关注，以加强学科间的关联，其中生态文明相关的内容即是跨学科学习（实践）活动的重要主题。可见，中学生生态文明的有效实施可为基础教育课程改革的深入推进，全面提升教育质量，促进学校教育的高质量发展发挥重要作用。

第二章　中学学科课程与生态文明教育相关性分析

中学生态文明教育具有多学科课程交叉渗透的属性，与各门学科或领域都存在着内在的联系，在实施方面更是体现出鲜明的跨学科、多学科的协同性。随着新一轮基础教育课程改革的推进，也为中学生态文明教育的开展创造了契机，中学相关学科应承担起自己的学科责任，充分挖掘各学科课程的生态文明教育价值与因素，使学生在相关学科课程学习的同时提升生态文明素养。本章从与生态文明教育关联性较大的中学地理、政治、历史等社会人文学科课程，以及中学物理、化学、生物等理科课程进行生态文明教育因素的挖掘与分析。

一、中学社会人文类学科课程与生态文明教育的相关性分析

生态文明教育具有跨学科的特点，地理、政治、历史等社会人文类学科课程在开展生态文明教育方面有其独到的价值，即对生态文明情意层面，尤其是生态文明价值观的形成与塑造更具优势，这是从根本上解决生态环境问题、推进社会可持续发展的根本保障。

（一）地理课程与生态文明教育

地理学是研究地理环境以及人类活动与地理环境关系的科学，具有综合性、区域性等特点，兼有自然科学和社会科学的性质，对于解决当代人口、资源、环境和发展问题，维护生态安全，建设美丽中国具有重要作用。

　　《2016 地理教育国际宪章》指出："受过地理教育的个人能理解人与人之间的关系以及他们对自然环境和他人的责任，地理教育能帮助人们学习如何与地球上的所有物种和谐共存。"①《义务教育地理课程标准（2022 年版）》（以下简称《初中地理课程标准》）中指出："地理课程贴近学生生活，关注自然与社会，对培育学生的人地协调观、家国情怀等具有重要价值；能为培养具有生态文明理念的时代新人打下基础。"在课程理念"坚持育人为本，确定基于核心素养培育的地理课程目标"中指出："引导学生通过探究人类活动与地理环境的关系，认识到地球资源是有限的、生态环境是脆弱的，形成保护地球家园的观念。"《普通高中地理课程标准（2017 年版 2020 年修订）》（以下简称《高中地理课程标准》）中指出：地理课程旨在使学生具备人地协调观、综合思维、区域认知、地理实践力等地理学科核心素养，学会从地理视角认识和欣赏自然与人文环境，懂得人与自然和谐共生的道理。可见，上述纲要性文件对地理课程在人对自然环境的责任、人与自然和谐共生方面的育人价值，与具备人地协调观素养的功效高度契合，具有异曲同工之效。

　　中学地理课程为落实立德树人的根本任务，充分体现中学地理课程的育人价值和功能，从地理课程性质进一步明晰生态文明教育的价值、地理课程基本理念最终指向生态文明观培养、地理课程目标与内容彰显生态文明教育因素，再到实施建议的落实，环环相扣，使中学地理课程的生态文明教育价值得以充分体现。

1. 中学地理课程"内容标准"中的生态文明教育内容

　　《初中地理课程标准》《高中地理课程标准》在课程内容的"内容要求""学业要求"部分涉及了大量有关人口、资源、环境、发展等方面的内容要素。在这些内容中，有些内容本身即是生态文明教育的内容，有些内容内在包含生态文明教育的成分，为地理课程渗透生态文明教育提供了知识载体上的保障。

---

　　①　国际地理联合会地理教育委员会 . 张建珍、段玉山、龚倩译 .2016 地理教育国际宪章 [J]. 地理教学 ,2017(19):4-6.

（1）《初中地理课程标准》的"内容要求"中的生态文明教育内容

地理课程要培育的核心素养主要包括人地协调观、综合思维、区域认知、地理实践力，它们是一个相互联系的有机整体。其中人地协调观是地理课程内容蕴含的最为核心的价值观。地理课程以认识宇宙环境与地球的关系、地理环境与人类活动的关系为主要线索，并将地理实践活动和地理工具的运用贯穿其中，形成将学科知识与学科活动融为一体的课程内容结构。《初中地理课程标准》中的地理课程内容主体由"认识全球"和"认识区域"两大部分构成，又分别下设三个和两个主题，在不同主题中贯穿"地理工具与地理实践""跨学科主题学习"，突出地理课程的实践性。除"地理工具与地理实践"部分未明显涉及生态文明教育的内容外，其他三部分均蕴涵丰富的生态文明教育因素。具体内容见下表2-1。

表2-1 《初中地理课程标准》① 的"内容标准"中的生态文明教育内容

部分	内容要求、学业要求
（一） 认识全球	主题一 地球的宇宙环境 1. 地球在宇宙中：认识地球是人类唯一的家园。 主题二 地球的运动（树立尊重自然、顺应自然的观念） ·说出地球的自转产生的主要自然现象及其对人们生产生活的影响。 ·说出地球的公转产生的主要自然现象及其对人们生产生活的影响。 主题三 地球的表层（树立尊重自然、顺应自然的观念） 1. 自然环境 ·陆地和海洋：说出海洋对人们生产生活的影响。 ·天气与气候：说明天气和气候对人们生产生活的影响。 2. 人文环境 ·居民与文化：观察、描述地球上人口、城乡、文化等人文环境要素的基本状况，以及人类活动对自然环境的影响。 ·发展与合作：说明加强国际合作的重要意义，初步形成人类命运共同体意识。

① 中华人民共和国教育部.义务教育地理课程标准(2022年版)[S].北京:北京师范大学出版社,2022.

续表

部分	内容要求、学业要求
（二） 认识区域	**主题四 认识世界** **1. 认识大洲** ·简要归纳某大洲的地形、气候、人口、经济等地理特征。 **2. 认识地区** ·说明某地区自然地理特征对当地人们生产生活的影响。 ·根据南极、北极地区自然地理环境的特殊性，说明开展极地科学考察和保护极地环境的重要性。 **3. 认识国家** ·说出某国家人文地理主要特点及其与自然地理环境的联系。 ·简要分析某国家在资源开发、环境保护方面的经验和教训。 ·简要说明一个国家对某地自然环境的改造活动对其他地方自然环境的影响。 **主题五 认识中国** **1. 认识中国全貌** ·描述长江、黄河的特点，举例说明其对经济发展和人们生活的影响。 ·描述中国人口的基本状况和变化。 ·描述中国水资源、土地资源、矿产资源和海洋资源等自然资源的主要特征，举例说明自然资源与人们生产生活的关系，认识开发、利用、保护自然资源的重要意义。 ·描述中国主要的自然灾害与环境问题；针对某一自然灾害或环境问题提出合理防治建议；掌握一定的气象灾害和地质灾害的安全防护技能。 **2. 认识分区** ·说明自然条件对某区域经济社会发展的影响，认识因地制宜的重要性。 ·说明自然环境与地方文化景观之间的关系。 **3. 认识家乡** ·举例说明家乡环境及生产发展给当地居民生活带来的影响和变化，并尝试用绿色发展理念，对家乡的发展规划提出合理建议，增强热爱家乡、建设家乡的意识。
（四） 跨学科主 题学习	·跨学科主题和内容主要选取生态文明建设、环境保护、资源利用、家乡环境等方面真实存在的事物和现象。 ·案例 1：探访"地球之肾"——湿地（有助于培养学生人与自然和谐共生的观念）

从表 2-1 可以看出，《初中地理课程标准》的"内容标准"中具有丰富的生态文明教育内容，其中"主题三 地球的表层""主题四 认识世界""主题五 认识中国"中的生态文明教育因素最为丰富；新增的"跨学科主题学习"在主题内容的选取以及具体案例中均体现了对生态文明教育的关注；"主题一 地

球的宇宙环境"中相关的显性表述并不多，但其价值不容忽视。

（2）《高中地理课程标准》的"内容标准"中的生态文明教育内容

高中地理课程以落实立德树人为根本任务，将地理学科核心素养的培养贯穿在地理课程的设计和实施中。其中"人地协调观"素养的目标为学生能够正确看待地理环境与人类活动的相互影响，深入认识两者相互影响的不同方式、强度和后果，理解人们对人地关系认识的阶段性表现及其原因，认同人地协调对可持续发展具有重要意义，形成尊重自然、和谐发展的态度。为达成上述地理课程目标，按照学生发展的多元需求，将高中地理课程分为必修、选择性必修和选修三类课程。必修课程涉及地理1、地理2共两个模块；选择性课程涉及自然地理基础，区域发展，资源、环境与国家安全三个模块；选修课程涉及天文学基础，海洋地理，自然灾害与防治，环境保护，旅游地理，城乡规划，政治地理，地理信息技术应用，地理野外实习九个模块。除"天文学基础""政治地理""地理信息技术应用"三个选修模块未明显涉及生态文明教育的相关内容外，其余模块均不同程度地含有生态文明教育的内容与因素。现将各模块中有关生态文明教育的内容与因素作以梳理，见表2-2。

表2-2《高中地理课程标准》[①]的"课程内容"中的生态文明因素

模块	课程内容
必修地理1	**概述：** 三方面内容之一：自然环境与人类活动的关系；旨在帮助学生树立尊重自然、顺应自然、保护自然的观念。 **内容要求：**（4/12） 1.5 说明大气的组成和垂直分层，及其与生产和生活的联系。 1.8 说明海水性质和运动对人类活动的影响。 1.10 识别主要植被，说明其与自然环境的关系。 1.11 说明常见自然灾害的成因，了解避灾、防灾的措施。 **教学提示：** 帮助学生理解自然环境是人类生存、发展的基础，辩证看待自然环境对人类活动的各种影响。

① 中华人民共和国教育部.普通高中地理课程标准(2017年版2020年修订)[S].北京:人民教育出版社,2020.

模块	课程内容
必修地理2	概述： 四方面内容中两个：人口，环境与发展；旨在帮助学生树立绿色发展、共同发展、人地协调发展的观念。 内容要求：（2/11） 2.1 解释区域资源环境承载力、人口合理容量。 2.10 归纳人类面临的主要环境问题，说明协调人地关系和可持续发展的主要途径及其缘由。 教学提示： 具体分析体现人类活动与自然环境关系的典型案例，帮助学生理解党和国家提出的新的发展理念。
选择性必修1	概述：自然地理基础 三方面内容中两个：自然环境中的物质运动与能量交换，自然环境的整体性和差异性；旨在帮助学生了解人类生存的自然环境特征，理解自然环境及其演变过程对人类活动的影响，提升认识自然环境的能力与意识水平，树立人与自然是生命共同体的观念。 内容要求：（4/9） 1.3 说明人类活动与地表形态的关系。 1.7 举例说明洋流对地理环境和人类活动的影响。 1.8 解释厄尔尼诺、拉尼娜现象对全球气候和人类活动的影响。 1.9 分析自然环境的整体性和地域分异规律。 教学提示： 引导学生从生态文明建设的角度，理解人与自然的关系。
选择性必修2	概述：区域发展 三方面内容中两个：区域发展，区域协调；旨在帮助学生树立因地制宜、人地和谐的区域协调发展观。 内容要求：（5/9） 2.2 说明因地制宜对于区域发展的重要意义。 2.5 以某资源枯竭型城市为例，分析该类城市发展的方向。 2.6 以某生态脆弱区为例，说明该类地区存在的环境与发展问题，以及综合治理措施。 2.7 以某区域为例，说明产业转移和资源跨区域调配对区域发展的影响。 2.8 以某流域为例，说明流域内部协作开发水资源、保护环境的意义。 教学提示： 让学生了解区域及其发展的多样性，以及人地协调是区域可持续发展的必然选择。

模块	课程内容
选择性必修3	概述：资源、环境与国家安全 三方面内容：自然资源开发利用，环境保护，资源、环境对国家安全的重要意义；旨在帮助学生了解资源、环境与国家安全的关系，增强保护资源与环境的意识，树立维护国家安全、发展利益的观念。 内容要求：（8/8） 3.1 说明自然资源的数量、质量、空间分布与人类活动的关系。 3.2 以某种战略性矿产资源为例，分析其分布特点及开发利用现状。 3.3 解释中国耕地资源的分布，说明其开发利用现状，以及耕地保护与粮食安全的关系。 3.4 说明海洋空间资源开发对国家安全的影响。 3.5 分析碳排放对环境的影响，说明碳减排国际合作的重要性。 3.6 说明设立自然保护区对生态安全的意义。 3.7 说明污染物跨境转移对环境安全的影响。 3.8 举例说明环境保护政策、措施与国家安全的关系。 教学提示： 以资源、环境与国家安全的关系为线索组织教学内容。帮助学生理解资源、环境问题的基本内涵，并能站在国家安全、国际合作的高度，认识资源和环境的现状、问题及对策措施，了解资源、环境问题对于国家安全的重要性。创设多种教学情境，树立"绿水青山就是金山银山"的理念。
选修2	概述：海洋地理 四方面内容中两个：海洋资源与开发，海洋灾害与污染；旨在帮助学生了解海洋对人类的重要意义，以及人类对海洋的巨大影响。 内容要求：（2/11） 2.5 说明主要海洋资源的基本特点和应用前景。 2.8 说明海洋污染的形成及其对海洋环境的危害，简述保护海洋环境的主要对策。
选修3	概述：自然灾害与防治 四方面内容中两个：主要自然灾害的成因、特点与危害；防灾减灾的策略与措施。 旨在帮助学生认识自然灾害发生与分布的规律，树立科学的灾害观与减灾意识，提高其生存能力。 内容要求：（2/10） 3.1 说明自然灾害的类型及其对人类社会的影响。 3.2 举例说明人类活动对自然灾害的影响。

续表

模块	课程内容
选修4	概述：环境保护 四方面内容：环境问题与环境过程，水环境，大气环境，土壤环境；旨在帮助学生认识环境状况，了解环境问题的形成，以及环境保护的方法与措施，理解建设生态文明是中华民族永续发展千年大计的道理。 内容要求：（11/12） 4.1 简要说明地球上碳、氮、氧等元素循环的过程及其对环境的影响。 4.2 说明全球环境的基本问题，以及主要的环境修复原理。 4.3 说明我国水资源概况和水环境污染的严峻性。 4.5 针对某一具体分区域，设计水资源保护方案。 4.6 说明全球变暖对生态环境的影响。 4.7 解释形成大气污染的基本机理，举例说明大气污染的危害。 4.8 分析我国重污染天气的时空分布特征、污染形成机理及治理措施。 4.9 分析我国固体废弃物污染的状况。 4.10 解释土壤污染的形成机理，说明常见的土壤污染类型。 4.11 了解土壤污染的检测方法，以及常见污染土壤的修复方法和技术。 4.12 说明环境管理的基本内容和主要手段。
选修5	概述：旅游地理 三方面内容：旅游资源及其空间分布，旅游产业活动及其空间分布，旅游资源和旅游地的保护；旨在帮助学生形成发现区域旅游资源的意识，学会欣赏区域环境差异带来的美感，成为尊崇自然、尊重文化的人。 内容要求：（4/9） 5.1 描述旅游资源的分类和内涵。 5.2 举例说明某种旅游资源的成因和价值。 5.3 区别自然遗产和文化遗产基本概念，结合实例说明保护世界遗产的意义和方式。 5.7 举例说明旅游开发过程中的环境保护措施。
选修6	概述：城乡规划 三方面内容之一：城乡布局和规划；旨在帮助学生形成在城乡规划中保护环境和传统文化的意识。 内容要求：（1/10） 6.10 说明保护传统文化和特色景观应采取的对策。

注："/"前后数字表示本条目占总条目的比例。

从表 2-2 可以看出，《高中地理课程标准》的"课程内容"中存在大量可开展生态文明教育的内容载体，但各模块的体现程度存在差异，其中最具优势的模块是"选择性必修 3 资源、环境与国家安全"与"选修 4 环境保护"，几乎全部的内容均可进行生态文明教育；其次是"必修地理 1""必修地理 2""选择性必修 1 自然地理基础""选择性必修 2 区域发展""选修 5 旅游地理"，将近一半的内容可进行生态文明教育；最后是"选修 2 海洋地理""选修 3 自然灾害与防治""选修 6 城乡规划"，仅有少部分内容可开展生态文明教育。上述内容载体均内在含有生态文明教育的成分与因素，如何使这些内容载体的生态文明教育价值和功能得以最大程度的发挥与体现，一是需要地理教科书的编写人员关注相关"内容要求"所蕴含的生态文明教育因素，并力图寻求最恰当的方式呈现于地理教科书中；二是要加强地理师资队伍的培养，通过参加培训与教研等方式认真领悟新课标蕴含的生态文明思想与理念，并在教学实践中创设条件积极进行践行。

2. 中学地理教科书中的生态文明教育内容

中学地理教科书以人地关系为主线，始终渗透人地协调的理念，以当前人类所面临的人口、资源、环境、发展等问题为重点进行教科书内容设计，是渗透生态文明教育的重要载体。本书选取人民教育出版社编写的一套初中地理教科书（七年级 2012 年版、八年级 2013 年版）、高中地理教科书（2019 年版）作为分析的对象，系统梳理了各章节中与生态文明教育相关的内容。

（1）初中地理教科书中的生态文明教育内容

初中地理教科书由七年级上册（1—5 章）、下册（6—10 章），八年级上册（1—4 章）、下册（5—10 章），共 4 册构成，现将各章节中相关的生态文明教育内容梳理如下。

①七年级上册

七年级上册[①]是初中地理学习的开始，主要涉及"地球与地图""世界地理总论"的内容。本册教科书在开篇"绪言——与同学们谈地理"在"学习地理有什么用"中指出："学习地理，使我们懂得欣赏和尊重人类生活的世界，要尊重自然规律，热爱生我养我的地方；使我们具备全球观念和环境意

---

① 袁孝亭. 义务教育教科书·地理·七年级上册 [M]. 北京：人民教育出版社，2017.

识"，即是初中地理渗透生态文明教育要达成的目标。本册教科书中涉及的生态文明教育内容主要集中在第三章"天气和气候"、第四章"居民与聚落"两章中。其中，"天气和气候"一章中通过"我们需要洁净的空气""气候与人类活动"等内容的学习，有助于学生认识到：人与自然应和谐相处，为保护大气环境，有必要限制自身的某些行为。"居民与聚落"一章中通过"人口问题""聚落与环境"等内容的学习，有助于学生认识到：人口增长应与资源、环境、社会发展相协调；人类应尊重自然规律，与自然和谐共处。

②七年级下册

七年级下册[①]是关于"世界区域地理"的内容，各章节中均不同程度地涉及了生态文明教育的内容。其中，"7.3 印度""8.3 撒哈拉以南的非洲"章节中通过"世界第二人口大国""人口、粮食与环境"等内容的学习，有助于学生科学人口观的形成。"7.4 俄罗斯""8.1 中东""8.2 欧洲西部""8.4 澳大利亚"章节中通过"自然资源丰富，重工业发达""世界石油宝库匮乏的水资源""繁荣的旅游业""世界活化石博物馆、骑在羊背上的国家、坐在矿车上的国家"等内容的学习，有助于学生形成科学的资源观。"7.1 日本""8.1 中东"章节中通过"与世界密切联系的工业""中东战争、冲突不断的原因"等内容的学习，有助于学生形成人类命运共同体的意识。"7.2 东南亚"、"9.2 巴西""10 极地地区"章节中通过"协调农业生产与东南亚热带雨林保护的关系""热带雨林的开发与保护""极地地区的环境保护"等内容的学习，有助于学生认识到：人与自然是生命共同体，经济发展应与环境保护相协调。

③八年级上册

八年级上册[②]是关于"中国地理总论"的内容，各章节中均不同程度地涉及了生态文明教育的内容。其中，"1.2 人口"一节中通过"世界上人口最多的国家"内容的学习，有助于学生认识到：人口增长应与资源、环境、社

---

① 袁书琪，刘健.义务教育教科书·地理·七年级下册[M].北京：人民教育出版社，2017.

② 袁书琪，丁尧清.义务教育教科书·地理·八年级上册[M].北京：人民教育出版社，2017.

会经济发展相协调。"2.1 地形和地势""2.2 气候""2.3 河流""2.4 自然灾害"章节中通过"地形地势对人类生产、生活的影响""气候对人类生产、生活的影响""长江、黄河的开发与治理""我国自然灾害频繁、防灾减灾"等内容的学习,有助于学生认识到:人与自然是生命共同体,应尊重自然规律,与自然和谐共处。"中国的自然资源"一章中通过"3.1 自然资源的基本特征""3.2 土地资源""3.3 水资源"内容的学习,有助于学生形成科学的资源观。"4.2 农业"一节中通过"发展农业要因地制宜""走科技强农之路"内容的学习,有助于学生认识到:发展农业要因地制宜,提倡发展"高产、优质、高效、生态、安全农业"。

④ 八年级下册

八年级下册① 是关于"中国区域地理"的内容,各章节中也都不同程度地涉及了生态文明教育的内容。其中,6.1、7.1、8.1、9.1 中通过"自然特征与农业"内容的学习,有助于学生认识到:地区自然地理环境对生产、生活的影响,树立因地制宜、生态整体观念。"6.2'白山黑水'——东北三省""6.3 世界最大的黄土堆积区——黄土高原""9.2 高原湿地——三江源地区"章节中通过"从'北大荒'到'北大仓'""严重水土流失""水土保持""三江源地区的保护"等内容的学习,有助于学生认识到:人与自然是生命共同体,应尊重自然规律,与自然和谐共处,否则会受到大自然的惩罚。"6.4 祖国的首都——北京""7.2'鱼米之乡'——长江三角洲地区""7.3'东方明珠'——香港和澳门"章节中通过"北京名胜古迹的保护""水乡的文化特色与旅游""香港城市用地开发与生态环境保护"等内容的学习,有助于学生认识到:经济发展应与环境保护协调发展。"7.4 祖国的神圣领土——台湾省""8.2 干旱的宝地——塔里木盆地"章节中通过"美丽富饶的宝岛""油气资源的开发"等内容的学习,有助于学生形成科学的资源观。"10 中国在世界中"一章通过"发展中面临的挑战"中"人地关系不和谐""负责任的大

---

① 袁孝亭,覃燕飞.义务教育教科书·地理·八年级下册 [M].北京:人民教育出版社,2017.

国"中"了解我国在应对全球气候变化中的努力"内容的学习，有助于学生树立人地关系协调的生态文明理念，形成人类命运共同体意识、全球合作意识。

（2）高中地理教科书中的生态文明教育内容

高中地理必修教科书由必修第一册（6章17节）、第二册（5章14节）共2册构成，现将各章节中相关的生态文明教育内容梳理如下。

①必修第一册

人教版高中地理必修第一册教科书是关于"自然地理"内容，以地球概述、大气、水文、地貌、植被与土壤、自然灾害6个一级主题为框架编写，各自然环境要素与人类活动关系的内容是渗透生态文明教育的重要载体，现将各章节中相关的生态文明教育内容梳理如下表2-3。

表2-3 高中地理必修第一册教科书[①]中的生态文明教育内容

章	节	生态文明教育内容	要点
第一章 宇宙中的地球	1.1 地球的宇宙环境	行星地球：地球是八颗行星中唯一存在高级智慧生命的星球，地球是人类在宇宙中唯一的家园。人类留在太空中的垃圾越来越多，地球的宇宙环境亟待保护，这是全人类共同的责任。	人类只有一个地球，保护我们共同的家园；太阳能的利用；自然环境的构成。
	1.2 太阳对地球的影响	太阳辐射是地球光和热的主要源泉，是地球上水、大气运动和生命活动的主要动力。太阳辐射为我们生活、生产提供能量，人们大量使用的煤、石油等矿物燃料是地质历史时期生物固定并积累的太阳能，家庭太阳能供热系统、柴达木盆地中的太阳能光伏电站。	
	1.3 地球的圈层结构	地球的外部圈层包括大气圈、水圈和生物圈，它们和岩石圈相互联系、相互渗透，共同构成人类赖以生存和发展的自然环境。	
	问题研究	资料1"绿航星际"：建立适合人类长期驻留的生命和健康保障体系，减少地面物资补给需求。	

① 李秀彬，丁尧清.普通高中教科书.地理.必修第一册[M].北京：人民教育出版社，2019.

章	节	生态文明教育内容	要点
第二章 地球上的大气	2.1 大气的组成和垂直分层	大气中的氧气、二氧化碳、水汽、臭氧等对地球上的生命活动和自然环境有重要作用，人类活动排放的污染物进入大气，会影响大气的成分和含量，产生大气污染，对生态系统和人类生存造成不利影响；大气中二氧化碳含量的变化与人类活动；臭氧层是"地球生命的保护伞"，全球合作保护臭氧层。	保护大气环境，保护臭氧层。
	2.2 大气受热过程和大气运动	案例："城市热岛环流"，城市规划时，一般把污染风险较大的工业企业布局在城市热岛环流的范围之外。	
	问题研究	何时"蓝天"常在：大气污染及其危害、我国近些年大气污染较为严重的原因、发达国家大气污染及治理案例、我国治理大气污染所采取的措施。	
第三章 地球上的水	3.1 水循环	水循环维持了全球水量的动态平衡；不同水体以不同的周期自然更新，在一定的空间与时间范围内，水资源是有限的；如果人类用水过多，超过了水体更新的速度，或水资源遭受污染，就会导致水资源的短缺；水循环影响全球的气候和生态，对全球自然环境产生深刻而广泛的影响。	节约水资源、海水资源的可持续利用，有效利用海水运动规律。
	3.2 海水的性质	海水资源的利用：晒盐、制碱、养殖、海水淡化等；御咸蓄淡，变海湾为水库，新加坡找到了一条解决淡水资源危机的新方法。	
	3.3 海水的运动	荷兰遭受风暴潮袭击、利用潮汐水位差发电，掌握海水的运动规律，有利于开展海岸工程建设、渔业等活动，预防并降低海啸、风暴潮等造成的危害；洋流有利于污染物的扩散，加快了净化速度，但也扩大了污染范围；案例：纽芬兰渔场的形成与衰落，位于寒暖流交汇处，过度捕捞导致鱼群数量下降。	
	问题研究	能否淡化海水解决环渤海地区淡水短缺问题：环渤海地区淡水资源严重不足、渤海海冰资源量、渤海海水淡化研究、综合生态环境影响等问题探讨方案。	
第四章 地貌	4.1 常见的地貌类型	喀斯特地貌、河流地貌、风沙地貌、海岸地貌	欣赏大自然的美，经济发展与生态环境保护关系。
	问题研究	如何在保护生态环境的前提下，提升我国西南喀斯特峰丛山地的经济发展水平？	

续表

章	节	生态文明教育内容	要点
第五章 植被与土壤	5.1 植被	植被与环境：植被分为天然植被和人工植被，植被具有适应当地环境的特征；开展了解"校园树木与环境的关系"的调查活动；森林、草原、荒漠可分为多种类型，"分析红树林植物特征的环境适应性"活动，自学窗"精品公园'精'在何处"。	植被和土壤是重要的自然环境要素，尊重自然规律、因地制宜，保护生物资源、土壤资源。
	5.2 土壤	土壤的主要形成因素有成土母质、生物、气候、地貌等，人类活动对土壤的影响也极为深刻，"解释常见的土壤现象"活动。土壤的功能和养护：土壤对于自然环境和人类意义重大，人类应合理利用和保护土壤资源，"我国黄淮海平原盐碱地的综合治理"案例，自学窗"地方病与土壤"。	
	问题研究	如何让城市不再"看海"：城市洪水与土壤蓄水功能缺失、雨水花园、海绵城市。	
第六章 自然灾害	6.1 气象灾害	常见的气象灾害有洪涝、干旱、台风、寒潮等，案例"贵州望谟'6·6'山洪灾害"，活动"分析我国洪涝灾害与旱灾的时空分布特征"，自学窗"为什么会有人盼着台风到来"。	尊重自然规律，人与自然和谐共生。
	6.2 地质灾害	常见的地质灾害有地震、滑坡、泥石流等，活动"认识自然灾害的关联性"，一种自然灾害可能引发多种灾害，产生更为严重的后果。	
	6.3 防灾减灾	防灾减灾工作主要包括灾害监测、防御、救援与救助、灾后恢复等多个方面；面对自然灾害，掌握自救与互救措施至关重要。	

从表2-3可以看出，必修第一册各章节中均涉及生态文明教育的内容，除第四章"地貌"涉及的内容偏少外，其他章节内容比例大体相当。本册教科书中的生态文明教育内容集中于：大气、水、植被、土壤等自然环境要素的保护，水资源、太阳能等资源能源的可持续利用，自然灾害的产生及防灾减灾，通过上述内容的学习有利于形成尊重自然规律、因地制宜，经济发展应与生态环境保护协调发展，进而形成人与自然和谐共生的理念。

②必修第二册

人教版高中地理必修第二册教科书是关于"人文地理"的内容，以人口、乡村和城镇、产业区位因素、交通运输布局与区域发展、环境与发展5个一级主题为框架编写的。现将各章节中相关的生态文明教育内容梳理如下表2-4。

表2-4　高中地理必修第二册教科书[①]中的生态文明教育内容

章	节	生态文明教育内容	要点
第一章 人口	1.1 人口分布	影响人口分布的因素有自然因素和人文因素。	人口与资源、环境、社会发展相协调。
	1.2 人口迁移	影响人口迁移的因素有自然因素和人文因素。	
	1.3 人口容量	区域资源环境承载力：资源、环境对人口数量的支撑能力是有限的；人口合理容量是人口与资源、环境、经济、社会协调发展的必要条件。	
第二章 乡村和城镇	2.1 乡村和城镇空间结构	乡村土地利用方式相对比较单一，城镇内部土地利用类型相对复杂；合理利用城乡空间，具有改善环境、提高土地资源利用效率等重要意义。	因地制宜、合理利用土地，城乡景观的设计体现尊重自然、顺应自然的价值观，经济发展与环境保护相协调。
	2.2 城镇化	城镇化具有带动区域经济发展、提高资源利用效率、改善城乡居住环境等意义，城镇化过程中可能出现各种各样的环境问题和社会问题，如环境污染、交通拥堵、住房紧张、贫困等问题，需要在城镇化的过程中解决。	
	2.3 地域文化与城乡景观	感受地域文化，可以从自然景观和人文景观入手；可从城乡景观的角度来探寻地域文化及其影响，红河哈尼梯田的乡村景观是一种人地和谐的（顺应自然、趋利避害）乡村景观；城镇景观的设计中可融合地域文化，体现尊重自然、追求社会公平等价值观；案例"人家尽枕河"、活动"调查当地特色文化景观及其保护"。	
	问题研究	从市中心到郊区，你选择住在哪里：人口居住郊区化带来的问题。	

---

① 袁书琪，刘健.普通高中教科书.地理.必修第二册[M].北京：人民教育出版社,2019.

续表

章	节	生态文明教育内容	要点
第三章 产业区位因素	3.1 农业区位因素及其变化	农业区位因素主要包括气候、地形、水、土壤等自然因素，以及市场、交通运输、政策法规等人文因素，现代农业中，后者影响更大。	因地、因时制宜，合理利用土地；经济发展与环境保护相协调。
	3.2 工业区位因素及其变化	工业区位选择受地形、水源等自然因素的影响，但更多是受经济、环境、政策法规等人文因素的影响。环境因素主要是通过政府制定的环境保护法规、环境质量标准等影响工业的区位选择，案例"上海某石油化工厂的选址"。	
第四章 交通运输布局与区域发展	4.1 区域发展对交通运输布局的影响	交通运输布局应遵循依据运输需求、适度超前、因地制宜、尽量少占土地、发挥综合运输优势等原则。	因地制宜、合理利用土地。
	问题研究	城市交通如何疏堵？	

章	节	生态文明教育内容	要点
第五章 环境与发展	5.1 人类面临的主要环境问题	环境问题及其产生的原因，案例"八大环境公害事件"、活动"认识过度垦荒带来的环境影响"；人类面临的主要环境问题有自然资源枯竭、生态破坏和环境污染，环境问题具有区域差异，当今环境问题有越来越严重的趋势，已引起世界各国普遍关注，活动"分析小岛国忧虑的背景"。	因地制宜、人与自然和谐共生，践行绿色低碳、可持续发展。
	5.2 走向人地协调——可持续发展	可持续发展的内涵：可持续发展是人地协调发展的表现，可概括为生态持续发展、经济持续发展、社会持续发展三个方面，三个方面相互联系、相互制约；实现可持续发展需要遵循公平性、持续性、共同性三个基本原则，案例"2030年可持续发展目标"，活动"理解'共同但有区别的责任'"；走可持续发展道路，消除贫困、发展绿色经济、提倡可持续消费已成为人类共识，在世界范围内广泛践行，活动"在学校中进行闲置物品交换"，自学窗"人地关系思想的历史演变"。	
	5.3 中国国家发展战略举例	建设主体功能区：是生态文明理念下提出的国土开发和保护的重大战略，确定区域主体功能时，会综合考虑土地适宜开发的程度、自然资源的丰富度、生态环境的脆弱度和经济发展水平等地理背景；依据地理国情和国土开发状况，我国的主体功能区划分为优先开发区域、重点开发区域、限制开发区域和禁止开发区域。推动区域协调发展：长江经济带生态地位重要，在我国国土开发和保护中占有重要的地位，在建设沿江绿色生态廊道。拓展蓝色经济空间：是我国的重要战略，要立足于保护海洋生态环境，清晰规划海洋空间利用格局，提高海洋空间利用效率，提升海洋可持续发展能力。	
	问题研究	低碳食品知多少：什么是低碳食品、本地和应季蔬果、食品的包装，讨论食品的选择对环境的影响，完成应季蔬果的调查表，制作低碳晚餐。	

从表 2-4 可以看出，必修第二册各章节中均涉及生态文明教育的内容，集中分布在第五章"环境与发展"中，其他章节呈零散分布。本册教科书中的生态文明教育内容集中于：区域资源环境承载力、人口合理容量，乡村、城镇、农业、工业、交通运输中应合理利用土地，城乡景观设计中融合地域

文化，影响工农业区位选择的自然因素和人文因素，主要环境问题与走可持续发展道路、中国的国土开发和保护重要战略。通过上述内容的学习有利于形成尊重自然、顺应自然，因地制宜、因时制宜、经济发展与环境保护相协调的观念，促进人与自然和谐共生理念的内化，积极践行绿色低碳、可持续发展的生活方式。

（二）思想政治课程与生态文明教育

中学思想政治课程是落实立德树人根本任务的关键课程，道德与法治课是初中阶段的思政课，旨在提升学生的思想政治素质、道德修养、法治素养和人格修养等；高中思想政治课以培育社会主义核心价值观为根本目的，培育政治认同、科学精神、法治精神和公共参与等核心素养，基本形成正确的世界观、人生观和价值观。思想政治课程具有政治性、思想性和综合性、实践性的特点，不仅内在包含生态文明建设的内容，而且对于学生生态文明价值观的引领和生态文明行为的规范具有重要价值。

1. 中学思想政治课程标准中的生态文明教育内容

《义务教育道德与法治课程标准（2022年版）》（简称《初中道德与法治课程标准》）、《普通高中思想政治课程标准（2017年版2020年修订）》（简称《高中思想政治课程标准》）在"核心素养""课程目标""课程内容"等部分均涉及生态文明教育的相关要求，为中学思想政治课程渗透生态文明教育指明了方向。

（1）《初中道德与法治课程标准》的"课程内容"中的生态文明教育内容

道德与法治课程要培养的核心素养有政治认同、道德修养、法治观念、健全人格、责任意识五个方面，其中"道德修养"的主要表现之一"社会公德"中明确提出包括保护环境为主要内容的道德要求，即保护环境是一项重要的社会公德；"责任意识"的主要表现之一"担当精神"中提到"热爱自然，践行绿色生活方式"。课程总目标中指出"敬畏自然，保护环境，形成人与自然生命共同体的意识"，7—9年级学段目标的"责任意识"核心素养中进一步指出"敬畏自然，具有绿色发展理念，初步形成环保意识和生态文明观；

能够在日常生活中自觉践行生态文明的理念"。初中道德与法治课设置"生命安全与健康教育""法治教育""中华优秀传统文化教育""革命传统教育""国情教育"等五个主题,现对其中的生态文明教育内容梳理如下表2–5。

表2–5《初中道德与法治课程标准》[①]的"课程内容"中的生态文明教育内容

学习主题	内容要求	教学提示
法治教育	·了解环境保护的法律规定,树立生态文明观念。	·以"建设美丽中国"为议题,探讨个人如何参与环境保护,做维护生态文明的践行者。
国情教育	·领悟构建人类命运共同体的意义。 ·知道统筹推进经济建设、政治建设、文化建设、社会建设、生态文明建设的"五位一体"总体格局。	·以"新梦想,新征程"为议题,认识"碳达峰""碳中和"是推动高质量发展、提升生态文明建设水平的重要抓手和重要标志。

从上表可以看出,初中道德与法治课的生态文明教育要素主要体现在"社会公德"和"担当精神"层面,从具体内容来说主要有:保护环境的道德规范和法律规范(法治教育)、国家生态文明建设的主要举措(国情教育),进而形成绿色发展、生态文明的价值观,并践行绿色生活方式。

(2)《高中思想政治课程标准》的"课程内容"中的生态文明教育内容

高中思想政治学科要培养的核心素养有政治认同、科学精神、法治意识、公共参与四个方面。其中"法治意识"中的"尊法学法守法用法,严守道德底线","公共参与"中的"践行公共道德,勇于承担社会责任"是体现生态文明教育的主要关联点。高中思想政治课程由必修课程(包括模块1"中国特色社会主义"、模块2"经济与社会"、模块3"政治与法治"、模块4"哲学与文化")、选择性必修课程(3个模块)、选修课程(3个模块)构成,现对必修课程内容中的生态文明教育内容梳理如下表2–6。

---

① 中华人民共和国教育部.义务教育道德与法治课程标准(2022年版)[S].北京:北京师范大学出版社,2022.

表 2-6《高中思想思政课程标准》^① 的必修"课程内容"中的生态文明教育内容

模块	内容要求	教学提示
模块 2 经济与社会	2. 经济发展与社会进步 2.1 阐释绿色的新发展理念，评析经济发展中践行社会责任的实例。	·可针对每个发展理念，为社区或学校制作数字化宣传资料；可就某个发展理念进行专题调研；可结合当地实际，举办"经济社会发展与生态文明建设并举"的征文比赛。
模块 3 政治与法治	3. 依法治国 3.3 列举事例，阐明建设法治国家、法治政府、法治社会的意义。	·以"法治如何让生活更美好"为议题，探究法治与生活的关系，认识建设法治社会的重要意义。可搜集相关资料，展望人们在法治国家享受优美环境的美好前景。可调研当前人们关注社会问题的实例并发表见解，如环保问题。
模块 4 哲学与文化	2. 认识社会与价值选择 2.1 理解价值观的形成与时代和环境密切相关；解析价值观差异与冲突产生的社会根源，能够进行合理的价值判断和行为选择。 2.2 理解价值观对人们行为的导向作用，践行社会主义核心价值观。	·以"人们为什么有不同的价值观"为议题，探究价值判断的依据和意义。 ·以"面对价值冲突如何选择"为议题，探究生活中进行价值选择的标准。可针对公共问题的不同解决方案，讨论应坚持什么价值取向。 ·以"怎样才能内化于心、外化于行"为议题，探究如何践行社会主义核心价值观。

从上表 2-6 可以看出，高中思想政治必修课程中的生态文明教育要素主要体现在"法治意识"和"公共参与"的社会责任担当两个层面；从具体内容来看，在必修模块 2、模块 3、模块 4 中均有一定的体现，涉及绿色发展理念的内化与践行、生态文明法治建设、生态文明价值判断与行为选择，其中模块 3 中的"依法治国"、模块 4 中的"认识社会与价值选择"是以隐性的形式体现生态文明教育的内容，需要生态文明相关素材的支撑才能达成生态文明教育的效果。

2. 中学思想政治教科书中的生态文明教育内容

以教育部组织编写的人民教育出版社出版的一套初中道德与法治教科书

---

① 　中华人民共和国教育部. 普通高中思想政治课程标准 (2017 年版 2020 修订)[S]. 北京 : 北京师范大学出版社 , 2020.

（七年级 2016 年版、八年级 2017 年版、九年级 2018 年版）、高中思想政治必修教科书（2019 年版）为分析文本，系统梳理其中各章节的生态文明教育内容，以把握中学思想政治教科书中的生态文明教育内容构成要素。

（1）初中道德与法治教科书中的生态文明教育内容

初中道德与法治教科书由七年级上册（4 单元 10 课）、下册（4 单元 10 课），八年级上册（4 单元 10 课）、下册（4 单元 8 课），九年级上册（4 单元 8 课）、下册（3 单元 7 课）构成，现将各章节中相关的生态文明教育内容梳理如下表 2-7。

表 2-7　初中道德与法治教科书中的生态文明教育内容

年级	课节	生态文明教育内容
七年级下册①	第十课 法律伴我们成长	以下这些法律规定，你自觉遵守了吗？怎样才能更好地遵守？ 旅游法第十三条：旅游者在旅游活动中应当爱护旅游资源，保护生态环境，遵守旅游文明行为规范。 环境保护法第六条第四款：公民应当增强环境保护意识，采取低碳、节俭的生活方式，自觉履行环境保护义务（探究与分享）。

---

① 王磊，李晓．义务教育教科书·道德与法治·七年级下册 [M].北京：人民教育出版社，2016.

续表

年级	课节	生态文明教育内容
八年级上册[①]	第三课 社会生活离不开规则	选择一个你想去的旅游景点，查阅资料了解在该景点要遵守哪些规则（拓展空间）。
	第五课 做守法的公民	刑事违法行为：违反刑法规定，非法收购珍贵、濒危野生动物罪。
	第六课 责任与角色同在	责任你我他：成长的过程就是学会不断承担责任、勇于承担责任的过程，如选择绿色出行方式等（探究与分享）；做负责任的人：有些人为保护珍贵的野生动物与偷猎者周旋等。
	第七课 积极奉献社会	服务社会：参与义务植树等活动（运用你的经验），退休工人曹师傅组织环保公益讲座、宣传环保理念、组建环保志愿者组织（探究与分享）；服务和奉献社会，需要我们积极参与环境保护等社会公益活动。
	第九课 树立总体国家安全观	我国国家安全体系包括生态安全、资源安全等；避免外来物种巴西龟入侵，更好维护生态安全（运用你的经验）；遇到"某企业偷排工业废水"类似危害国家安全的情况，我们该如何应对？（探究与分享）
	第十课 建设美好祖国	《中共中央 国务院关于加快推进生态文明建设的意见》的四个坚持（相关链接）。
八年级下册[②]	第五课 我国的政治和经济制度	请你设计一个方案，把"完善法律，加强光污染治理，规范夜间使用灯光"的建议反映给当地人大代表（拓展空间）。
	第六课 我国国家机构	在督促落实水污染防治法过程中，全国人大常委会是怎样行使职权的？（探究与分享）
	第八课 维护公平正义	守护正义：当身边发生非正义行为时，请注意及时拨打以下常用热线电话，环境保护投诉举报号码12369（方法与技能）。

---

① 李晓东，黄向阳，曹金龙. 义务教育教科书·道德与法治·八年级上册 [M]. 北京：人民教育出版社，2017.

② 陈大文，王敬波，张祖涛. 义务教育教科书·道德与法治·八年级下册 [M]. 北京：人民教育出版社，2017.

续表

年级	课节	生态文明教育内容
九年级上册①	第一课 踏上强国之路	走向共同富裕：你从三位同学的假期经历（参加环保志愿活动，看到好几家高污染企业停产整改）中发现我国经济发展有哪些新变化（运用你的经验）；请你从技术创新和社会责任等方面与同学讨论，国家电网公司（转变能源发展方式，以电代煤，开启"无燃煤"的绿色时代）为什么主动进行战略调整、转变发展方式（探究与分享）。
	第二课 创新驱动发展	创新改变生活：将废旧物品重新利用，不仅有助于环保，而且充满创新乐趣，你在生活中有过哪些利用废旧物品的创意（运用你的经验）。
	第四课 建设法治中国	收集并分享法治新闻（如，《中华人民共和国生物安全法》使我国生物安全风险防控有法可依），感受法治中国的脉搏，小组讨论分析中国法治建设取得了哪些进步（探究与分享）。
	第六课 建设美丽中国	正视发展挑战：发展中的人口问题，我国坚持计划生育基本国策，积极调整人口政策（运用你的经验、相关链接、探究与分享）；资源环境面临危机，威胁人类生存的全球十大环境问题及其危害，坚持节约资源和保护环境的基本国策，走绿色发展道路（探究与分享、相关链接、拓展空间）。共筑生命家园：坚持人与自然和谐共生，建设生态文明，要以资源环境承载能力为基础，以自然规律为准则，以可持续发展、人与自然共生为目标（运用你的经验、阅读感悟、探究与分享、相关链接）；坚持绿色发展道路，要处理好经济发展与生态环境保护的关系，坚持绿色富国，让人民群众切实感受到经济发展带来的环境效益；大力倡导节能、环保、低碳、文明的绿色生产生活方式，必须严守生态保护红线、环境质量底线、资源利用上线；美丽中国，不仅是山清水秀、天蓝地绿，而且是留住乡愁、守望相助的生命家园（探究与分享、相关链接、拓展空间）。
	第八课 中国人中国梦	2035年远景目标：广泛形成绿色生产生活方式，碳排放达峰后稳中有降，生态环境根本好转，美丽中国建设目标基本实现。（相关链接）

① 高国希，杨一鸣. 义务教育教科书·道德与法治·九年级上册 [M]. 北京：人民教育出版社，2018.

年级	课节	生态文明教育内容
九年级下册①	第二课 构建人类命运共同体	推动可持续发展：联合国千年发展目标（2000—2015 年）中的"确保环境的可持续性"，《变革我们的世界：2030 年可持续发展议程》中的"采用可持续的消费和生产模式"。谋求互利共赢：环境问题为何成为上述各国共同关注的话题，我们应该怎样面对（探究与分享）？采取共同行动，承担共同责任，构建人类命运共同体，坚持绿色低碳，建设一个清洁美丽的世界；要把构建人类命运共同体的理念同实际行动联系起来，对生态环境等国际问题有一定程度的了解，并形成积极态度（方法与技能）。
	第三课 与世界紧相连	中国担当：中国积极参与全球治理体系建设和改革，在全球环境保护等领域积极采取行动；在全球气候治理中，中国始终坚持"共同但有区别的责任"，倡导各国共同承担起全球气候治理的责任（探究与分享）。与世界深度互动：进行垃圾分类处理，借鉴德国、加拿大等国的生活垃圾分类处理经验（拓展空间）。
	第四课 与世界共发展	携手促发展：请找一找最近能反映绿色发展理念的新闻，说说你在哪些方面感受到了国家的发展（运用你的经验）。
	第五课 少年的担当	列举中国公民为世界作贡献的实例，中国青年在 2014 年利马联合国气候变化大会的"中国角"宣传环保；从哥本哈根到巴黎，中国青年的环保行动从未停止（探究与分享）。

注：括号中为教科书中相关栏目的名称。

从上表 2-7 可以看出，初中道德与法治教科书中的生态文明教育内容主要分布在八年级上下册、九年级上下册中，七年级下册有星点分布，七年级上册未涉及相关内容。八年级教科书中的生态文明教育内容集中于：遵守生态环境保护的道德规范与法律规范，参与环境保护等服务社会的公益活动；树立维护国家生态安全、资源安全的观念；了解国家加快推进生态文明建设的相关举措，人大代表、人大常委会在环境保护法律完善、监督中的作用，维护环境保护公平正义。九年级教科书中的生态文明教育内容集中于：企业科技创新、生活创新对环境保护的作用，法治中国建设中环境保护相关法律

---

① 高国希，吴蓉，秦书珩．义务教育教科书·道德与法治·九年级下册 [M]．北京：人民教育出版社，2018．

的完善，美丽中国建设面临的问题与应对方案，中国在全球生态环境保护中的责任担当与行动。其中有专门的课节阐释"建设美丽中国"的内容，呈现集中与分散相结合的渗透方式。通过上述内容的学习有利于形成保护环境的社会公德、树立保护环境的法律意识，促进人类命运共同体观念的构建，人与自然和谐共生理念的内化，进而积极参与美丽中国建设。

（2）高中思想政治教科书中的生态文明教育内容

高中思想政治必修教科书由必修1①（4课）、必修2②（2单元4课）、必修3③（3单元9课）、必修4④（3单元9课）构成，现将各课节中相关的生态文明教育内容梳理如下表2-8。

表2-8 高中思想政治必修教科书中的生态文明教育内容

必修	课节	生态文明教育内容
必修1中国特色社会主义	第4课 只有坚持和发展中国特色社会主义才能实现中华民族伟大复兴	·实现中华民族伟大复兴的中国梦：到2035年，基本实现社会主义现代化，广泛形成绿色生产生活方式，碳排放达标后稳中有降，生态环境根本好转，美丽中国建设目标基本实现。到本世纪中叶，建成富强民主文明和谐美丽的社会主义现代化强国（相关链接）；为实现新时代中国特色社会主义发展的战略安排，要加快生态文明体制改革，建设美丽中国。 ·习近平新时代中国特色社会主义思想："十个明确"中的明确五位一体的总体布局；新时代坚持和发展中国特色社会主义的基本方略，"十四个坚持"之一：坚持人与自然和谐共生。

① 秦宜，朱明光.普通高中教科书·思想政治·必修1[M].北京：人民教育出版社，2019.
② 孙蚌珠，陈有芳.普通高中教科书·思想政治·必修2[M].北京：人民教育出版社，2019.
③ 刘建军，朱力宇.普通高中教科书·思想政治·必修3[M].北京：人民教育出版社，2019.
④ 孙熙国，张亮.普通高中教科书·思想政治·必修4[M].北京：人民教育出版社，2019.

续表

必修	课节	生态文明教育内容
必修2 经济与社会	第3课 我国的经济发展	·坚持绿色发展理念：以人民为中心的发展思想，分享本地生态文明建设取得的成就并加以评价，谈谈经济发展与民生福祉之间关系（探究与分享）；贯彻新发展理念，处理好经济发展与生态环境保护的关系（探究与分享）；坚持绿色发展，要坚持节约资源和保护环境的基本国策，坚持可持续发展，坚定走生产发展、生活富裕、生态良好的文明发展道路，建设美丽中国，形成节约资源和保护环境的空间格局、产业结构、生产方式、生活方式、建设人与自然和谐共生的现代化；可持续发展强调资源的永续利用，我国古代的人与自然和谐共生的思想（相关链接）。 ·建设现代化经济体系，包括资源节约、环境友好的绿色发展体系。
	综合探究：践行社会责任，促进社会进步	·探究活动目标：能够正确辨别与评价绿色生产与绿色消费行为；能提出符合绿色生产和绿色消费要求的可行性建议；能够树立正确的消费观，坚持简约适度、绿色低碳的生活方式，反对奢侈浪费和不合理消费。 ·探究活动建议：围绕"如何推动绿色生产与绿色消费"议题，探究如何做到经济社会发展与生态文明建设相统一。 ·探究路径参考：探究二 推动绿色生产与绿色消费。 ·理论评析：我们要建设的现代化是人与自然和谐共生的现代化，要倡导简约适度、绿色低碳的生活方式。
必修3 政治与法治	第2课 中国共产党的先进性	·党的执政理念：中国特色社会主义进入新时代，人民期盼更优美的环境，到21世纪中叶，我国生态文明将全面提升。
	第3课 坚持和加强党的全面领导	·党领导人民建设社会主义生态文明；依法执政，不断推进国家生态文明建设的法治化、规范化。
	第7课 治国理政的基本方式	·法所具有的政治职能、社会职能体现在生态文明建设等领域中，中国特色社会主义法律体系日趋完备，国家生态文明建设等方面实现了有法可依。
	第8课 法治中国建设	·说明在生态文明建设中，将排污费改为环境保护税有哪些积极作用（探究与分享）；环境保护等是法治政府必须承担的基本职能。
	第9课 全面依法治国的基本要求	·严格执法：建设生态文明，建设美丽中国，离不开严格的环境保护法，结合材料说明加强环保执法的重要意义；通过调查研究，尝试对本地的环保执法情况作出评价并提出建议（探究与分享）。

续表

必修	课节	生态文明教育内容
必修4 哲学与文化	第2课 探究世界的本质	一切从实际出发，实事求是："十八洞村成功脱贫摘帽"的具体事例，阐明做事情要尊重物质运动的客观规律，作为我们行动的依据（阅读与思考）。
	第3课 把握世界的规律	联系的普遍性、客观性与多样性：生态系统相互依存、相互联系，共同维持着生物圈的生态平衡，人类可以影响和改变环境，但不能改变事物的固有联系（阅读与思考）；塑料对海洋、土壤、地下水、大气等人类生存环境的影响（阅读与思考）。
	第6课 实现人生价值	价值观对人们认识和改造世界的活动有重要导向作用：一方面，价值观影响人们对事物的认识和评价；另一方面，价值观影响人们改造世界的活动，影响人们的行为选择；要树立正确的价值观，作出正确的价值判断和价值选择，就必须坚持真理，遵循社会发展的客观规律。（无生态文明相关素材，需引申）
	第7课 继承发展中华优秀传统文化	中华优秀传统文化在生态方面的"天人一体，回归自然，崇尚自然"等思想，能够为解决当代中国和世界发展中的环境问题提供有益借鉴（阅读与思考）。

注：括号中为教科书中相关栏目的名称。

从上表2-8可以看出，高中思想政治必修教科书中的生态文明教育内容在必修1"中国特色社会主义"、必修2"经济与社会"、必修3"政治与法治"、必修4"哲学与文化"中均有一定的体现，但体现的程度有差别，主要分布在必修2、必修3中。其中必修2关于"绿色发展理念"的内容体现较为充分，并设置了相关的综合探究活动；必修3关于党的执政理念与法治化建设中对生态文明建设的价值体现较为充分；必修1和必修4中的相关因素较少，其中必修1主要体现在国家的相关政策文件关于"美丽中国目标""习近平的生态文明思想"的相关表述；必修4主要是关于哲学观点在生态系统、生态环境问题中的体现，以及中华优秀传统文化中的生态文明思想，另外价值判断、价值选择与生态文明价值观的树立具有密切关联，但教科书中并未有相关素材的支撑，需要教师在教学过程中进行引申与补充。

（三）历史课程与生态文明教育

历史学是在一定的历史观指导下叙述和阐释人类历史进程及规律的学科。历史课程是以马克思主义唯物史观的基本观点为指导，按照历史时序，展示中外历史发展的基本过程，揭示人类历史发展的基本规律和大趋势。中外历史的发展进程中必然涉及资源、环境问题、保护生态环境等的人物事件与思想观念，以古鉴今，历史时期的宝贵经验与教训均能为我国生态文明建设提供启示与借鉴，因此有必要充分挖掘中学历史课程中的生态文明教育因素。

1. 中学历史课程"内容标准"中的生态文明教育内容

《义务教育历史课程标准（2022年版）》（简称《初中历史课程标准》）、《普通高中历史课程标准（2017年版2020年修订）》（简称《高中历史课程标准》）在课程内容的"内容要求""学业要求"等部分涉及了生态文明教育的相关因素，为中学历史课程渗透生态文明教育提供了指引。

（1）《初中历史课程标准》的"内容要求"中的生态文明教育内容

初中历史课程是学生在马克思主义唯物史观指导下，了解中外历史发展进程、传承人类文明、提高人文素养的课程，具有鉴古知今、认识历史规律、培养家国情怀、拓宽国际视野的重要作用。初中历史课程凝练了唯物史观、时空观念、史料实证、历史解释、家国情怀5条核心素养，其中"家国情怀"体现了历史学习的价值追求，是其他素养得以达成的情感基础和理想目标，能从历史的角度认识中国国情，初步树立构建人类命运共同体的意识等，是历史课程渗透生态文明教育的重要切入点。初中历史课程内容包括中国古代史、中国近代史、中国现代史、世界古代史、世界近代史、世界现代史，以及跨学科主题学习，共七个板块。现对《初中历史课程标准》课程内容部分"内容要求"中的相关生态文明教育内容梳理如下表2–9。

表 2-9《初中历史课程标准》[①] 的"内容要求"中的生态文明教育内容

板块	内容要求	生态文明教育要点
（一）中国古代史	1.1 史前时期 ·知道中国的原始农耕生活。 1.2 夏商西周与春秋战国时期 ·知道老子的思想，通过都江堰工程，感受古代劳动人民的智慧和创造力。 1.3 秦汉时期 ·了解休养生息政策、"丝绸之路"的开辟。 1.4 三国两晋南北朝时期 ·了解人口迁徙和区域开发。 1.5 隋唐五代十国时期 ·了解大运河开通。 1.7 明清时期 ·了解《天工开物》《农政全书》，认识明朝的科技成就及其影响。	人与自然的原始和谐；人对自然的初步改造。
（三）中国现代史	1.4 中国特色社会主义进入新时代 ·了解习近平新时代中国特色社会主义思想，通过新时代中国在生态文明建设等领域取得的成就，认识中国特色社会主义建设对中国社会发展的意义及对世界的贡献。	国家生态文明建设的成就。
（五）世界近代史	1.6 科学技术的发展与第二次工业革命 ·初步理解科学技术发展带来的社会进步和社会问题（对人类生存环境的破坏问题已经显现）。	人对自然的过度干预导致生态环境问题的产生。
（六）世界现代史	1.1 第一次世界大战与俄国十月革命 ·分析第一次世界大战爆发的原因，了解其给人类社会带来的巨大灾难。 1.5 当今世界的主要发展趋势 ·知道人口、资源、环境等人类发展面临的共同问题，认识世界各国为解决全球性共同问题所作出的努力，了解构建人类命运共同体理念的重要意义。	从历史的演变中认识保护生态环境的重要性，增强社会责任感和历史使命感。
（七）跨学科主题学习	学习主题：生态环境与社会发展（11 个中之一），引导学生对工业革命后的环境问题进行探究，加深对环境问题的认识，增强环保意识。	人对自然的过度干预产生的环境问题。

---

① 中华人民共和国教育部 . 义务教育历史课程标准 (2022 年版)[S]. 北京 : 北京师范大学出版社 , 2022.

从上表 2-9 可以看出，初中历史课程内容在"中国古代史""中国现代史""世界近代史""世界现代史""跨学主题学习"五个板块中存在生态文明教育的因素，从具体内容来说主要有：中国古代时期人与自然的原始和谐与初步改造，新时代中国生态文明建设取得的成就与对世界的贡献，世界第二次工业革命带来的生态环境问题，当今世界人类发展面临的人口、资源、环境等问题与构建人类命运共同体，按照历史时序，有成功经验、有教训、有反思后的行动与方案。

（2）《高中历史课程标准》的"内容要求"中的生态文明教育内容

通过高中历史课程的学习，进一步拓展历史视野，发展历史思维，提高历史学科核心素养，树立正确的世界观、人生观、价值观和历史观。高中历史学科核心素养与初中历史课程核心素养构成要素一致，且具有进阶性。其中"家国情怀"是学习和探究历史应具有的人文追求、价值关怀，与生态文明教育具有关联。高中历史必修课程以通史的叙事框架，展示中国历史和世界历史发展的基本过程，共有 24 个专题，现将必修课程"内容要求"中的生态文明教育内容梳理如下表 2-10。

表 2-10《高中历史课程标准》[①] 的"内容要求"中的生态文明教育内容

内容要求	生态文明教育要点
1.2 春秋战国时期的政治、社会及思想变动 ·了解老子学说；通过孟子、荀子、庄子等了解"百家争鸣"的局面。	古代的生态文明思想
1.14 改革开放新时期与中国特色社会主义进入新时代 ·认识习近平新时代中国特色社会主义思想是全党全国人民为实现中华民族伟大复兴而奋斗的行动指南。	生态文明建设思想
1.15 古代文明的产生与发展 ·了解各文明古国发展的不同特点。	古代文明与生态的关系

① 中华人民共和国教育部.普通高中历史课程标准(2017 年版 2020 修订)[S].北京:北京师范大学出版社,2020.

续表

内容要求	生态文明教育要点
1.19 改变世界面貌的工业革命 ·理解工业革命对人类生活的深远影响。	人对自然过度干预产生的问题
1.24 当代世界的发展特点和主要趋势 ·通过了解冷战结束后世界出现的全球性问题，认识人类面临的机遇与挑战；牢固树立构建人类命运共同体意识。	全球环境问题的产生与共同应对

从上表 2-10 可以看出，高中历史必修课程内容在第 2、14、15、19、24 这五个专题中存在生态文明教育的因素，与初中历史课程中的生态文明教育渗透点大体一致，且有一定的深化，具体主要涉及：中国古代的生态文明思想，新时代中国生态文明建设的思想，世界文明古国的产生、发展与生态的关系，工业革命对生态环境的影响，当代世界面临的全球性环境与发展问题、树立构建人类命运共同体意识。"内容要求"的相关条目中并未显性出现"生态文明"等术语，需要教科书编写人员与教师在现有条目基础上进行引申与拓展。

2. 中学历史教科书中的生态文明教育内容

中学历史教科书中的生态文明教育内容大体可分为两类，一类是历史上人类保护生态环境的成功经验（调整统治政策，如适度地垦荒、休养生息；重视兴修水利、治理水患，如都江堰水利工程；古人的环保思想，如管仲的开发利用有度有时、贾思勰的因地制宜；当代国家政策重视生态环境保护，如十八大提出五位一体，将生态文明建设提到新高度）。一类是历史上破坏生态环境的教训（过度开发、滥砍乱发；战争对生态环境的破坏，如安史之乱、抗日战争、二战原子弹的使用；工业发展造成的环境污染，如第一次工业革命）。上述素材对开展生态文明教育有其重要的价值。

（1）初中历史教科书中的生态文明教育内容

教育部统编的人教版初中历史教科书由七年级上册、下册，八年级上册、下册，九年级上册、下册，共三个年级六册教科书构成，现对各册教科书中的相关生态文明教育素材梳理如下。

①七年级上册

七年级上册是关于中国古代史的内容，由4单元21课构成，涉及史前时期、夏商西周与春秋战国时期、秦汉时期、三国两晋南北朝四段历史时期，具体各单元课节中涉及的生态文明教育因素梳理如下表2–11。

表2–11　七年级上册①历史教科书中的生态文明教育内容

单元	课节	生态文明教育内容
第一单元史前时期：中国境内早期人类与文明的起源	第2课 原始农耕生活	远古时期长江流域气候湿润，雨水充沛，发现河姆渡遗址；远古时期黄河流域气候宜人居住；半坡人生产陶器等工具，开垦土地，从事农业生产，饲养家畜，捕猎捕鱼。
	第3课 远古的传说	炎帝教民开垦耕种，种植五谷；大禹疏导治水，消除黄河水患；尧帝鼓励人们开垦农田，适时耕种。
第二单元夏商周时期：早期国家与社会变革（奴隶社会）	第4课 早期国家的产生和发展	商朝受战乱、环境变化等因素影响多次迁都，如盘庚迁殷。
	第6课 动荡的春秋时期	铁具、牛耕推动山林开发、扩大耕地；青铜业、冶铁业等有所发展。
	第7课 战国时期的社会变化	商鞅变法鼓励耕织、生产粮食；秦国兴修水利，建造都江堰，都江堰作为水利枢纽，发挥防洪、灌溉、水运等作用。
	第8课 百家争鸣	老子、庄子顺应自然的思想；墨子主张"兼爱""非攻"，反对攻伐兼并，残害生命；墨子批判奢侈生活，提倡节俭。

---

① 瞿林东，叶小兵.义务教育教科书·中国历史·七年级上册[M].北京：人民教育出版社，2016.

单元	课节	生态文明教育内容
第三单元 秦汉时期：统一多民族国家的建立与巩固	第9课 秦统一六国	秦国对边疆地区进行开垦和经营；秦国开凿灵渠，沟通湘江和漓江，便利南北水运交通。（人对自然的改造）
	第11课 西汉建立和"文景之治"	汉高祖采取休养生息政策，发展农业生产；文帝和景帝提倡节俭治国，反对奢侈浮华。
	第12课 汉武帝巩固大一统王朝	汉武帝注重发展农业生产，重视兴修水利，治理黄河水患。
	第14课 沟通中外文明的"丝绸之路"	"丝绸之路"促进了开渠、铸铁等技术的传播，同时丰富了物种的多样性；"一带一路"战略应该注重生态文明建设。
	第15课 两汉的科技和文化	用树皮、麻头、破布、旧渔网等植物纤维为原料造纸；农历与节气的制定顺应自然规律。
第四单元 三国两晋南北朝时期：政权分立与民族交融	第16课 三国鼎立	曹魏重视农业生产，大力兴修水利；孙吴开发江东，发展海外贸易；蜀汉加速西南地区的开发。
	第18课 东晋南朝时期江南地区的开发	南朝发生叛乱，战争对自然环境破坏严重；江南地区垦荒耕地，兴修水利，工农业发达。
	第20课 魏晋南北朝的科技与文化	贾思勰在《齐民要术》中强调农业生产要遵循自然规律，因地制宜、不误农时；郦道元作《水经注》是一部综合性地理学著作。

②七年级下册

七年级下册也是关于中国古代史的内容，由3单元22课构成，涉及隋唐五代十国时期、辽宋夏金元时期、明清时期三段历史时期，具体各单元课节中涉及的生态文明教育因素梳理如下表2–12。

表 2-12　七年级下册 ① 历史教科书中的生态文明教育内容

单元	课节	生态文明教育内容
第一单元 隋唐时期：繁荣与开放的时代	第1课 隋朝的统一与灭亡	隋朝建立后，人口数量和垦田面积大幅度增长，开通大运河，连接了五大水系，贯通水路交通；隋文帝厉行节俭，但隋炀帝奢侈无度，大兴土木，营建宫室。
	第3课 盛唐气象	唐王朝重视兴修水利，建造大量水利工程。
	第5课 安史之乱与唐朝衰亡	杜甫《垂老别》描绘了战乱对生态的破坏；安史之乱造成北方地区"人烟断绝，千里萧条"；周世宗兴修水利，发展生产。
第二单元 辽宋夏金元时期：民族关系发展和社会变化	第7课 辽、西夏与北宋的并立	西夏鼓励垦荒，发展游牧经济；连年战争对生态环境造成极大地破坏。
	第9课 宋代经济的发展	两宋时期，垦田面积扩大，耕作技术高超，耕地使用率提高；宋朝时南北方气温普遍变低，雨量充沛；唐宋时期，北方湖泊减少；中原地区的森林因长期砍伐遭到严重破坏；南方相对完好的森林植被对于调节气候、涵养水源和抗御灾害的作用。
	第10课 蒙古族的兴起与元朝的建立	蒙古族逐水草而居，过游牧生活；各部落为争夺水源、草场等频繁发生战争，生灵涂炭。
第三单元 明清时期：统一多民族国家的巩固与发展	第15课 明朝的对外关系	有效利用季风、洋流帮助郑和船队准确航行；船队航行时对极端自然天气的应对体现古代人民智慧。
	第16课 明朝的科技、建筑与文学	宋应星的《天工开物》对我国古代的农业和手工业生产技术进行总结，徐光启的《农政全书》是明代末年的农业科学巨著；《徐霞客游记》详细记录了各地地理、水文、地质、植物等现象，是地理学巨著。
	第19课 清朝前期社会经济的发展	清朝前期，许多荒山旷野改造成农田，兴修水利，治理黄河、淮河和大运河，农作物品种丰富；明清时期人口快速增长，人地矛盾突出，导致过分开垦荒田，造成水土流失严重，地力下降。

从表 2-11、2-12 可以看出，七年级"中国古代史"中的生态文明教育因

① 瞿林东，叶小兵．义务教育教科书·中国历史·七年级下册 [M].北京：人民教育出版社，2016．

素主要有：中国古代农耕时期人与自然的原始和谐，古人的生态文明思想，农业社会人对自然初步改造（如，适度地垦荒、休养生息；重视兴修水利、治理水患；局地显现生态环境问题，战乱对生态环境的破坏）。

③八年级上册

八年级上册是关于中国近代史的内容，由8单元27课构成，相关单元课节中涉及的生态文明教育因素梳理如下表2–13。

表2–13　八年级上册[①]历史教科书中的生态文明教育内容

单元	课节	生态文明教育内容
第一单元 中国开始沦为半殖民地半封建社会	第2课 第二次鸦片战争	火烧圆明园：英法联军纵火烧毁圆明园，大火连烧三天，升腾的浓烟弥漫北京城上空，遮天蔽日，久久不散。
第三单元 资产阶级民主革命与中华民国的建立	第11课 北洋政府的统治与军阀割据	军阀混战造成耕地减少26000多万亩，荒地增加49000万亩，对生态环境造成严重破坏。
第六单元 中华民族的抗日战争	第20课 正面战场的抗战	为阻止日军进攻，炸决黄河大堤，淹没耕地千万亩，受灾严重。

从上表2–13可以看出，八年级上册"中国近代史"中的生态文明教育因素较少，主要涉及近代战乱对生态环境的破坏。

④八年级下册

八年级下册是关于中国现代史的内容，由6单元20课构成，相关单元课节中涉及的生态文明教育因素梳理如下表2–14。

---

① 郭双林，李伟科. 义务教育教科书·中国历史·八年级上册 [M]. 北京：人民教育出版社，2017.

表 2-14　八年级下册 ① 历史教科书中的生态文明教育内容

单元	课节	生态文明教育内容
第一单元中华人民共和国的成立和巩固	第 2 课 抗美援朝	上甘岭战役使上甘岭化为一片焦土，山头高度被削低 2 米。
	第 3 课 土地改革	土地改革后，农民积极积肥、修堤、建水塘，改良盐碱地。（人对自然的改造）
第二单元社会主义制度的建立与社会主义建设的探索	第 6 课 艰辛探索与建设成就	"大跃进"时期自然灾害严重，经济受损；油田的开采与利用；水利建设取得很大成绩；河南兰县受内涝、风沙、盐碱三害，焦裕禄治理风沙、挖渠排水。
第三单元中国特色社会主义道路	第 10 课 建设中国特色社会主义	中共十七大贯彻落实科学发展观，坚持全面、协调、可持续的发展理念；中共十八大将生态文明建设提到了新高度。
	第 11 课 为实现中国梦而努力奋斗	中共十八届三中全会对生态文明体制改革做出全面部署；中共十八届五中全会提出牢固树立创新、协调、绿色、开放、共享的新发展理念，改善生态环境；构建人类命运共同体：要构筑尊崇自然、绿色发展的生态体系。
第五单元国防建设与外交成就	第 17 课 外交事业的发展	中国广泛参与多边活动，在环境、粮食等全球问题上发挥积极作用。
第六单元科技文化与社会生活	第 18 课 科技文化成就	袁隆平杂交水稻技术对解决全球粮食资源短缺问题做出重要贡献；兴建三峡工程和南水北调等水利工程。
	第 19 课 社会生活的变迁	绿色食品等科学卫生的概念日益深入人心。
	第 20 课 活动课：生活环境的巨大变化	了解改革开放前后的环境变迁。

从上表 2-14 可以看出，八年级下册"中国现代史"中的生态文明教育因素主要涉及："大跃进"时期人对自然的过度干预，自然灾害严重与治理；当

---

① 郭双林，李伟科．义务教育教科书·中国历史·八年级下册 [M]．北京：人民教育出版社，2017．

代国家政策文件对生态文明建设的定位与重视；科技创新对生态文明建设的贡献、社会生活中生态文明行动、中国生态文明建设对世界的贡献。

⑤九年级上册

九年级上册是关于世界古代史和部分近代史的内容，由 7 单元 22 课构成，涉及古代文明到近代的第一次工业革命这段历史时期，相关单元课节中涉及的生态文明教育因素梳理如下表 2-15。

表 2-15　九年级上册 ① 历史教科书中的生态文明教育内容

单元	课节	生态文明教育内容
第一单元 古代亚非文明	第 1 课 古代埃及	尼罗河定期泛滥，洪水退去后，两岸留下肥沃的黑色淤泥，非常有利于农业生产。
	第 2 课 古代两河流域	古代西亚的两河流域是人类最早的文明发祥地之一；汉谟拉比大兴水利，开凿河渠。
	第 3 课 古代印度	印度河流域孕育了古代印度文明；印度河发源于青藏高原，水量丰沛；古印度城市遗址街区整齐划一，有完整的下水道系统，城市生态良好。
第二单元 古代欧洲文明	第 4 课 希腊城邦和亚历山大帝国	希腊自然环境呈现环海、多山、多岛的特点；平原面积很小，耕地十分有限。
	第 5 课 罗马城邦和罗马帝国	意大利半岛岛内山地众多，有利于畜牧业发展，西部地区河流纵横，土地肥沃，适宜农作物生长；马尔克公社制度包括土地轮耕制度和荒地林地公用制度。
第四单元 封建时代的亚洲国家	第 12 课 阿拉伯帝国	阿拉伯半岛居民大多过着游牧生活，各部落之间为争夺水源和牧场，相互仇杀。
第五单元 走向近代	第 13 课 西欧经济和社会的发展	11 世纪欧洲各地开展垦殖运动，大量林地、荒地、沼泽被开发，土地面积逐渐扩大。

---

① 侯建新，许斌 . 义务教育教科书·世界历史·九年级上册 [M].北京：人民教育出版社，2018.

续表

单元	课节	生态文明教育内容
第七单元 工业革命和国际共产主义运动的兴起	第20课 第一次工业革命	早期工厂基本上用水作为动力；建造大量工厂后，空气中经常弥漫着混杂机油的棉尘，污染空气；法国露天矿场的工人劳动环境恶劣。

从上表2-15可以看出，九年级上册中的生态文明教育因素主要涉及：世界文明古国人与自然原始和谐（文明与生态的关系）、近代工业革命对生态环境的破坏。

⑥九年级下册

九年级下册是关于世界部分近代史和现代史的内容，由6单元23课构成，涉及殖民地人民的反抗到现代走向和平发展的世界这段历史时期，相关单元课节中涉及的生态文明教育因素梳理如下表2-16。

表2-16 九年级下册[①]历史教科书中的生态文明教育内容

单元	课节	生态文明教育内容
第一单元 殖民地人民的反抗与资本主义制度的扩展	第3课 美国内战	联邦政府颁布《宅地法》，鼓励农民到西部耕种，促进美国西部开发；西进运动移民闯入林海和荒原，砍伐树木，开垦荒地，修建房屋，开发出一片生机勃勃的土地。

---

① 侯建新，许斌. 义务教育教科书·世界历史·九年级下册 [M]. 北京：人民教育出版社，2018.

单元	课节	生态文明教育内容
第二单元 第二次工业革命和近代科学文化	第5课 第二次工业革命	电力成为新的能源进入生产生活领域；碱性铅蓄电池的发明与使用；内燃机的发明促进了交通工具的变革，也推动了石油采矿业的发展；碱、硫酸和人造染料的生产与应用；海厄特发明塑料，现代塑料工业诞生；法国人夏尔多内发明人造纤维。
	第6课 工业化国家的社会变化	工业革命促进人口的迅速增长；城市化进程促进人口流动，改变城乡生态；城镇的卫生状况极差，垃圾成堆，环境污染严重；工厂排放大量废气和废水，大气和河流污染严重，危害人体健康；城市环境运动的兴起使得城市环境和家庭卫生条件得以改善。
	第7课 近代科学与文化	达尔文在《物种起源》中提出生物进化论，指出物种演变过程是自然选择的结果。
第四单元 经济大危机和第二次世界大战	第13课 罗斯福新政	美国经济危机大量商品或被当作燃料，或被倒进河流，造成资源的浪费。
	第15课 第二次世界大战	第二次世界大战对环境也造成了极大的破坏；美国在日本投放原子弹，广岛、长崎遭受核污染。
第六单元 走向和平发展的世界	第21课 冷战后的世界格局	俄罗斯地大物博，凭借丰富的自然资源复兴国家；冷战结束后，中国呼吁构建人类命运共同体，建设普遍安全、清洁美丽的世界。
	第22课 不断发展的现代社会	生态与人口问题（影响与应对）：伴随工业化的推进，生态环境日益恶化；煤矿石油等燃料排放大量二氧化碳，加剧温室效应，海平面上升；化学污染导致臭氧层空洞；淡水资源短缺；大肆砍伐森林，导致热带雨林大片消失，影响全球生态平衡；人口增长导致粮食资源危机；发展中国家耕地和水资源短缺，自然灾害频繁，上述问题需要全世界共同努力，认真对待；《寂静的春天》一书阐述了农药对农田生态的破坏，呼吁正视人与自然的关系，敬畏自然，保护环境，推动美国建立环境保护机构和民间环境保护运动的发展（知识拓展）。

从上表2–16可以看出，九年级下册中的生态文明教育因素主要涉及：世界第二次工业革命促进社会生产生活的进步及带来的生态环境问题，美国经

济危机中的资源能源浪费，第二次世界大战对生态环境造成的破坏，当今世界人类发展面临的人口、资源、环境等问题，中国呼吁构建人类命运共同体应对挑战。

（2）高中历史教科书中的生态文明教育内容

人教版高中历史教科书由必修中外历史纲要上（10单元28课）、下（9单元23课）两册构成，选择性必修由选择性必修1"国家制度与社会治理"、选择性必修2"经济与社会生活"、选择性必修3"文化交流与传播"三册构成。现对高中历史必修教科书中的生态文明教育内容进行梳理，具体梳理如下2–17。

表2–17　高中必修历史教科书中的生态文明教育内容

册	课节	生态文明教育内容
中外历史纲要上①	第2课 诸侯纷争与变法运动	老子：将天地万物本原归结为抽象的"道"，指出"人法地，地法天，天法道，道法自然"，追求天人合一，是中国古代朴素的唯物论；百家争鸣：墨家的代表墨子提倡节俭。
	第11课 辽宋夏金元的经济与社会	冶矿业在北宋手工业中占有重要地位。煤的开采量很大，都城东京的居民普遍使用煤作燃料，燃料的改进提高了金属冶炼的产量和质量。
	第14课 清朝前中期的鼎盛与危机	清朝人口膨胀迅速，人口急剧增长使得资源危机日益显露。
	第27课 社会主义建设在探索中曲折发展	从新中国成立到改革开放前，通过兴修水利、开展农田基本建设，培育推广良种、提倡科学种田，我国较大幅度地提高了粮食生产水平和抵御自然灾害的能力。
	第29课 改革开放以来的巨大成就	中国特色社会主义理论体系的形成与发展：包括生态文明建设在内的"五位一体"总体布局，2035年到本世纪中叶，把我国建成富强民主文明和谐美丽的社会主义现代化强国。国际影响力：中国积极促进全球治理体系改革与完善，推动气候变化《巴黎协定》生效，推动构建人类命运共同体。

① 张帆，李帆.普通高中教科书·历史·必修·中外历史纲要（上）[M].北京：人民教育出版社，2019.

册	课节	生态文明教育内容
中外历史纲要下[①]	第1课 文明的产生与早期发展	古代文明的多元特点：最初文明的产生与优越的自然环境条件密切相关；东北非的埃及地处干旱地区，但尼罗河的定期泛滥，有利于农业生产的发展。
	第3课 中古时期的欧洲	中古西欧耕地面积增加，风力、水力和畜力得到比较有利的利用；拜占庭的连年征战严重消耗了自身的资源。
	第10课 影响世界的工业革命	英国的圈地运动，英国制呢业发达，对羊毛的需求激增（历史纵横）；工业革命的影响：工业革命带来了社会生活的巨大变化，也导致了环境污染严重等社会问题，狄更斯在《艰难时世》中描述了一座工业城镇的环境污染问题（历史纵横）。
	第11课 马克思主义的诞生与传播	早期工人运动：当时工人的劳动条件和住宅区环境恶劣，天空浓烟密布，地下污水横流。
	第23课 和平发展合作共赢的历史潮流	人类发展面临的问题：在和平和安全方面，人类面临许多共同难题，如生态环境恶化、气候变化等非传统安全威胁持续蔓延，海洋权益和极地资源争夺等日趋激烈，各国人民应携手解决；气候变化《巴黎协定》（历史纵横）。构建人类命运共同体，是中国对世界和平与发展、对全球治理体系改革与建设提供的中国方案；要坚持环境友好，合作应对气候变化，保护好人类赖以生存的地球家园（史料阅读）。

从上表 2-17 可以看出，高中历史必修教科书上册为中国历史纲要，其中涉及的生态文明教育因素主要：古人的生态文明思想，科技发展对社会发展与生态环境的双重作用，当代国家政策文件对生态文明建设的重视与定位，中国推动人类命运共同体的构建；高中历史必修教科书下册为外国历史纲要，其中涉及的生态文明教育因素主要：世界文明古国与生态的关系，工业革命促进社会生活的进步及带来的生态环境问题，战争对生态环境造成的破坏，人类发展面临的和平与生态安全问题，应对共同难题的中国方案——构建人类命运共同体。从上述生态文明教育内容的分析可以看出，与初中历史教科

① 晏绍祥，张顺洪．普通高中教科书·历史·必修·中外历史纲要（下）[M]．北京：人民教育出版社，2019．

书中的生态文明教育内容具有很好的衔接性，既有归纳总结，也有适度扩展与深化。

二、中学理科课程与生态文明教育的相关性分析

就生态环境知识的学科性质而言，它涉及物理学、化学、生物学、自然地理学等自然科学学科。因此，生态文明教育有必要借助于这些自然科学学科教学，向受教育者传授生态环境科学知识，使他们更好地理解人与环境、环境与发展的复杂关系，识别人类行为的后果，为他们未来保护和改善生态环境、建设可持续发展社会打下坚实的认知基础。

（一）物理课程与生态文明教育

物理学是自然科学领域研究自然界物质的基本结构、相互作用和运动规律的一门基础学科，推动了材料、能源、环境和信息等领域的科学技术进步，对人类文明和社会进步作出了巨大贡献。物理课程是一门以实验为基础的自然科学课程，能帮助学生从物理学视角认识自然、理解自然，形成科学的自然观；引领学生认识科学、技术、社会、环境（STSE）之间的关系，形成科学态度和正确的价值观，增强社会责任感。可见，物理课程也是渗透生态文明教育的重要学科课程之一，中学物理课程标准和中学物理教科书是中学物理课程渗透生态文明教育的重要支撑载体，必须对其中的生态文明教育因素进行充分挖掘。

1. 中学物理课程"内容要求"中的生态文明教育内容

《义务教育物理课程标准（2022 年版）》（以下简称《初中物理课程标准》）、《普通高中物理课程标准（2017 年版 2020 年修订）》（以下简称《高中物理课程标准》）为落实立德树人的根本任务，凝练了物理学科（或课程）核心素养，其中"科学态度与责任"是中学物理课程育人价值和功能的集中体现，中学物理课程将"了解科学、技术、社会、环境之间关系的基础上形成热爱自然、保护环境、节约资源的自觉行为，具有促进可持续发展的责任感"作为一项社会责任要素进行明确要求，是中学物理课程渗透生态文明教育的

重要指向性要求。《初中物理课程标准》和《高中物理课程标准》在"内容要求"部分涉猎生态文明教育内容的构成要素，能为物理课程渗透生态文明教育提供了重要载体。

（1）《初中物理课程标准》的"内容要求"中的生态文明教育内容

初中物理课程内容由"物质""运动和相互作用""能量""实验探究""跨学科实践"五个一级主题构成。各一级主题均包含内容要求、学业要求及教学提示，内容要求含二级主题及活动建议，二级主题含三级主题及样例。现对初中物理课程内容部分"内容要求"中的相关生态文明教育内容梳理如下2-18。

表2-18《初中物理课程标准》①的"内容要求"中的生态文明教育内容

一级主题	概述	内容要求
（一）物质	体会科学、技术、社会、环境之间的关系，形成关心环境、保护环境的责任感。	1.1 物质的形态和变化 1.1.2 尝试对环境温度问题发表自己的见解。 例1 尝试对温室效应、热岛效应等发表自己的见解。 1.1.4 能运用物态变化知识，说明自然界中水循环现象。了解我国和当地的水资源状况，有节约用水和保护环境的意识。 活动建议：（1）调查学校或家庭的用水状况，设计一个用于学校或家庭的节水方案。（2）调查当地水资源的利用和保护状况，并对当地水资源的利用和保护提出自己的见解。（3）调查当地农田或城市绿化灌溉的主要方式，了解节水灌溉技术。
（二）运动和相互作用		2.3 声和光 2.3.2 知道噪声的危害及控制方法。 例4 举例说明如何减弱生活环境中的噪声，具有保护自己、关心他人的意识。 活动建议：（2）调查社区或工地噪声污染的情况和已采取的控制措施，提出进一步控制噪声的建议。（4）调查社区或城市光污染的情况，提出改进建议。

① 中华人民共和国教育部.义务教育物理课程标准(2022年版)[S].北京:北京师范大学出版社,2022.

续表

一级主题	概述	内容要求
（三）能量	了解节约能源与可持续发展的重要性，培养学生为可持续发展作贡献、将科学服务于人类的使命感。	3.3 内能 3.3.3 知道内能的利用在人类社会发展史中的重要意义。 例2 了解热机对社会发展所起的作用和对环境的影响。 活动建议：（1）调查当地近年来炊事、取暖、交通等方面燃料结构的变化，从经济与环保的角度开展讨论。（2）燃料的种类很多，如木柴、煤、汽油、酒精、天然气等，查阅资料并比较相同质量的不同燃料完全燃烧时放出热量的多少。 3.4 电磁能 3.4.7 有节约用电的意识。 活动建议：（2）调查当地人均用电量的变化，讨论它与当地经济发展的关系。 3.6 能源与可持续发展（全部） 3.6.1 列举常见的不可再生能源和可再生能源。 3.6.2 知道核能的特点和核能利用可能带来的问题。 例1 了解处理核废料的常用方法。 3.6.3 从能源开发与利用的角度体会可持续发展的重要性。 例2 了解太阳能、风能、氢能等能源的开发对可持续发展的意义。 活动建议：（1）查阅资料，举办小型研讨会，讨论能源利用带来的环境影响，如大气污染、酸雨、温室效应等，探讨可采取的应对措施。（2）查阅资料，了解我国新能源汽车的发展概况。（3）了解有关提倡低碳生活的信息，调查当地使用的主要能源及其对当地经济和环境的影响，提出开发当地可再生能源的建议。（4）查阅资料，了解受控核聚变（人工太阳）的研究进展。
（五）跨学科实践		5.1 物理学与日常生活 5.1.3 能运用所学知识指导和规范个人行为，践行低碳生活，具有节能环保意识。 例3 了解当地空气质量状况，并调查相关原因。 例4 拟订《个人低碳生活行为指南》，对个人节能环保行为提出具体要求。 活动建议：（3）通过资料查阅和实物考察，了解机动车的尾气排放情况，撰写关于城市空气污染和汽车尾气排放的调查报告。 5.3 物理学与社会发展 5.3.1 结合实例，尝试分析能源的开发与利用对社会发展的影响。 例1 查阅资料并举办报告会，讨论能源利用对环境的影响，结合对当地能源利用现状的调查，提出改进建议。 活动建议：（2）查阅资料，了解环境污染治理比较成功的案例，撰写一篇调查报告。

从上表2-18可以看出，初中物理课程中的生态文明教育内容主要集中在"能量"一级主题下"能源与可持续发展"这个二级主题中，其中所有的条目

均属于生态文明教育的内容；在"物质形态和变化""声和光""内能""电磁能"二级主题中也有零散的分布；新增"跨学科实践"主题也设计了个人节能环保、能源开发与利用方面的跨学科实践活动。总体来说，初中物理课程"内容要求"中的生态文明教育内容主要体现在物态变化、环境污染、能源开发利用三个方面。

（2）《高中物理课程标准》的"内容要求"中的生态文明教育内容

高中物理课程由三个必修模块、三个选择性必修模块、三个选修模块构成。现对三个必修模块中的生态文明教育内容梳理如下表2-19。

表2-19《高中物理课程标准》①的必修"内容要求"中的生态文明教育内容

	内容要求
必修3	3.2 电路及其应用 3.2.6 能分析和解决家庭电路中的简单问题，能将节约用电的知识应用于生活实际。 活动建议：（4）调查近年来家庭用电的情况，讨论节约用电如何从自己做起，养成节约用电的习惯。
	3.4 能源与可持续发展 3.4.1 了解利用水能、风能、太阳能和核能的方式。初步了解核裂变和核聚变。 3.4.2 知道不同形式的能量可以相互转化，在转化过程中能量总量保持不变。 3.4.3 了解可再生能源和不可再生能源的分类，认识能源的过度开发和利用对环境的影响。 例1 讨论家庭生活中一天所用的能量哪些来自可再生能源，哪些来自不可再生能源。 3.4.4 认识环境污染的危害，了解科学·技术·社会·环境协调发展的重要性，具有保护环境的意识和行为。 例2 讨论在生活中可采用哪些方式节能。 例3 收集资料，调查当地大气污染、水污染、声污染等的主要污染源，了解预防方法。 例4 收集资料，从能源的角度讨论为什么要对垃圾进行分类。 活动建议：（1）查询一火力发电厂的发电量和单位发电量煤耗，计算该厂的发电效率，估算该厂每日发电的用煤量。（2）设计利用太阳能取暖的方案，讨论环境对太阳能利用的影响。（3）查阅资料，了解人类利用核裂变和核聚变释放核能的前景和挑战。（4）调查家庭中与热有关的器具的使用情况，讨论如何使用才能节约能源。

---

① 中华人民共和国教育部.普通高中物理课程标准(2017年版2020修订)[S].北京：北京师范大学出版社,2020.

从上表 2–19 可以看出，高中物理课程内容中的生态文明教育内容主要集中必修 3 "能源与可持续发展"主题中，其中所有的条目均属于生态文明教育的内容；在"电路及其应用"主题中也有零星分布；必修 1 和必修 2 中未见相关内容。总体来说，高中必修物理课程"内容要求"中的生态文明教育内容主要体现在能源开发利用、环境污染两个方面。

2. 中学物理教科书中的生态文明教育内容

依据课程标准编写的初高中物理教科书有多个版本，此处选取人民教育出版社编写的一套初中物理教科书（八年级 2012 年版、九年级 2013 年版）、高中物理必修教科书（2019 年版）作为分析的文本，系统梳理各章节中与生态文明教育相关的内容。

（1）初中物理教科书中的生态文明教育内容

初中物理教科书中由八年级上、下册，九年级全一册构成，其中八年级[①]上册（1 章—6 章）、下册（7 章—12 章）各由 6 章构成，九年级全一册[②]（13 章—22 章）由 10 章构成，为更好地发挥初中物理教科书开展生态文明教育素材载体的作用，现将各章节中相关的生态文明教育内容梳理如下表 2–20。

---

① 彭前程，杜敏. 义务教育教科书·物理·八年级上册、下册 [M].北京：人民教育出版社，2012.

② 彭前程，杜敏. 义务教育教科书·物理·九年级全一册 [M].北京：人民教育出版社，2013.

表 2-20 人教版初中物理教科书中的生态文明教育内容

	章节	生态文明教育内容
八年级上册	2.4 噪声的危害和控制	噪声是严重影响我们生活的污染之一，控制噪声可以从"防止噪声产生—阻断噪声传播—防止噪声进入耳朵"三个方面着手。
	3.3 汽化和液化	电冰箱与臭氧层：电冰箱中的氟利昂对地球的生态环境构成威胁（科学·技术·社会）。
	3.4 升华和凝华	水循环：水循环对生态环境的作用、水资源危机、节约水资源（科学·技术·社会）。
	6.4 密度与社会生活	材料与社会发展：金属、陶瓷、塑料、半导体等材料的利用对社会发展的作用（科学·技术·社会）。
八年级下册	7.2 弹力	材料的力学性能：具有优良力学性能新材料的研发与应用（科学世界）。
	10.3 物体的浮沉条件及应用	能源危机与造价低廉、消耗燃料少、载重量大的飞艇重新被重视。
	11.4 机械能及其转化	水能和风能的利用：水的重力势能发电、风力发电。
九年级全一册	13.2 内能	地球的温室效应：人类活动加剧了地球的温室效应，是近年来全球气候变暖的重要原因，全球气候变暖的危害（科学世界）。
	14.1 热机	现代汽车：电子技术在汽车上的应用，可减少有害气体的排放、降低燃料的消耗，更加节能、安全，对环境的影响更小（科学世界）。
	14.2 热机的效率	锅炉提高燃料的利用率，提高热机的效率，节约能源、减少污染；利用废气能量来供热的热电站比火电站的燃料利用率高。
	16.3 电阻	超导现象：超导材料可大大降低由于电阻引起的电能损耗，实现电子设备的微型化（科学世界）。
	18.1 电能 电功	电能是人们生活的重要资源，能源供应日益紧张，每个人应具有节约电能意识，从点滴做起。

续表

章节		生态文明教育内容
九年级全一册	22.1 能源	人类利用能源的历程：化石能源、一次能源、二次能源；21世纪的能源趋势：能源消耗持续增长，风能、水能得到广泛应用，核能为代表的新能源利用也在不断发展，"石油危机和能源科学"（科学·技术·社会）。
	22.2 核能	核能发电是重要的电力来源之一，核能对解决能源危机的作用及其对环境的危害，"核电站和核废料处理"（科学·技术·社会）。
	22.3 太阳能	太阳能是人类能源的宝库，太阳能的利用：太阳能热水器（想想做做"自制太阳能集热器"）、太阳能电池（动手动脑学物理）。
	22.4 能源与可持续发展	能源的利用是有条件的、有限的，应节约能源；能源消耗对环境的影响：温室效应、大气污染、酸雨等（想想议议）；能源与可持续发展：不可再生能源、可再生能源，以风能、水能、太阳能等为代表的可再生能源是未来理想能源的一个重要发展方向。

注：1.1代表第一章第1节，括号内为教科书中的相关栏目。

从上表2–20可以看出，人教版初中物理教科书中的生态文明教育内容集中在第22章"能源与可持续发展"中，其他章节也有零散的分布，涉及噪声、臭氧层破坏、水循环、新材料的应用、机械能的转化、内能、电能等。总体来说，初中物理教科书中的生态文明教育内容集中在环境污染、资源能源的可持续开发利用方面。

（2）高中物理教科书中的生态文明教育内容

人教版高中物理必修教科书由必修第一册、第二册、第三册组成，其中第一册（1章—4章）[①]、第二册（5章—8章）[②]各由4章构成，第三册（9章—13章）[③]由5章构成，现将各章节中相关的生态文明教育内容梳理如下表2–21。

① 彭前程，秦建云．普通高中教科书·物理·必须第一册[M]．北京：人民教育出版社，2019.

② 张颖，梁旭．普通高中教科书·物理·必须第二册[M]．北京：人民教育出版社，2019.

③ 彭前程，秦建云．普通高中教科书·物理·必须第三册[M]．北京：人民教育出版社，2019.

表 2-21　高中物理必修教科书中的生态文明教育内容

章节		生态文明教育内容
第一册	1.4 速度变化快慢的描述——加速度	交通工具与社会发展（STSE）：交通工具带来的交通堵塞、尾气污染等问题，绿色汽车的应用。
第二册	7.4 宇宙航行	航天事业改变着人类的生活（STSE）：地球资源卫星应用于勘测资源、监视自然灾害、观测环境污染等方面。
第三册	11.1 电源和电流	电动汽车中的电池（STSE）：零排放的纯电动汽车使用锂离子电池，将极大缓解燃油汽车带来的污染问题，有助于改善城市的空气质量。
	12.4 能源与可持续发展	能量转化的方向性：能量的耗散是能源危机的深层次含义，能源的利用受能量转化方向性（能量的耗散）的制约，所以能源的利用是有条件的、有代价的；能源的分类与应用：可再生能源和不可再生能源，我国在太阳能、水力、风能、核能发电等方面取得很大成就，核电站核泄漏事故的预防和缓解措施；能源与社会发展：化石能源使用引发能源危机、环境恶化，可持续发展的核心是追求发展与资源、环境的平衡，应大力提倡节能，发展可再生能源和清洁能源，推动形成人与自然和谐发展的生态文明；汽车和能源（STSE）。

注：1.1 代表第一章第 1 节，括号内为教科书中的相关栏目。

从上表 2-21 可以看出，高中物理必修教科书中的生态文明教育内容主要集中在第三册第 12 章"电能 能量守恒定律"的第 4 节"能源与可持续发展"中，在"电源和电流"章节中也有零星分布；第一册和第二册教科书中分别仅有 1 个 STSE 栏目涉及生态文明教育内容。总体来说，高中物理必修教科书中的生态文明教育内容主要集中在能源可持续发展方面。

（二）化学课程与生态文明教育

化学学科是学科渗透生态文明教育中较具优势的学科，它在促进人类文明可持续发展中发挥着日益重要的作用。中学化学课程渗透生态文明教育是落实"科学态度与社会责任"核心素养的必然要求。《义务教育化学课程标准

（2022 年版）》（以下简称《初中化学课程标准》）、《普通高中化学课程标准
（2017 年版 2020 年修订）》（以下简称《高中化学课程标准》）为落实立德树
人的根本任务，依据化学学科本质凝练了化学学科（或课程）核心素养，其
中"科学态度与社会责任"是中学化学课程育人价值和功能的集中体现，其
中义务教育化学课程将"形成节约资源、保护环境的习惯，树立生态文明的
理念"作为一项社会责任要素进行明确要求，《高中化学课程标准》中提及
的："具有节约资源、保护环境的可持续发展意识，从自身做起，形成简约适
度、绿色低碳的生活方式；能对与化学有关的社会热点问题作出正确的价值
判断，能参与有关化学问题的社会实践活动"，均是中学化学课程渗透生态文
明教育的重要指向性要求。

1. 中学化学课程"内容要求"中的生态文明教育内容

《初中化学课程标准》和《高中化学课程标准》在"内容要求"部分涉及
资源、能源、环境、材料、健康、可持续发展等方面的生态文明教育内容，
为化学课程渗透生态文明教育提供了重要载体。

（1）《初中化学课程标准》的"内容要求"中的生态文明教育内容

初中化学课程以促进学生核心素养发展为导向，设置五个学习主题，即
"科学探究与化学实验""物质的性质与应用""物质的组成与结构""物质的
化学变化""化学与社会·跨学科实践"，除"物质的组成与结构"学习主题
未明显涉及生态文明教育的内容，其余学习主题均有所涉及，现将其中涉及
的生态文明教育内容梳理如下表 2–22。

表 2–22《初中化学课程标准》^① 的"内容要求"中的生态文明教育内容

学习主题	内容要求
1：科学探究与化学实验	1.1 化学科学本质 ·认识化学科学、技术、社会、环境的相互关系，了解化学科学对社会发展和人类文明进步的重要价值。 1.4 科学探究的态度 ·树立自觉的安全意识和观念，养成节约和环保的习惯。
2：物质的性质与应用	2.2 常见的物质 ·2.2.1 空气、氧气、二氧化碳：以自然界中的氧循环和碳循环为例，认识物质在自然界中可以相互转化及其对维持人类生活与生态平衡的意义。 ·2.2.3 金属与金属矿物：了解金属、金属材料在生产生活和社会发展中的重要作用；以铁生锈为例，了解防止金属腐蚀的常用方法；了解废弃金属对环境的影响及金属回收再利用的价值。 ·2.2.4 常见的酸、碱、盐：知道酸碱性对人体健康和农作物生长的影响；知道一些常用化肥及其在农业生产中的作用。 2.4 物质性质的广泛应用及化学品的合理使用 ·认识合理使用化学品对保护环境的重要意义，形成合理使用化学品的意识。认识空气、水、金属矿物是宝贵的自然资源，形成保护和节约资源的可持续发展意识与社会责任。
4：物质的化学变化	4.4 化学反应的应用价值及合理调控 ·结合实例认识合理利用、调控化学反应的重要性，关注产品需求和成本核算，初步树立资源循环使用、绿色环保的发展理念。
5：化学与社会·跨学科实践	5.1 化学与可持续发展（全部） 5.2 化学与资源、能源、材料、环境、健康（全部） 5.4 应对未来不确定性挑战 ·5.4.1 科学伦理及法律规范：知道国家在生态环境保护等方面颁布了法律法规。 ·5.4.2 社会性科学议题的合理应对 5.5 跨学科实践活动 （3）水质检测及自制净水器（4）基于碳中和理念设计低硫行动方案（5）垃圾的分类与回收利用（7）海洋资源的综合利用与制盐（9）调查家用燃料的变迁与合理使用（10）调查我国航天科技领域中新型材料、新型能源的应用

从上表 2–22 可以看出，学习主题 5 "化学与社会·跨学科实践"中的绝大部分条目均属于生态文明教育的范畴，主题 2 "物质的性质与应用"中也

① 中华人民共和国教育部. 义务教育化学课程标准 (2022 年版)[S]. 北京 : 北京师范大学出版社 , 2022.

有较多条目涉及生态文明教育的内容，主题1、主题4也有零星分布，在列出的各相关主题的条目4态度价值观层面均对生态文明教育有所体现。

（2）《高中化学课程标准》的"内容要求"中的生态文明教育内容

高中必修课程中的主题5"化学与社会发展"、选修课程的系列2"化学与社会"中蕴含的生态文明教育相关因素较为集中、全面，需要在教学中予以深入挖掘。现将必修5个主题中的生态文明教育内容梳理如下表2–23。

表2–23《高中化学课程标准》[①] 的"内容要求"中的生态文明教育内容

必修主题	内容要求
1：化学科学与实验探究	1.4 科学态度与安全意识 ·树立安全意识、环保意识。知道常见废弃物的处理方法。
2：常见的无机物及其应用	2.5 非金属及其化合物 ·认识氯、氮、硫及其重要化合物在生产中的应用和对生态环境的影响。 2.6 物质性质及物质转化的价值 ·认识物质及其转化在促进社会文明进步、自然资源综合利用和环境保护中的重要作用。
3：物质结构基础与化学反应规律	3.4 化学反应与能量转化 ·体会提高燃料的燃烧效率、开发高能清洁燃料和研制新型电池的重要性。

---

① 中华人民共和国教育部.普通高中化学课程标准(2017年版2020修订)[S].北京：北京师范大学出版社,2020.

必修主题	内容要求
5：化学与社会发展	5.1 化学促进可持续发展 ·认识化学科学与技术对我国走生态良好的文明道路将发挥重要作用，树立建设美丽中国，为全球生态安全作出贡献的信念。促进可持续发展的重要作用及有效途径，结合实例认识化学原理、化工技术对于节能环保、清洁生产、清洁能源等产业发展的重要性。树立"绿色化学"观念，形成资源全面节约、物能循环利用的意识。 5.3 化学在自然资源和能源综合利用方面的重要价值 ·以海水、金属矿物、煤、石油等的开发利用为例，了解依据物质性质及其变化综合利用资源和能源的方法。认识化学对构建清洁低碳、安全高效的能源体系所发挥的作用，体会化学对促进人与自然和谐相处的意义。 5.4 化学在环境保护中的作用 ·认识物质及其变化对环境的影响，依据物质性质及其变化认识环境污染的成因、主要危害及防治措施，以酸雨的防治和废水处理为例，体会化学对环境保护的作用。了解污染防治、环境治理的相关国策、法规，强化公众共同参与环境治理的责任。 5.5 化学应用的安全与规则意识 ·认识经济发展与环境保护的关系。树立自觉遵守国家关于环境保护等方面的法律法规的意识。

从上表 2-23 可以看出，高中化学必修课程中"主题 5：化学与社会发展"是重点发展学生生态文明素养的主题，绝大部分条目均属于生态文明教育的范畴，具体表现是能从化学视角分析解释环境、健康、材料和资源能源中涉及的相关问题，用科学、合理、辩证的观点认识社会发展中各领域的问题，形成可持续发展的观念，并据此做出科学合理的决策。主题 1、主题 2、主题 3 的课程内容虽不是发展学生生态文明素养的主导力量，但对学生生态文明素养的提升也具有支撑价值，因此有必要对上述主题中蕴含的生态文明素养培养价值的因素予以充分地挖掘和利用，以形成合力的作用。

2. 中学化学教科书中的生态文明教育内容

在"一标多本"的思想指导下，初高中化学教科书也有多个版本，本书选取了应用范围较广的上海教育出版社编写的一套初中化学教科书（2012 年版）、人民教育出版社编写的高中化学必修教科书（2019 年版）作为分析的文本，系统梳理了各章节中与生态文明教育相关的内容。中学化学必修教科书中的生态文明教育内容，从内容构成要素的角度，大体可分为环境污染与防治、材料技术、资源与能源、环境安全四类；从呈现形态来看，可分为两种类型：一是教材内容本身是生态文明教育内容，是化学学科知识体系的重要组成部分；二是以情境素材或背景资料的形式呈现的文本，需要教师在教学过程中适当启发、引申，才能达成预期的生态文明教育目的。

（1）初中化学教科书中的生态文明教育内容

沪教版初中化学教科书中蕴含了丰富的生态文明教育内容，为了更好地发挥初中化学教科书具有的生态文明教育载体的功能，对其各章节（习题栏目除外）中的生态文明内容做了梳理，梳理的生态文明教育内容既包含作为生态文明知识本身呈现的内容，也包含隐性渗透在背景资料中的生态文明教育情境素材。具体梳理如表2–24所示。

表2-24 沪教版初中化学教科书 [①] 中的生态文明教育内容

一级主题	二级主题	教科书章节	生态文明教育内容
环境污染与防治	大气环境	2.2 奇妙的二氧化碳 4.1 常见的化学反应——燃烧 7.1 溶液的酸碱性 7.3 环境污染的防治	二氧化碳与温室效应；可燃物不完全燃烧污染大气环境；酸雨的产生与危害；大气污染的来源及其危害，空气污染防治措施，化石燃料的除硫技术，车辆尾气的净化催化。
	水环境	2.3 自然界中的水 7.3 环境污染的防治	自来水生产的一般过程，水体污染与净化；工业废水、生活污水和农业用水的有效治理，无磷洗涤剂，研制不污染水体的化肥农药。
	固体废物	9.1 能源的综合利用 9.3 环境污染的防治	废旧电池的回收与处理；固体废弃物的分类回收与利用。
	生态环境规律	2.1 性质活泼的氧气 2.2 奇妙的二氧化碳	氧气在自然界中的循环；二氧化碳在自然界中的循环。

① 中学化学国家课程标准研制组 . 义务教育教科书 · 化学 · 九年级上册、下册 [M]. 上海：上海教育出版社，2014.

续表

一级主题	二级主题	教科书章节	生态文明教育内容
材料技术	无机材料（金属材料和非金属材料）	1.1 化学给我们带来什么 5.1 金属的性质和利用 9.2 新型材料的研制	化学促进新材料的研发与应用；形状记忆合金、高温合金和储氢合金等新型金属的制造与应用；新型陶瓷材料的研制与应用，稀土材料。
	有机高分子材料	9.2 新型材料的研制	塑料的应用与发展，塑料产生的环境问题，合成纤维和合成橡胶的广泛应用，复合材料的研究与合成。
资源与能源	海水资源	2.3 自然界中的水 6.3 物质的溶解性	海水淡化，水资源占有量和使用现状；海水晒盐。
	金属矿产资源	5.2 金属矿物 铁的冶炼 5.3 金属防护和废金属回收	金属矿物铁的冶炼，钢铁的锈蚀及其防护；废弃金属资源的回收与利用。
	能源	1.1 化学给我们带来什么 1.2 化学研究些什么 2.3 自然界中的水 9.1 能源的综合利用	利用氮气原料合成氮肥解决粮食危机；以化石燃料为原料制造价值更高的产品；水在解决能源危机中的作用；化石燃料产生的环境污染问题以及综合利用，"可燃冰"，太阳能的转化和利用，高效能量转化器——化学电池，理想的绿色能源——氢能，氢燃料电池。
环境安全	化学品的合理使用	1.1 化学给我们带来什么 4.1 常见的化学反应——燃烧 6.2 溶液组成的表示 7.2 常见的酸和碱 7.3 几种重要的盐	合理使用农药提高农作物产量；易燃易爆物品的安全使用；合理匹配营养液进行无土栽培；施用熟石灰改良酸性土壤；化学肥料解决粮食问题，化肥不合理施用破坏土壤结构、污染水源。
	绿色化学	1.3 怎样学习和研究化学 7.2 常见的酸和碱	实验结束处理废液、废渣，遵守绿色化学实验原则； 实验剩余溶液的集中回收。
	环境政策与法规	9.3 环境污染的防治	制定环保法规，建立空气质量监测系统，《环境空气质量标准》，依法限制固体垃圾进口。

注：如"2.2"表示第二章第二节。

从表 2-24 可以看出，初中化学教科书中的生态文明教育内容较为丰富，广泛涵盖各个主题，但有一定的侧重点，主要集中在环境污染与防治、资源与能源两大主题，尤其是在大气环境、水环境、能源以及化学品的合理使用几个主题中生态文明教育内容比较丰富，同时能够兼顾生态环境规律和环境法律法规等生态文明教育内容。从具体内容的章节分布来看，除了第 3 章和第 8 章由于知识内容本身的特点不涉及生态文明教育内容外，其他各章均有所呈现，主要集中在第 9 章"化学与社会发展"，其次是第 2 章"身边的化学物质"、第 5 章"金属的冶炼与利用"和第 7 章"应用广泛的酸、碱、盐"，少部分内容分散在第 1 章、第 4 章和第 6 章。可见，初中化学教科书对生态文明教育内容的编排具有集中与分散相结合的特点，有利于教师综合利用各章节内容有效培养学生的生态文明素养，例如第 9 章"化学与社会发展"，广泛涉及能源、材料和环境污染与防治三个主题，是初中化学知识体系的重要组成部分，对于引导学生树立生态文明理念，培养科学态度与责任核心素养具有重要价值；而在第 1 章"化学给我们带来了什么"中，生态文明教育内容多以情境素材的方式呈现，则需要教师注意挖掘相关情境素材中蕴含的生态文明教育价值与因素，积极发挥其隐性渗透作用。

（2）高中化学教科书中的生态文明教育内容

依据建立的环境污染与防治、材料技术、资源与能源、环境安全四个主题内容，对人教版高中化学必修教科书第一册、第二册各章节中的生态文明教育内容（习题栏目除外）进行梳理与分析，具体如表 2-25 所示。

表 2-25 人教版高中化学必修教科书^①中的生态文明教育内容

一级主题	二级主题	教科书章节	生态文明教育内容
环境污染与防治	大气环境	*1.3 氧化还原反应 *5.1 硫及其化合物 **5.2 氮及其化合物 **8.3 环境保护与绿色化学	汽车尾气系统中安装催化转化器，保护大气环境；自然界中硫的存在和转化，酸雨及防治，测定雨水的 PH；大气污染物与处理方法。
	水环境	*2.1 钠及其化合物 *2.2 氯及其化合物 **8.3 环境保护与绿色化学	侯德榜和侯氏制碱法，了解纯碱的生产历史，减少水污染；氯气用于自来水消毒，水质检验员；水污染与处理方法。
	固体废物	**8.3 环境保护与绿色化学	工业废渣和生活垃圾等固体废物的处理。
	绿色化学	**8.3 环境保护与绿色化学	绿色化学的理论与实践
材料	金属材料	*3.2 金属材料	铁合金、超级钢、新型合金、稀土金属等节约材料，降低能源消耗和减少环境污染。
	非金属材料	*5.3 无机非金属材料	硅酸盐材料（陶瓷、玻璃、水泥）生产是高耗能、高污染产业，新型无机非金属材料（高纯硅、新型陶瓷、碳纳米材料）用于新型能源中。
	有机高分子材料	*7.2 乙烯与有机高分子材料	塑料、橡胶、合成纤维等的生产与处理。

---

① 王晶，郑长龙.普通高中教科书·化学·必修第一册、第二册 [M].北京：人民教育出版社，2019.

续表

一级主题	二级主题	教科书章节	生态文明教育内容
资源与能源	海水资源	**8.1 自然资源的开发利用	海水资源的开发利用，海水中的其他物质（铀和重水）和能量（潮汐能、波浪能）。
	金属矿产资源	**8.1 自然资源的开发利用	金属矿物开发耗能、污染环境，合理开发和利用金属资源的途径。
	能源	**6.1 化学反应与能量变化 *6.2 化学反应的速率与限度 **8.1 自然资源的开发利用	化石燃料的使用存在问题及解决方法（节能和寻找清洁新能源），了解车用能源，化学电池、燃料电池是可再生的新能源；提高燃料燃烧效率的方法；煤、石油、天然气的综合利用、生物质资源的利用。
环境安全	化学品的合理使用	**8.2 化学品的合理使用	化肥、农药的合理施用，滴滴涕的功与过。

注：如"1.3"表示第一章第三节。** 本身为生态文明教育内容，* 情境类生态文明教育内容。

从上表 2–25 可以看出，高中化学必修教科书中的生态文明教育内容从内容构成要素的角度来看，主要集中在环境污染与防治、资源与能源两类内容，所占比例较大；从生态文明教育内容的呈现形态和章节分布来看，教材内容本身即是生态文明教育内容的主要集中在第八章"化学与可持续发展"（8.1、8.2、8.3），其次是第六章"化学反应与能量"（6.1、6.2）和第五章"化工生产中的重要非金属元素"（5.1、5.2、5.3），少数内容以生态文明教育情境素材的形式分布在第一章（1.3）、第二章（2.1、2.2）、第三章（3.2）、第七章（7.2）中。可见，高中化学必修教科书中的生态文明教育内容，是以集中与分散相结合的方式处理的，在彰显化学学科知识学以致用的同时，更能体现出各章对某一条学科核心素养（如"科学态度与社会责任"）的贡献度是不同的；从生态文明教育内容分布在各章小节的数量统计来看，本身为生态文明教育的内容分布在 5 个小节中，生态文明教育情境素材的内容分布在 8 个小节中，可见，高中化学教科书中的生态文明教育较为注重以情境的形式分散在相关章节中，需要高中化学教师在教学过程中，注意挖掘相关情境素材中蕴含的生态文明教育价值与因素，发挥显性与隐性因素合力开展生态文明教育的综合效应，使学生生态文明素养的培养落到实处。

（三）生物课程与生态文明教育

生物学是自然科学中的一门基础学科，是研究生命现象和生命活动规律的科学，在人类健康、粮食和食品安全、生态环境保护等方面发挥着举足轻重的作用。生物学对生命本质、生物与环境关系的研究，是构建"生态文明"内涵的重要理论基础，生物学特定的研究对象使其成为学科课程渗透生态文明教育中最具优势的学科。生物学科理应充分发挥先天优势，在生态文明教育上担负更多的责任。《义务教育生物学课程标准（2022年版）》（以下简称《初中生物学课程标准》）、《普通高中生物学课程标准（2017年版2020年修订）》（以下简称《高中生物学课程标准》）为落实立德树人的根本任务，依据生物学学科本质凝练了生物学学科（或课程）核心素养，其中的"生命观念"（其中的生态观、稳态与平衡观）、"社会责任"是生物学课程育人功能的集中体现，也是渗透生态文明教育的重要体现点。《初中生物学课程标准》将"初步形成生态文明观念，践行'绿水青山就是金山银山'的理念，积极参与环境保护实践，立志成为美丽中国的建设者"作为一项课程目标进行明确要求；《高中生物学课程标准》在"社会责任"学科核心素养中也明确提及："树立和践行'绿水青山就是金山银山'的理念，形成生态意识，参与环境保护实践"，均是中学生物学课程渗透生态文明教育的重要指向性要求。

1. 中学生物学课程标准"内容要求"中的生态文明教育内容

《初中生物学课程标准》和《高中生物学课程标准》在"课程目标""课程内容""学业质量""实施建议"等部分均涉及生态文明教育的因素，为中学生物学课程渗透生态文明教育指明了方向。在此仅对课程标准中课程内容部分的"内容要求"中的相关生态文明教育因素进行梳理，以明晰具体的构成要素。

（1）《初中生物学课程标准》的"内容要求"中的生态文明教育内容

初中生物学课程综合考虑学生发展需求、社会需求和生物学发展三方面，设置 7 个学习主题，即"生物体的结构层次""生物的多样性""生物与环境""植物的生活""人体生理与健康""遗传与进化""生物学与社会·跨学科实践"。其中，学习主题"生物的多样性""生物与环境""植物的生活"是渗透生态文明教育的主导学习主题，其他学习主题很少涉及，现将各学习主题中的生态文明教育内容梳理如下表 2-26。

表 2-26《初中生物学课程标准》[①]"内容要求"中的生态文明教育内容

学习主题	主题概述	内容要求
（二）生物多样性	地球上的生物是多种多样的，生物与人类的生活关系密切，生物多样性对维护生态平衡具有重要作用。通过本主题的学习，认识到生物种类丰富，认识到生物具有多样性和统一性，有助于形成保护生物多样性的意识和行为习惯，增强社会责任感。	概念 2：生物可以分为不同的类群，保护生物的多样性具有重要意义。 2.2.5 动植物类群可能对人类生活产生积极的或负面的影响。 2.4 我国拥有丰富的动植物资源，保护生物的多样性是每个人应有的责任。 2.4.1 我国拥有大熊猫、朱鹮、江豚、银杉、珙桐等珍惜动植物资源。 2.4.2 可通过就地保护、迁地保护等多种方式保护生物资源；有关野生动植物资源保护的法律法规是保护生物资源的基本遵循。 2.4.3 外来物种入侵会与本地的物种竞争空间、营养等资源，进而威胁生态安全。

---

① 中华人民共和国教育部. 义务教育生物学课程标准 (2022 年版)[S]. 北京 : 北京师范大学出版社, 2022.

学习主题	主题概述	内容要求
（三）生物与环境	生物与环境保持着十分密切的关系，并形成多种多样的生态系统。生态系统自我调节的能力是有限的，人类活动可能对生态环境造成一定的破坏，维护生态平衡对于人类的生存和发展具有重要意义。通过本主题的学习，能运用系统与整体的思维方式认识生物与环境的相互关系，认同山水林田湖草是一个生命共同体，形成热爱自然、敬畏自然的情感，树立人与自然和谐共生的生态观，确立生态文明观念。	概念3：生物与环境相互依赖、相互影响，形成多种多样的生态系统。 3.1 生态系统中的生物与非生物环境相互作用，实现了物质循环和能量流动。 3.1.1 水、温度、空气、光等生物生存的环境条件。 3.1.2 生态因素能影响生物的生活和分布，生物能够适应和影响环境。 3.1.3 生态系统是由生产者、消费者、分解者与非生物环境构成的有机整体。 3.1.4 生态系统中不同生物之间通过捕食关系形成了食物链和食物网。 3.1.5 生态系统中的物质和能量通过食物链在生物之间传递。 3.1.6 生物圈是包含多种类型生态系统的最大生态系统。 3.2 生态系统的自我调节能力有一定限度，保护生物圈就是保护生态安全。 3.2.1 生态系统具有一定的自我调节能力。 3.2.2 人类活动可能对生态环境产生影响，可以通过防止环境污染、合理利用自然资源等措施保障生态安全。
（四）植物的生活	植物参与生物圈中的水循环，维持生物圈中的碳氧平衡，植物对生物圈的存在和发展起着决定性作用。通过本主题学习，能从物质循环和能量变化的角度阐明植物在生物圈中的重要地位。	概念4：植物可以制造有机物，直接或间接地为其他生物提供食物，参与生物圈中的水循环，并维持碳氧平衡。 4.2.3 植物通过对水的吸收和散失参与生物圈的水循环。 4.3 植物通过光合作用和呼吸作用获得生命活动必需的物质和能量，有助于维持生物圈中的碳氧平衡。 4.3.1 植物能利用太阳能（光能），将二氧化碳和水合成为贮存了能量的有机物，同时释放氧气。 4.3.3 光合作用和呼吸作用原理在生产生活中有广泛的应用。 4.3.4 植物可以为生物圈中的其他生物提供有机物和氧气。 4.3.5 植物在维持生物圈中碳氧平衡方面具有重要作用。

学习主题	主题概述	内容要求
（七）生物学与社会·跨学科实践	认识生物与社会的关系，尝试运用多学科的知识和方法，解决现实问题或生产特定产品，发展核心素养。	9.1 模型制作类跨学科实践活动： （3）设计并制作能较长时间维持平衡的生态瓶。 9.2 植物栽培和动物饲养类跨学科实践活动： （1）探究栽培一种植物所需的物理和化学环境条件。

从上表 2-26 可以看出，初中生物学课程标准"内容要求"中生态文明教育内容主要分布在学习主题"生物的多样性""生物与环境""植物的生活"中，并新增了与生态文明教育相关的跨学科实践活动。通过种类丰富的生物资源、生物多样性保护的意义，生物与环境之间相互制约关系、生态系统的自我调节能力，植物参与生物圈中的水循环、并维持生物圈中的碳氧平衡等内容的学习，有利于形成尊重自然、顺应自然的情感，树立生命共同体、人与自然和谐共生的生态文明观念，进而积极参与保护环境的实践。

（2）《高中生物学课程标准》的"内容要求"中的生态文明教育内容

高中生物学课程分为必修、选择性必修和选修三部分。必修部分包括"分子与细胞""遗传与进化"两个模块；选择性必修包括"稳态与调节""生物与环境""生物技术与工程"三个模块；选修部分涉及现实生活应用、职业规划前瞻及学业发展基础三个方向。其中，"生物与环境"蕴含的生态文明教育相关因素较为集中，全部条目均属于生态文明教育的内容。现将必修、选择性必修中的生态文明教育内容梳理如下表 2-27。

表2-27《高中生物学课程标准》^①"内容要求"中的生态文明教育内容

模块	主题概述	内容要求
必修模块2遗传与进化	对于学生认识生物界及生物多样性，树立正确的自然观有重要意义。	概念4：生物的多样性和适应性是进化的结果。 4.1 地球上现存物种丰富多样，它们来自共同祖先。 4.2 适应是自然选择的结果。 4.2.3 说明自然选择促进生物更好地适应特定的生存环境。
选择性必修模块2生物与环境	有助于提高对生命系统与环境关系的认识，并为学生树立人与自然和谐共处的观念、形成生态意识、环保意识和践行绿色低碳生活方式奠定基础。	概念2：生态系统中的各种成分相互影响，共同实现系统的物质循环、能量流动和信息传递，生态系统通过自我调节保持相对稳定的状态。 2.1 不同种群的生物在长期适应环境和彼此相互适应的过程中形成动态的生物群落。 2.2 生物群落与非生物的环境因素相互作用形成多样化的生态系统，完成物质循环、能量流动和信息传递。 2.3 生态系统通过自我调节作用抵御和消除一定限度的外来干扰，保持或恢复自身结构和功能的相对稳定。 2.4 人类活动对生态系统的动态平衡有着深远的影响，依据生态学原理保护环境是人类生存和可持续发展的必要条件。

从上表2-27可以看出，高中生物学课程中的生态文明教育内容范畴相对比较集中主要集中在选择性必修模块2"生物与环境"中。主要涉及生态系统的自我调节、生物对环境的影响、动物在自然界中的作用、生物的多样性、生态系统的物质循环与能量流动、人类活动对生物圈的影响、生态环境的保护等内容，有利于树立正确的自然观、人与自然和谐共生的生态文明观，并积极践行低碳环保的生活方式。

2. 中学生物学教科书中的生态文明教育内容

本书选取人民教育出版社编写的初中生物学教科书（2012、2013 年版）、高中生物学必修、选择性必修教科书（2019 年版）作为分析的文本，系统梳理了各章节中与生态文明教育相关的内容。

---

① 中华人民共和国教育部. 普通高中生物学课程标准(2017 年版 2020 修订)[S]. 北京：北京师范大学出版社, 2020.

（1）初中生物学教科书中的生态文明教育内容

人教版初中生物学教科书中蕴含了丰富的生态文明教育内容，为了更好地发挥初中生物学教科书具有的生态文明教育载体的功能，对其各章节（习题栏目除外）中的生态文明内容做梳理,初中生物学教科书包括七年级[①]上册（三单元）、下册（一单元），八年级[②]上册（两单元）、下册（两单元），共八单元。具体梳理如表所示。

表 2-28　人教版初中生物学教科书中的生态文明教育内容

主题	教材章节	生态文明教育知识点
生态规律	3.3 绿色植物与生物圈的水循环	植物对水分的吸收和运输，植物的蒸腾作用，绿色植物参与了生物圈的水循环，节水农业。
	3.4 绿色植物是生物圈中有机物的制造者	绿色植物制造的有机物养育了生物圈中的其他生物，现代化温室。
	3.5.1 光合作用吸收二氧化碳释放氧气	光合作用利用二氧化碳作为原料、产生氧气，光合作用原理在农业生产上的应用。
	3.5.2 绿色植物的呼吸作用	绿色植物在维持生物圈碳—氧平衡中的作用。
生物多样性	1.1.2 调查周边环境中的生物	调查校园、公园或农田的生物种类。
	6.2 认识生物的多样性	生物种类的多样性，基因的多样性，生态系统的多样性。
	6.3 保护生物的多样性	生物多样性面临的威胁和原因，保护生物多样性的主要措施。

---

　　① 朱正威，赵占良.义务教育教科书·生物学·七年级上册、下册[M].北京：人民教育出版社，2012.

　　② 朱正威，赵占良.义务教育教科书·生物学·八年级上册、下册[M].北京：人民教育出版社，2013.

主题	教材章节	生态文明教育知识点
生物与环境	1.2.1 生物与环境的关系	环境中的生态因素，非生物因素对生物的影响，生物因素对生物的影响，生物对环境的适应和影响。
	1.2.2 生物与环境组成生态系统	生态系统的组成，食物链和食物网，生态系统具有一定的自动调节能力。
	1.2.3 生物圈是最大的生态系统	生物圈的范围，多种多样的生态系统，生物圈是一个统一的整体。
	4.7.1 分析人类活动对生态环境的影响	人口增长对环境的影响，分析人类活动影响生态环境的事例，生物入侵及其危害。
	4.7.2 探究环境污染对生物的影响	酸雨对生物的影响。
	5.1.1 腔肠动物和扁形动物	珊瑚礁的生态价值，保护珊瑚礁。
	5.1.2 线形动物和环节动物	蚯蚓对土壤的作用。
	5.1.4 鱼	鱼与人类生活的关系，保护鱼类资源。
	5.1.5 两栖动物和爬行动物	两栖动物能保护农田，保护两栖动物生活环境，爬行动物与人类生活有密切的关系。
	5.1.6 鸟	鸟与人类生活的关系，是生物圈的重要成员，爱鸟护鸟人人有责。
	5.1.7 哺乳动物	哺乳动物与人类生活的关系，保护野生动物，革除滥食野生动物的陋习。
	5.3 动物在生物圈中的作用	动物能维持生态平衡，促进生态系统的物质循环，帮助植物传粉、传播种子。
	5.4 细菌和真菌在自然界中的作用	作为分解者参与物质循环，引起动植物和人患病，与动植物共生。
	7.3.3 生物进化的原因	自然选择：自然界中的生物，适应者生存，不适应者被淘汰；生物通过遗传、变异和自然选择不断进化。

续表

主题	教材章节	生态文明教育知识点
生态环境保护	4.7.2 探究环境污染对生物的影响	温室效应增强和全球气候变暖。
	4.7.3 拟定保护生态环境的计划	拟定保护当地生态环境的计划，用废旧纸张制作再生纸，退耕还林还草。
	5.4.5 人类对细菌和真菌的利用	细菌与清洁能源和环境保护：甲烷是一种清洁能源，利用细菌净化生活污水或工业废水。
	3.6 爱护植被，绿化祖国	我国主要的植被类型，我国植被面临的主要问题，从我做起、保护植被。

注：如"1.1.2"表示第一单元第一章第二节，七年级上册为第1、2、3单元，七年级下册为第4单元，八年级上册为第5、6单元，八年级下册为第7、8单元。

从上表2-28可以看出，初中生物学教科书中的生态文明教育内容从内容构成要素的角度来看，主要涉及生态规律、生物多样性、生物与环境、生态环境保护等主题内容。七年级上册的生态文明教育内容主要集中在第一单元"生物和生物圈"、第三单元"生物圈中的绿色植物"；七年级下册的生态文明教育内容主要集中在第四单元第七章"人类活动对生物圈的影响"；八年级上册的生态文明教育内容主要集中在第六单元"生物的多样性及其保护"，在第五单元"生物圈中的其他生物"相关章节中也有零散分布；八年级下册的生态文明教育内容较少，主要体现在第七单元第三章"生命的起源和生物进化"中。

（2）高中生物学教科书中的生态文明教育内容

依据2017年版高中生物学课程标准编写的人教版普通高中生物学教科书中的生态文明教育内容主要分布在必修2"遗传与进化"、选择性必修2"生物与环境"中，此处着重以这两册生物学教科书为分析文本，对其中的生态文明教育内容进行梳理，具体梳理如下表2-29。

表 2-29 高中生物学教科书中的生态文明教育内容

必修	教科书章节	生态文明教育内容
必修2遗传与进化①	6.4 协同进化与生物多样性的形成	协同进化：不同物种之间、生物与无机环境之间在相互影响中不断进化和发展，这就是协同进化，形成千姿百态的物种、丰富多彩的基因库、多种多样的生态系统；生物多样性的形成：包括遗传多样性、物种多样性、生态系统多样性；生物进化理论在发展：适应是自然选择的结果，种群是生物进化的基本单位，生物进化的过程是生物与生物、生物与无机环境协同进化的过程，生物多样性是协同进化的结果。
选择性必修2生物与环境②	科学家访谈：尊重自然、顺应自然、保护自然—与方精云院士一席谈 1 种群及其动态 1.1 种群的数量特征 1.2 种群的数量变化 1.3 影响种群数量变化的因素	种群密度是种群最基本的数量特征，种群的其他数量特征（如出生率和死亡率、迁入率和迁出率、年龄结构、性别比例）是影响种群密度的重要因素；环境容纳量，种群数量的波动；影响种群数量变化的因素有生物因素和非生物因素，研究种群的数量特征和数量变化规律，在野生生物资源的合理利用和保护、有害生物的防治等方面有重要意义。
	2 群落及其演替 2.1 群落的结构 2.2 群落的主要类型 2.3 群落的演替	群落的物种组成，种间关系，群落的空间结构、季节性，生态位；陆地群落可大致分为荒漠、草原、森林等类型生物群落，不同森林群落中植物对环境的适应；群落演替有初生演替和次生演替两种类型，人类活动对群落演替的影响，退耕还林、还草、还湖。

① 曹保义，吴成军.普通高中教科书·生物学·必修2·遗传与进化 [M].北京：人民教育出版社，2019.
② 温青，谭永平.普通高中教科书·生物学·选择性必修2·生物与环境 [M].北京：人民教育出版社，2019.

104

续表

必修	教科书章节	生态文明教育内容
选择性必修2 生物与环境①	3 生态系统及其稳定性 3.1 生态系统的结构 3.2 生态系统的能量流动 3.3 生态系统的物质循环 3.4 生态系统的信息传递 3.5 生态系统的稳定性	生态系统的空间范围有大有小（生物圈是地球最大的生态系统），生态系统类型众多（一般可分为自然生态系统和人工生态系统），生态系统由非生物的物质和能量、生产者、消费者、分解者组成，食物链和食物网是生态系统的营养结构，错综复杂的食物网是生态系统保持相对稳定的重要条件，黄石公园灭狼与引狼入园的启示；能量流动的过程和特点（单向、逐级递减），生态系统需要不断得到来自系统外的能量补充，以便维持生态系统的正常功能，生态金字塔，研究生态系统能量流动的实践意义；碳循环、生物富集，能量流动和物质循环是生态系统的主要功能，它们同时进行，彼此相互依存，不可分割；生态系统中的信息种类，信息传递在生态系统中的作用，信息传递在农业生产中的应用；生态平衡与生态系统的稳定性，抵抗力稳定性和恢复力稳定性，提高生态系统的稳定性。
	4 人与环境 4.1 人类活动对生态环境的影响 4.2 生物多样性及其保护 4.3 生态工程	人口增长与生态足迹，关注全球性生态环境问题，全球性生态环境问题与个人生活；生物多样性的价值（直接价值、间接价值、潜在价值），生物多样性丧失的原因，保护生物多样性的措施（就地保护、易地保护），关注生态伦理道德；生态工程是一类少消耗、多效益、可持续的工程体系，生态工程以生态系统的自组织、自我调节功能为基础，遵循整体、协调、循环、自生等生态学原理，生态工程的实例（农村综合发展型生态工程、湿地生态恢复工程、矿区废弃地的生态恢复工程），生态工程的发展和应用将在建设美丽中国的过程中大有作为（定量评估我国陆地生态系统的固碳效应、前景广阔的沼气工程）。

注：如"1.1"表示第一章第一节。

通过上表 2-29 可以看出，高中生物学教科书中的生态文明教育内容集中分布在选择性必修"生物与环境"这一册中，是生态文明教育中重要的生态学基础知识部分，涉及种群、群落、生态系统、人与环境，有利于树立正确的自然观、人与自然和谐共生的生态文明观；必修 2 中"协同进化与生物多样性形成"的内容，对于认同人类不应凌驾于其他物种之上，认同人类应尊重自然、顺应自然、保护自然，与大自然和谐相处具有重要价值。

---

① 温青，谭永平.普通高中教科书·生物学·选择性必修 2·生物与环境 [M].北京：人民教育出版社，2019.

第三章　中学生态文明教育实施现状调查

中学生态文明教育的有效开展，必须建立在对实施现状的充分把握基础之上。通过现状调查可以进一步检视中学生态文明教育实施中存在的问题，也可根据调查结果进行中学生态文明教育教育目标、内容、方法途径、评价的修正与完善，提升中学生态文明教育的实效性。基于此，本研究围绕中学生、中学教师两类目标群体展开了中学生态文明教育的现状调查。

一、中学生态文明教育的现状调查概况

中学生态文明教育现状调查主要是采取问卷调查的形式来展开。本次调查所使用的问卷分为两套，即学生问卷和教师问卷。学生问卷旨在了解当前中学生的生态文明素养状况，主要涉及认知、情意、行为、活动参与等层面的内容。教师问卷旨在了解中学教师实施生态文明教育的状况，掌握中学教师的生态文明素养状况，以及对于生态文明教育的内涵、目标、内容、教学方法、评价、师资培训等方面的认知情况。现将具体的调查情况阐述如下。

（一）中学生生态文明素养现状调查概况

1. 调查目的

只有明确了中学生的生态文明素养现状及存在的薄弱环节，中学生态文明教育的实施才能更具针对性和实效性。通过对辽宁省沈阳市区部分中学生进行抽样调查，旨在客观地了解辽宁省中学生的生态文明素养现状，并分析其内部差异及影响因素，为有效提升中学生态文明教育的实效性提供实证依

据。

2. 研究假设

研究假设是制定调查方案和调查指标体系的依据。基于对近年来国内外有关环境素养、生态文明意识测评理论和方法的参考和借鉴，提出中学生生态文明素养现状调查的以下基本理论假设：

第一，生态文明知识、生态文明情意、生态文明行为是构成中学生生态文明素养的基本要素，也是衡量中学生生态文明素养高低的主要指标。

第二，中学生的生态文明素养状况与他们的性别、学段、学校级别有关，即中学生的生态文明素养状况存在着性别、学段、学校级别的差异。

第三，中学生对生态文明教育的参与态度情况也是影响中学生生态文明素养高低的重要因素。

3. 调查样本选取

为便于取样，本次调查选取辽宁省沈阳市不同级别（普通学校、重点学校）中学（包括初中、高中）的学生为样本进行调查。为使选取的样本具有代表性，且避开毕业年级，初中和高中均选取中间年级段（即二年级）的学生作为样本进行调查。初中和高中均抽取 5 所学校，共计 10 所。问卷调查过程中，由于受疫情影响，有 2 所初中和 1 所高中是现场统一发放、统一回收的问卷，其余 7 所学校改为线上问卷星填答。学生问卷的调查工作于 2022 年 11 月 21 日—12 月 20 日进行，共回收问卷 965 份，经过认真鉴别，剔除无效样本，确定有效样本数为 919 份，有效回收率为 95.2%。其中，初中生的有效样本数为 389 份，高中生的有效样本数为 530 份。具体样本情况见表 3-1。

表 3-1 学生调查样本的基本情况

	学 段		性 别		学校类型	
	初中	高中	男	女	普通	重点
人数	389	530	400	519	466	453
比例(%)	42.33	57.67	43.53	56.47	50.71	49.29

从上表 3-1 可以看出，本次调查选取的样本在男女比例、学段、学校类型分配等方面都具有一定的代表性，调查结果能在一定程度上反映出当前的实际情况。

4. 调查指标体系设计

调查指标，就是根据调查目的和研究假设而设计的一系列有内在联系的调查项目。根据生态文明教育的目标，综合近年来国内公众生态文明意识、特定群体的生态文明素养测评的理论和方法，并在请教相关专家的基础上，设计了中学生生态文明素养的指标体系。根据指标体系，使用问卷设计技术，设计出《中学生生态文明素养现状调查问卷》。该套问卷由五大部分构成，分别为：个人基本资料、生态文明知识、生态文明情意、生态文明行为、生态文明教育的参与态度情况，共计 40 个题目，问题以封闭式问题为主，并辅以开放式问题。具体调查指标体系如表 3-2 所示。

表3-2《中学生生态文明素养现状调查问卷》的指标体系

0级	一级	二级	二级指标的解释	三级（题号）
生态文明素养	生态文明知识（12个）	1. 生态文明理念	对生态文明理念的了解程度	2.1
		2. 生态环境知识	对生态系统、生态平衡、生物多样性、生物与环境因素相互关系等的了解程度	2.2-2.4
		3. 环境问题与环境议题	对全球环境问题、环境议题（如碳达峰、碳中和）了解程度	2.5-2.8
		4. 生态环境保护的知识和技能	对环境污染防治、垃圾分类等的了解程度	2.9-2.10
		5. 生态环境政策法规	对环境政策法规的了解程度	2.11-2.12
	生态文明情意（8个）	1. 生态文明建设的认同感	对生态文明建设成果的认同度	3.1
		2. 生态环境问题的关注度	对大气污染、水污染等问题的关注度	3.2-3.3
		3. 生态文明责任感	对自我责任、共同责任的感受	3.4-3.5
		4. 生态文明价值观	对"人与自然和谐共生""两山"理念的价值判断	3.6-3.8
	生态文明行为（10个）	1. 生态管理行为	植树护绿、垃圾分类等行为	4.1-4.3
		2. 生活消费行为	饮食、出行、学习用品、购物等生活中消费行为	4.4-4.8
		3. 参与活动行为	参与地区环境决策、法律行为等	4.9-4.10
	生态文明教育的参与态度情况（5个）	1. 课堂参与情况	课堂教学中生态文明内容的学习意愿、学习方式	5.1-5.2
		2. 课外参与情况	学校组织的课外环保宣传、实践活动的参与情况	5.3-5.5

注：表中"题号"为《中学生生态文明素养现状调查问卷》中的题号。

5. 调查问卷设计

根据上述调查指标，使用问卷设计技术，设计出《中学生生态文明素养现状调查问卷》。该问卷由五大部分构成，分别为：个人基本资料、生态文明知识、生态文明情意、生态文明行为、对生态文明教育的参与情况，共计40个题目。调查问卷问题形式以单项选择和多项选择为主，并辅以开放题。调查问卷题目的具体构成情况如下：

第一部分是个人基本情况。包括调查对象的性别、学段、所在学校级别、所在地、获取知识的来源5个方面。

第二部分是生态文明知识。生态文明知识是生态文明素养的基础构成部分，此部分共设计了12个题目，主要涉及生态文明理念、生态环境知识、环境问题与环境议题、生态环境保护的知识和技能、生态环境政策法规5个方面的内容。通过这些题目来测试中学生的生态文明知识掌握情况。判断学生生态文明知识掌握情况的依据是学生对于问题的选择，有正误之分的题目，按回答错误或不知道给0分，回答正确给2分；有自我认知程度区分的题目，按相关知识的掌握程度依次赋予5、4、3、2、1分，得分越高表明学生具备的生态文明知识越丰富。

第三部分是生态文明情意。主要是指被调查者对相关生态文明建设问题的认同感、关注度、责任感、价值观的表达。此部分共设计了8个题目，主要涉及对生态文明建设的认同感、生态环境问题的关注度、生态文明责任感、生态文明价值观4个方面。生态文明情意的记分主要采用李克特5分制，根据学生符合生态文明情意的正向性程度依次赋予5、4、3、2、1分，得分越高表明生态文明情意越积极、正向。

第四部分是生态文明行为。生态文明行为是衡量一个人生态文明素养高低的最直观指标，此部分共设计了10个题目，考察中学生日常生活中的生态管理行为、生活消费行为、参与环境决策和法律行为情况。记分标准根据学生选项符合生态文明行为标准的程度分别记为5、4、3、2、1分，得分越高表明学生的生态文明行为表现越好。

第五部分为对生态文明教育的参与情况。包括学生对课堂、课外生态文明教育的参与态度，共设计了 5 个题目。其中最后 1 题为开放题，旨在进一步了解中学生对学校开展生态文明教育的相关想法和建议。

6. 调查问卷的试测及信效度分析

本研究通过问卷调查法来获取相关资料，故需要考虑问卷的信度与效度问题。问卷初稿编制完成后，先请相关专家来进行审核，看问卷是否具备了表面效度与内容效度，并在专家们的建议下进行修改，修改后进行问卷预测试。于 2022 年 11 月 15 日—16 日通过微信问卷星对沈阳市 1 所初中的 30 名初二学生和 1 所高中的 30 名高二学生进行了预测试，回收 60 份问卷，经过认真鉴别，删除无效问卷，共得到有效问卷 55 份，利用 SPSS25.0 统计软件进行分析，删减了 7 个题目。删减相关题目后，在问卷信度方面，以 Cronbach's a 系数进行检定。经检定，有关生态文明知识维度的 a 系数为 0.872，有关生态文明情意维度的 a 系数为 0.842，有关生态文明行为维度的 a 系数为 0.782，有关参与生态文明教育态度维度的 a 系数为 0.902，该套问卷整体的 a 系数为 0.892，项数 N = 21；在问卷效度方面，以 KMO 和 Bartlett 检验进行问卷的结构效度验证，学生问卷的 KMO 统计量为 0.886，KMO 值大于 0.8，Bartlett 巴特球形值为 10038.883，df 值为 210，Bartlett 球形度检验有统计学意义 P 为 0.000（P < 0.001），可见《中学生生态文明素养现状调查问卷》具有很好的信效度。

（二）中学教师实施生态文明教育现状调查概况

1. 调查目的

中学教师在培养下一代的生态文明素养方面发挥着重要作用。本研究通过抽样调查辽宁省各市区各级中学的一线教师，旨在了解中学教师当前实施生态文明教育的情况，具体包括教师自身的生态文明素养状况，教师对任教学科与生态文明教育的关联、生态文明教育目标、内容、方法、评价、培训等方面的认知和具体实施情况，进而明确实施中存在的问题与影响因素，为提高中学生态文明教育的实效性提供实证依据。

2. 调查样本选取

教师问卷调查主要是在辽宁省范围内通过微信问卷星的方式来开展的，调研过程中得到物理、化学、思政、生物、地理等学科教研员及部分中学教师的协助。教师正式问卷的发放和回收工作于 2022 年 11 月 16 日—11 月 25 日进行，共计回收问卷 1860 份，经过认真鉴别和整理，剔除无效样本，确定有效样本数为 1745 份，有效回收率为 93.8%。对回收的有效问卷采用 SPSS25.0 统计软件进行处理和统计分析。中学教师调查样本的具体情况如表 3-3 和图 3-1 所示。

表 3-3 中学教师调查样本的基本情况

	学 段		学校级别		性 别		教 龄（年）				学 历			
	初中	高中	普通	重点	男	女	≤3	4-10	11-20	>20	专	本	硕士	博士
人数	1107	638	1285	460	306	1439	249	427	421	648	25	1396	323	1
%	63.44	36.56	73.64	26.36	17.54	82.46	14.27	24.47	24.13	37.13	1.43	80.0	18.51	0.06

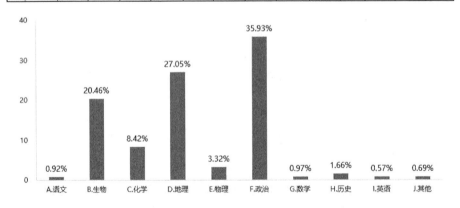

图 3-1 中学各学科教师调查样本的分布情况

从表 3-3 和图 3-1 可以看出，教师样本的分布情况具有一定的代表性。从学段上来说，初中教师多于高中教师；从学校级别上来说，普通学校人数多于重点学校；从性别上来说，中学教师以女性居多；从教龄上来说，以 10 年以上教龄教师居多；从学历上说，中学教师的学历以本科为主；从各学科教师分布上来说，与生态文明教育相关性较大的思政、地理、生物、化学、物理学科的教师占比较大。

3.调查问卷设计

《中学教师实施生态文明教育现状调查问卷》由三大部分构成，分别为：个人基本资料、中学教师的生态文明素养、中学教师对生态文明教育的认知及实施情况，共计 36 个题目。问题形式以选择题为主，并辅以开放题。具体构成情况如下：

第一部分是个人基本资料。包括调查对象的性别、所在学校级别、教龄、任教学段、学历、任教学科六个方面，共计 6 个题目。

第二部分是教师生态文明素养状况，涉及生态文明知识的认知、生态文明行为两个方面，共计 10 个题目。

第三部分是中学教师对生态文明教育的认知及实施情况。此部分旨在把握当前中学教师对生态文明教育内涵、目标、内容的认知及具体的实施情况。问题设计尽可能地涵盖多个层面，涉及对生态文明教育内涵、目标、内容的认知，任教学科与生态文明教育的关联性、任教学科实施生态文明教育的方法、评价、师资培训等多个方面，共计 20 个题目，各题目的分布情况如表3-4 所示。

表 3-4 中学教师问卷各题目的分布情况

一级维度	二级指标	三级（题号）
个人信息	性别、学段、学校类型、教龄、学历、任教学科	1.1–1.6
生态文明素养	生态文明认知	2.1–2.6
	生态文明行为	2.7–2.10

续表

一级维度	二级指标	三级（题号）
生态文明教育	各学科与生态文明教育的关系	3.1、3.2
	对生态文明教育的认知	3.4—3.6
	总体实施情况	3.3、3.11、3.20
	目标	3.7、3.8
	内容	3.9、3.10
	教学方法	3.12、3.13
	教学评价	3.14、3.15
	师资培训	3.16—3.19

4. 调查问卷的试测及信效度分析

《中学教师实施生态文明教育现状调查问卷》发展过程包括：查阅相关文献形成理念架构、拟订问卷大纲、题目的编制、专家效度的建立、试测与修改。问卷编制完成后，先请有关专家（专家的选取同学生问卷）检视问卷的内容效度，在听取专家建议的基础上进行第一次修改；修改完成后，于2022年11月13日—11月15日对问卷进行了预测试，通过微信问卷星共回收40份有效问卷，利用spss23.0统计软件进行分析，删减了其中的6个题目。删减相关题目后，在问卷信度方面，以Cronbach's a系数进行检定。经检定，有关教师生态文明素养部分的a系数为0.890，项数N = 10；有关对生态文明教育认知及实施部分的a系数为0.769，项数N = 6；该套问卷整体的a系数为0.743，项数N = 16；在问卷效度方面，以KMO值来分析问卷的结构效度，教师问卷的KMO统计量为0.900，Bartlett球形值为13357.655，Bartlett球形度检验有统计学意义P为0.000（P < 0.001）。可见，《中学教师实施生态文明教育现状调查问卷》具有良好的信效度。

二、中学生态文明教育调查现状分析

本研究通过对中学生和中学教师两类目标人群的抽样调查，基本能够把握当前中学实施生态文明教育的状况，现将具体的分析结果表述如下。

（一）中学生生态文明素养调查现状的分析

通过对沈阳市近千名中学生的抽样调查，基本掌握了当前中学生的生态文明素养状况，主要从生态文明知识、生态文明情意、生态文明行为、参与生态文明教育的态度情况四个方面来进行分析。

1. 中学生的生态文明知识水平

生态文明知识是生态文明素养的基础构成部分，本次调查此部分共计了12个题目，采用相关知识认知程度的自我评价与典型知识正误选择相结合的方式来进行测试，自我评价题目5个（2.3、2.8、2.9、2.10、2.12）采用五值记分（按认知程度依次赋分为5、4、3、2、1），正误选择题目7个（2.1、2.2、2.4、2.5、2.6、2.7、2.11）采用二值记分，每个题目答对得2分，答错或填答"不清楚"得0分，因此，此部分题目的总分最高为39分，最低为5分。具体情况见表3-5、3-6。

表3-5 中学生生态文明知识相关题目正确率情况

题号	2.1	2.2	2.4	2.5	2.6	2.7	2.11	平均分	正确率
初中	1.892	1.784	1.758	0.566	0.545	0.900	0.720	1.166	58.3%
高中	1.921	1.928	1.940	1.079	0.853	1.472	0.830	1.432	71.6%
总体	1.909	1.867	1.863	0.862	0.723	1.230	0.783	1.320	66.0%

表3-6 中学生生态文明知识自我评价题目的平均得分情况

题号	2.3	2.8	2.9	2.10	2.12	总平均分
初中	3.244	2.694	3.077	3.473	2.663	3.030
高中	3.289	3.051	3.202	3.392	2.760	3.139
总体	3.270	2.900	3.149	3.427	2.719	3.093

结合表3-5、3-6的统计分析结果，具体来说中学生的生态文明知识掌握情况具有如下特点。

（1）中学生的生态文明知识水平仅处于及格水平，且知识结构存在短板从问卷的统计结果来看，被测中学生对于有关生态文明知识的 12 个题目的平均得分为 24.702，其中 7 个正误题目的正确率为 66.0%，仅处于及格水平；5 个自评题目的平均得分为 3.093，也仅处于中值水平（61.9%）。由此可以判断，当前中学生的生态文明知识水平状况不容乐观，仅处于及格水平，其中初中生的回答情况更是不容乐观。

调查显示各题目的回答情况存在差异，反映出中学生的生态文明知识结构具有不均衡性，表现为部分生态文明知识掌握较好，也有部分生态文明知识掌握不到位。具体表现为，2.1 题和 2.2 题是关于生态文明理念的知识，回答正确率较高，均在 90% 以上；2.5、2.6、2.11 三个题目的选择情况均未达到及格水平，其中 2.5 题是关于“不计入‘城市空气质量日报’报告项目的物质”，平均得分为 0.862（正确率为 43.09%）；2.6 题关于“空气质量检测中的 $PM_{2.5}$ 是什么物质”，平均得分仅为 0.723（正确率为 36.13%），具体回答情况见图 3-2；2.11 题是关于“我国环境问题的举报电话”，平均得分为 0.783（正确率为 39.17%）。可见，近几年通过相关学校教育和社会宣传，一些基本的生态文明理念已为多数中学生所熟知；但在具体的生态环境知识、生态环境议题、生态环境政策法规方面仍存在短板，在学生自评题目中也有充分反映。

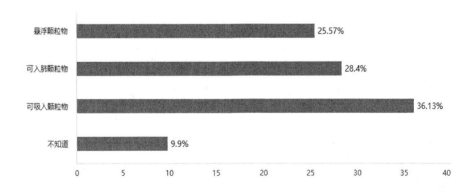

图 3-2 2.6 题的回答情况

（2）中学生生态文明知识的掌握情况存在学段差异

由于处于不同的学段，学生掌握的生态文明知识的深度和广度有差异，这可从绝大多数题目高中生的平均分均高于初中生的平均分中得以反映。关于生态文明知识的12个题目中，除2.10题的关于"垃圾分类知识的了解程度"，初中生的平均分稍高于高中生外，其余11个题目高中生的平均分均高于初中生。此外，在进一步的差异检验结果中可以得到再次印证。从表3-7可以看出，在95%置信区间上，P = 0.000 < 0.05，表明初、高中学生在生态文明知识平均得分上存在显著差异，高中生的生态文明知识水平明显高于初中生的生态文明知识水平。

表3-7　中学生生态文明知识得分不同学段间差异检验

学段	人数	平均分	标准差	标准误差	平均得分95%的置信区		平均数差异t检验P（2-tailed）
					下限	上限	
初中	389	23.316	5.5840	0.2831	-3.1154	-1.6862	0.000
高中	530	25.717	5.3568	0.2327	-3.1201	-1.6815	

组间平均得分在0.05显著水平上存在差异。

初、高中学生的生态文明知识水平存在差异符合我们的预期假设，存在差异的原因也易于理解，主要是由于初、高中学生学习年限长短的差异所造成的，有一部分生态文明知识初中生在相关学科的学习中还没有机会接触，必然会影响相关生态文明知识的回答情况。

（3）中学生的生态文明知识掌握状况存在不同类型学校间差异

一般来说，由于重点学校对生态文明教育的重视程度要好于普通学校，相应地学生的生态文明知识掌握状况也较好。从表3-8的T检验结果可以看出，在95%置信区间上，P = 0.000 < 0.05，表明普通学校与重点学校的中学生在生态文明知识平均得分上存在显著差异，重点学校中学生的生态文明知识平均得分要明显高于普通学校中学生的生态文明知识平均得分。

表 3-8　中学生生态文明知识得分不同级别学校间差异检验

级别	人数	平均分	标准差	标准误差	平均得分 95% 的置信区		平均数差异 t 检验 P（2-tailed）
					下限	上限	
普通	466	23.577	5.5389	0.2566	-2.9868	-1.5717	0.000
重点	453	25.857	5.3859	0.2531	-2.9865	-1.5720	

组间平均得分在 0.05 显著水平上存在差异。

（4）中学生的生态文明知识掌握状况存在性别间差异

从表 3-9 的 T 检验结果可以看出，在 95% 置信区间上，P = 0.003 < 0.05，表明男生与女生在生态文明知识平均得分上存在显著差异，男生的生态文明知识平均得分要明显高于女生的生态文明知识平均得分。男生与女生在思维特点、兴趣取向等方面的差异可导致学习内容兴趣度与效果的差异。

表 3-9　中学生生态文明知识得分不同性别间差异检验

级别	人数	平均分	标准差	标准误差	平均得分 95% 的置信区		平均数差异 t 检验 P（2-tailed）
					下限	上限	
男	400	25.313	5.8929	0.2947	0.3576	1.8087	0.003
女	519	24.229	5.2816	0.2318	0.3473	1.8194	

组间平均得分在 0.05 显著水平上存在差异。

（5）中学生获取生态文明知识的来源与学科相对集中

当前信息化的时代，中学生获取生态文明知识的来源是多元的。本次调查显示，如图 3-3 所示，中学生获取生态文明知识的主要来源有学校课程（74.97%）、互联网和手机（72.14%）、电视广播（52.56%），其中学校课程仍然是中学生获取生态文明知识的主渠道，应充分加以利用。

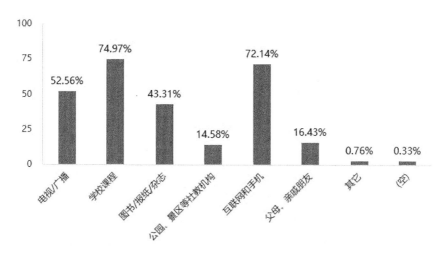

图 3-3 中学生获取生态文明知识的主要来源

在学校的各门学科课程中，对中学生进行生态文明教育的学科课程也相对集中。从表 3-10 的统计结果可以看出：中学生认为进行生态文明教育具有优势的学科课程主要是：地理、生物、政治（道德与法治）、化学等课程，即集中在与生态环境保护、生态文明理念树立相关性较大的学科，其中认为最具有优势（排序第一）的是地理学科（占 35.91%），排序第二位的是生物学科（占 24.70%），排序第三位的是政治（道德与法制）（占 22.09%），其余依次为语文、化学、物理、历史学科。可见，地理、生物、政治三门学科由于自身的学科优势，在生态文明教育中的重要性和价值，已被多数学生认可。与此同时，我们也应认识到，每门学科在充分发挥各自优势的基础上，还应注意与其他学科课程的合作，以形成优势互补。

表 3-10 进行生态文明教育具有优势的学科

	第一（人数 /%）	第二（人数 /%）	第三（人数 /%）
A. 语文	57（6.2%）	92（10.01%）	139（15.13%）
B. 数学	23（2.5%）	30（3.26%）	19（2.07%）
C. 物理	16（1.74%）	40（4.35%）	68（7.4%）
D. 化学	30（3.26%）	82（8.92%）	119（12.95%）

续表

	第一（人数/%）	第二（人数/%）	第三（人数/%）
E. 历史	5（0.54%）	24（2.61%）	49（5.33%）
F. 政治（道德与法治）	179（19.48%）	174（18.93%）	203（22.09%）
G. 生物	261（28.4%）	227（24.7%）	121（13.17%）
H. 地理	330（35.91%）	227（24.7%）	147（16.00%）
I. 英语	5（0.54%）	12（1.31%）	32（3.48%）

此外，初、高中学生对生态文明教育优势学科的认识却存在较大差异，具体如图 3-4 所示，从排序第一的学科的选择情况来看，初中生对生物学科的认同度最高（43.96%），高中生对地理学科的认同度最高（25.85%），相应的 χ^2 检验值为 $\chi^2 = 114.739$，$P = 0.000 < 0.05$；从排序第二的学科的选择情况来看，初中生对地理学科的认同度最高（29.56%），高中生对生物学科的认同度最高（25.66%），相应的 χ^2 检验值为 $\chi^2 = 34.053$；$P = 0.000 < 0.05$；从排序第三的学科的选择情况来看，初中生与高中生对政治（道德与法治）学科的认同度均最高，分别为 26.99%、18.49%。初、高中学生对生态文明教育优势学科排序的细微差别也应引起适当关注。

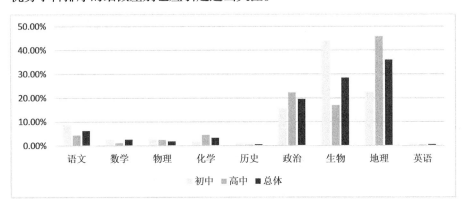

图 3-4 进行生态文明教育第一具有优势的学科

2. 中学生的生态文明情意状况

本次调查中的生态文明情意主要涉及对生态文明相关问题的认同感、关注度责任感、价值观的态度表达，共有 8 个题目构成，按情感、态度、价值观点表达的正向性采用 5 值记分，分别赋值为 5、4、3、2、1 分，此部分题目总计最高为 40 分，最低分为 8 分，各题目的具体得分情况见表 3-11。

表 3-11　中学生生态文明情意各题目的平均得分情况

题号	3.1	3.2	3.3	3.4	3.5	3.6	3.7	3.8	总计
初中	3.283	3.563	3.797	4.337	4.537	3.080	4.488	4.532	31.617
高中	3.043	3.523	3.732	4.349	4.613	3.517	4.634	4.636	32.047
总体	3.145	3.540	3.760	4.344	4.581	3.332	4.572	4.592	31.865

从数据统计分析结果可以看出：总体上来说，中学生的生态文明关注度、责任感、价值观点的表达是积极的、正向的，但在价值判断上仍具有浅层性的特点，具有一定的提升空间，具体阐述如下。

（1）显示出良好的关注度

只有对生态文明建设、生态环境问题有较高的关注度和敏感度，才能在具体的预期行为和真实的情境中付诸正确的行为。本次调查问卷中 3.2 题（平均分为 3.540）和 3.3 题（平均分为 3.760）是关于对身边生态环境问题关注度的题目，调查结果显示，绝大多数（85% 以上）中学生显示关注雾霾、水污染等生态环境问题，如，3.3 题"关于水污染对人类所造成的影响，你的关注程度"的选择时（见图 3-5），有 27.31% 的中学生选择"非常关注"，31.77% 的中学生选择"比较关注"，31.99% 的中学生选择"中等"，这三项合计 91.07%。但对地方生态文明建设（如垃圾分类）的认同感（3.1 题平均分为 3.145 分）稍低于关注度，可见中学生认为地方生态文明建设仍有很大的改善空间。

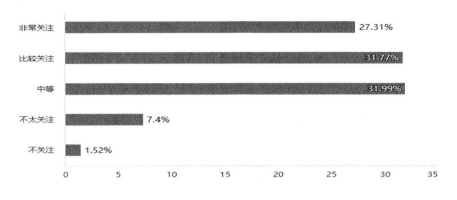

图 3-5 3.3 题的选择情况

（2）表现出较高的环境责任感

3.4 题（平均分为 4.344）和 3.5 题（平均分为 4.581）是关于环境责任感的测评题目，调查结果显示，绝大多数中学生能够表达出对环境较为负责任的情感态度，即具有较高的环境责任感。如，3.5 题（见图 3-6）关于"改善周围的环境质量，是你我共同的责任，你的看法"这一题目，有 73.23% 的中学生选择"很赞同"，13.17% 的中学生选择"比较赞同"，12.51% 的中学生选择"中等"，三者合计 98.91%。

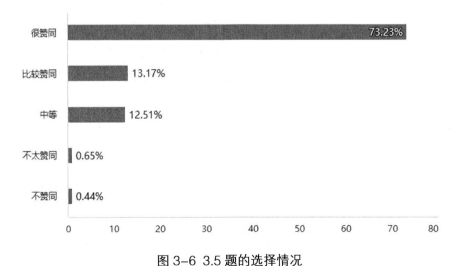

图 3-6 3.5 题的选择情况

（3）具有较为正确的价值判断，但具有浅层性

3.6 题（平均分为 3.332）、3.7 题（平均分为 4.572）、3.8 题（平均分为 4.592）是关于生态文明价值判断的测评题目，其中 3.6 题采用的是反向设计。调查结果显示，绝大多数中学生具有较为正确的价值判断。如，3.7 题 "对于经济发展与环境保护应协调发展" 和 3.8 题 "坚持人与自然和谐共生，才能保障人类社会可持续发展" 这两个题目，选择正向的价值判断的中学生均在 97% 以上。但 3.6 题关于 "地球上的植物和动物主要是为人类的利用而存在的" 这一观点的价值选择却不尽如人意（见图 3-7），有 32.32% 的中学生选择 "不赞同"，21.33% 的中学生选择 "不太赞同"，两者合计 53.65%，即仅有一半左右的中学生承认生态环境具有内在价值，表现出中学生的生态环境价值判断仍具有浅层性，需进一步深化。

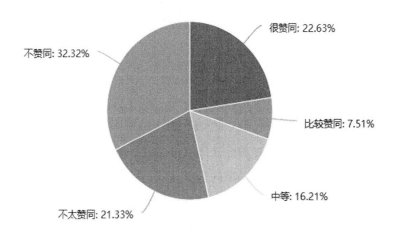

图 3-7　3.6 题的选择情况

（4）中学生的生态文明情意在学校类型间存在差异

中学生生态文明情意维度的进一步差异检验结果显示（见表 3-12）：在 95% 置信区间上，P = 0.001 < 0.05，表明普通学校学生在生态文明情意层面的得分（31.406 分）与重点学校学生在生态文明情意层面的得分（32.338 分）上存在显著差异，重点学校学生的生态文明情意得分明显高于普通学校学生

的得分，表明重点学校的教学更注重学生生态文明情意的培养。

表 3-12 中学生生态文明情意得分不同类型学校间差异检验

级别	人数	平均分	标准差	标准误差	平均得分 95% 的置信区		平均数差异 t 检验 P（2-tailed）
					下限	上限	
普通	466	31.406	4.5655	0.2115	-1.4983	-0.3660	0.001
重点	453	32.338	4.1640	0.1956	-1.4976	-0.3667	

组间平均得分在 0.05 显著水平上存在差异。

（5）中学生的生态文明情意在学段、性别上不存在显著差异

本次调查的结果显示，高中生的生态文明情意得分（32.047 分）稍高于初中生的生态文明情意得分（31.617 分），但两者不存在显著差异，初、高中学生生态文明情意平均得分的差异 T 检验结果显示，在 95% 置信区间上，P = 0.143 > 0.05；男生的生态文明情意得分（31.910 分）稍高于女生的生态文明情意得分（31.830 分），但两者也不存在显著差异，在 95% 置信区间上，P = 0.786 > 0.05。

3. 中学生的生态文明行为状况

生态文明行为是个体生态文明知识、生态文明情感态度与价值观的外化，是生态文明素养高低最直观的外在体现。通过问卷调查获得的某一群体的生态文明行为状况只能是一种预期的行为，即人们预计在此种情境下会发生的行为，但在处于真实情境中又不一定会发生的行为。所以，调查结果可能会稍好于实际情况。学生日常的活动场所主要是家庭、学校以及有限的社会场所，涉及的生态文明行为主要有生态管理行为、生活消费行为以及参与身边的环境决策、法律行为等，据此本部分共设计了 10 个题目。其中 4.3 是多选题，用于分析影响因素；4.4 和 4.5 为四个选项，采用 4 值记分；其余各题目按行为的正向性，采用 5 值记分。因此，此部分的总分最高为 43 分，最低为 9 分。各题目回答情况如表 3-13 所示。

表 3-13 中学生生态文明行为各题目的平均得分情况

题号	4.1	4.2	4.4	4.5	4.6	4.7	4.8	4.9	4.10	总计
初中	2.571	3.231	2.869	2.674	3.560	3.982	3.406	2.398	2.175	26.866
高中	2.372	3.226	2.830	2.836	3.652	4.313	3.472	2.260	2.413	27.374
总体	2.456	3.229	2.847	2.767	3.597	4.173	3.444	2.319	2.157	26.989

从表 3-13 的调查统计结果可以看出，中学生生态文明行为维度的平均分为 26.989，仅处于及格水平，具体来说表现为如下一些特点。

（1）中学生的生态管理行为不容乐观

调查问卷中的 4.1、4.2、4.3 题属于生态管理行为的范畴，涉及参与绿化活动、垃圾分类活动的情况，调查结果显示：中学生参与植树种草等绿化活动的选择情况集中于"很少"（37.32%）和"有时候"（32.97%）；垃圾分类情况的选择情况集中于"有时候"（37.43%）和"经常"（26.77%），中学生参与垃圾分类情况稍好于绿化活动。4.3 题（见图 3-8）为"影响垃圾分类主要原因"的选择，有 59.30% 的中学生选择"周围没有分类垃圾桶"，41.68%的中学生选择"垃圾集中转运时不分类"和"身边很少有人分类"，20.67%的中学生选择"不知道怎么分类"，可见，中学生参与垃圾分类的情况主要受制于周围的硬件设施与氛围的影响。

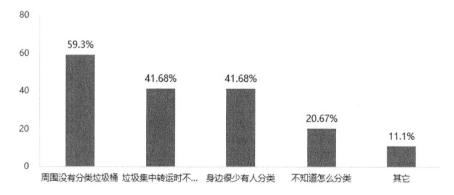

图 3-8 4.3 题的选择情况

（2）中学生的日常消费行为表现较好

调查问卷中的4.4-4.8题涉及日常饮食、出行、学习用品、购物等消费行为的范畴，调查结果显示，此部分各题目平均得分均处于中等水平，高于生态管理行为、参与身边的环境决策、法律行为的得分。如，4.7题（见图3-9）"计算时双面使用草纸的情况"这一题目，多数（77.69%）的中学生选择"总是"和"经常"；再如，对于4.6题"日常出行以绿色交通工具为主的情况"这一题目，中学生的选择集中于"经常"（32.97%）、"总是"（23.94%）、"有时候"（26.22%），合计占83.13%。

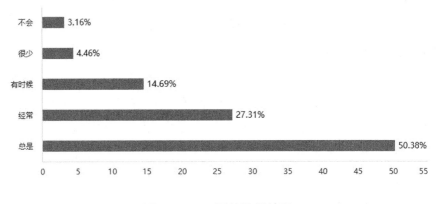

图3-9 4.7题的选择情况

（3）中学生的参与环境决策、监督行为存在缺陷

中学生的生态文明行为在不同领域表现具有不均衡性，日常的学习、生活场所表现较好，受制于学生身份的限制，社会参与行为表现存在不足。具备良好的生态文明素养除体现在能规范自身的相关环境行为，还体现在能积极参与身边乃至社区、地方的生态环境建设、环境问题解决，如提供解决方案、检举揭发不负责的环境行为等。本次调查结果显示，4.9题（见图3-10）"参与地区有关部门的环境决策情况"和4.10题"曾检举揭发环境污染事件的情况"，平均得分分别为2.319分、2.157分，未达到中值及格水平，短板较为明显，亟需改进。由于问卷测评自身的缺陷，在真实情境中，受制于各

种因素的影响，得分可能会更低。

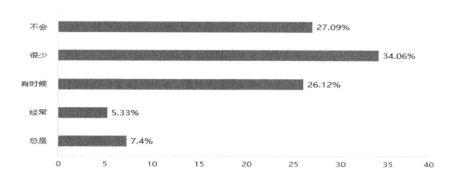

图 3-10　4.9 题的选择情况

（4）中学生的生态文明行为在不同性别间存在差异

从表 3-14 可以看出：在 95% 置信区间上，P = 0.001 < 0.05，表明男生与女生在生态文明行为层面的得分存在显著差异，男生的生态文明行为得分（27.723 分）明显好于女生的生态文明行为得分（26.422 分）。

表 3-14　中学生生态文明行为得分不同性别间差异检验

性别	人数	平均得分	标准差	标准误差	平均得分 95% 的置信区		平均数差异 t 检验 P（2-tailed）
					下限	上限	
男	400	27.723	6.3115	0.3156	0.5607	2.0404	0.001
女	519	26.422	5.1139	0.2245	0.5403	2.0608	

组间平均得分在 0.05 显著水平上存在差异。

（5）中学生的生态文明行为在学段、学校类型上差异不大

本次调查结果显示，高中生的生态文明行为得分（27.077 分）稍高于初中生的生态文明行为得分（26.866 分），但两者不存在显著差异，初、高中学生生态文明行为平均得分的差异 T 检验结果显示，在 95% 置信区间上，不同学段间差异检验的 P = 0.579 > 0.05；重点学校学生的生态文明行为得分（27.291 分）稍高于普通学校学生的生态文明行为得分（26.693 分），但两

者也不存在显著差异，在 95% 置信区间上，不同级别学校间差异检验的 P = 0.112 > 0.05。由此可见，不同学段、不同类型学校之间中学生的生态文明行为水平状况差异不大。

4. 中学生参与生态文明教育的态度状况

中学生对生态文明教育内容的学习态度及对生态文明教育活动的参与态度是影响学生生态文明素养水平的一个重要因素。此部分设计了 4 个封闭题（5.1 题在前面已作分析）和 1 个开放题，5.2、5.3、5.4 三个题目均采用 5 值记分，按照参与态度的正向程度依次赋予 5、4、3、2、1 分，具体回答情况如表 3-15 所示。

表 3-15 中学生参与生态文明教育态度的平均得分情况

题号	5.2	5.3	5.4	总分	平均分
初中	4.306	4.252	4.360	12.918	4.306
高中	4.294	4.234	4.374	12.902	4.301
总体	4.299	4.242	4.368	12.909	4.303

从调查统计结果可以看出，中学生对生态文明教育的参与态度具有如下特点。

（1）中学生对生态文明教育的参与态度是积极的

调查结果显示，多数中学生对生态文明教育内容的学习态度及对生态文明教育活动的参与态度均较为积极、正向。在 5.2 题（见图 3-11）"课堂教学中参与生态文明教育的小组讨论活动的情况"中，持有正面态度（包括"积极参与"和"去参与"）的中学生共占 85.53%，平均得分为 4.299 分；在 5.3 题（见图 3-11）"参与学校组织的环保宣传活动的情况"中，持有正面态度（包括"积极参加"和"去参加"）的中学生共占 83.67%，平均得分为 4.242 分；在 5.4 题（见图 3-11）"参与学校组织的垃圾分类活动的情况"中，持有正面态度（包括"积极参加"和"去参加"）的中学生共占 86.83%，平均得分为 4.368 分。其中仍有少数中学生显示出中立或负面的态度，需要教师积极引导和转化。

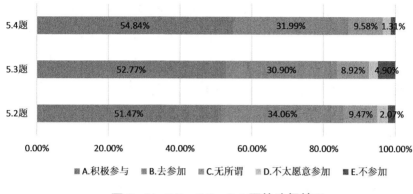

图 3–11 5.2、5.3、5.4 题的选择情况

此外，5.5 题是本套问卷设置的 1 道开放题，用于进一步了解中学生对于"学校开展生态文明教育的相关建议"，有 341 名中学生对此做了相关填答。通过对相关词条的梳理分析，学生的相关建议主要集中于以下两方面：一是学校层面，应加大生态文明教育力度，设置或增加生态文明教育课程，多组织相关课外活动（如，专家讲座、垃圾分类、植树绿化、手抄报、演讲等），在校园文化建设中加强校园生态文明氛围的营建；二是教师层面，教师应加强自身的生态文明素养提升，做好生态文明行为示范，课堂教学中积极融入、拓展生态文明内容，增加相关活动的趣味性，并引导学生在生活中积极践行与落实。中学生的上述建议，进一步印证了学生对生态文明教育活动的积极参与意愿。

（2）不同背景中学生对生态文明教育的参与态度不存在显著差异

本次调查结果显示，高中生对生态文明教育的参与态度平均得分（12.902分）稍低于初中生的生态文明教育参与态度平均得分（12.918 分），但两者不存在显著差异，初、高中学生的生态文明教育参与态度平均得分的差异 T 检验结果显示，在 95% 置信区间上，不同学段间差异检验的 P = 0.926 > 0.05；重点学校学生的生态文明教育参与态度平均得分（13.016 分）稍高于普通学校学生的生态文明教育参与态度平均得分（12.805分），但两者也不存在显著差异，在95%置信区间上，不同级别学校间差异检验的 $P = 0.214 > 0.05$；女生的生态文明教育参与态度平均得分（13.054分）稍高于男生的生态文明教育参与态度平均得分（12.720分），表明女生对生态文明教育活动的参与态度要稍好于男生，但两者也不存在显著差异，在95%置信区间上，男、女同学间差异检验的 $P = 0.051 > 0.05$。由此可见，不同性别、不同学段、不同类型学校之间中学生的生态文明教育的参与态度状况差异不大。

（二）中学教师实施生态文明教育现状的分析

为了较为全面、深入地了解中学教师实施生态文明教育的状况，教师问卷主要围绕以下9个方面来展开：（1）教师自身的生态文明素养状况，（2）对"任教学科与生态文明教育关系"的认知，（3）对"生态文明""生态文明教育"涵义的认知，（4）实施生态文明教育的宏观情况，（5）对"生态文明教育总目标和具体目标"的认知，（6）对"生态文明教育内容和素材"的认知，（7）实施生态文明教育的教学方法，（8）开展生态文明教育的评价情况，（9）参与生态文明教育培训的情况。现将具体的分析情况阐述如下。

1. 中学教师生态文明素养状况分析

教师自身的生态文明素养状况对其有效开展生态文明教育具有重要影响。教师调查问卷此部分共计10个题目，涉及生态文明素养中的知识认知情况和日常行为表现情况，按照正向程度，采用五值记分，依次赋值5、4、3、2、1分，因此，此部分题目的总分最高为50分，最低为10分。各题目具体得分如表3-16所示。

表3-16 中学教师生态文明素养各题目平均得分情况

题号	2.1	2.2	2.3	2.4	2.5	2.6	2.7	2.8	2.9	2.10	总体
初中	3.297	3.105	3.255	3.319	3.102	2.863	3.397	3.555	3.391	2.588	3.187
高中	3.194	3.296	3.335	3.187	3.031	2.585	3.241	3.219	3.155	2.216	3.046
得分	3.248	3.175	3.284	3.156	3.076	2.761	3.340	3.432	3.305	2.452	3.123

本次调查结果显示，中学教师的生态文明素养表现为如下一些特点，具体分析如下。

（1）中学教师自身的生态文明素养水平偏低，且存在明显短板

从表3-16的调查统计结果可以看出，被调查中学教师有关生态文明素养的10个题目的平均得分为3.123分（62.46%），处于及格水平。中学教师对自身具备的生态文明知识状况（2.1-2.6题）并不满意，选择集中于"中等"了解程度（近50%），2.6题"关于生态环境法律法规知识的了解程度"平均分为2.761分，未达到中值及格水平；中学教师的生态文明行为题目（2.7-2.9题）得分稍好于知识层面的自评得分，但2.10题"关于参与地区环境决策的情况"的得分仅为2.452分，也未达到中值及格水平，在各题目中得分最低。可见，中学教师自评的生态文明素养状况仅处于及格水平，且在生态环境法律法规知识、参与地区环境决策方面存在明显欠缺，亟需通过各种途径予以改进与提升。

（2）中学教师的生态文明素养水平存在学段差异

本次调查结果显示，中学教师的生态文明素养水平在不同学段上存在显著差异，从表3-17可以看出，在95%置信区间上，$P = 0.000 < 0.05$，表明初、高中教师在生态文明素养的平均得分上存在显著差异，初中教师的生态文明素养水平显著高于高中教师的生态文明素养水平，可见初中教师更注重自身生态文明素养的提升。

表3–17 中学教师的生态文明素养得分学段间差异检验

学段	人数	平均分	标准差	标准误差	平均得分95%的置信区		平均数差异 t 检验 P（2-tailed）
					下限	上限	
初中	1107	31.674	6.5990	0.1983	0.5834	1.8427	0.000
高中	638	30.461	6.2064	0.2457	0.5936	1.8325	

组间平均得分在0.05显著水平上存在差异。

（3）中学教师的生态文明素养水平存在学校类型差异

本次调查结果显示，中学教师的生态文明素养水平在不同类型学校上存在显著差异，从表3-18可以看出，在95%置信区间上，P = 0.033 < 0.05，表明普通学校与重点学校的中学教师在生态文明素养的平均得分上存在显著差异，重点学校教师的生态文明素养水平显著高于普通学校教师的生态文明素养水平。

表 3-18 中学教师的生态文明素养得分不同学段间差异检验

类型	人数	平均分	标准差	标准误差	平均得分95%的置信区		平均数差异t检验 P（2-tailed）
					下限	上限	
普通	1285	31.032	6.4275	0.1793	-1.4430	-0.0627	0.033
重点	460	31.785	6.6105	0.3082	-1.4528	-0.0529	

组间平均得分在 0.05 显著水平上存在差异。

（4）中学教师的生态文明素养水平在不同教龄上存在差异

本次调查结果显示，中学教师的生态文明素养水平在不同教龄上存在显著差异，从表3-19可以看出，在95%置信区间上，3年及以下教龄的教师与10年以上教龄的教师的生态文明素养水平存在差异，P = 0.028 < 0.05（11-20年），P = 0.004 < 0.05（20年以上），新入职教师的生态文明素养水平显著高于教龄长的教师。

表 3-19 中学教师的生态文明素养得分不同教龄间差异检验

教龄		平均差	平均得分95%的置信区		平均数差异t检验 P（2-tailed）
			下限	上限	
A. 3 年及以下	B. 4-10 年	0.6270	-0.3849	1.6389	0.224
	C. 11-20 年	1.1394	0.1249	2.1540	0.028
	D. 20 年以上	1.3841	0.4379	2.3303	0.004

（5）中学教师的生态文明素养水平在不同任教学科上存在差异

本次调查结果显示，中学教师的生态文明素养水平在不同任教学科上存在显著差异，从表3-20可以看出，在95%置信区间上，df = 9，F = 16.985，P = 0.000 < 0.05。进一步的多重比较LSD检验结果显示，与生态文明教育关联性大的生物、地理、政治学科的任教教师的生态文明素养水平显著好于其他学科任教教师的生态文明素养水平。

表3-20 中学教师的生态文明素养得分不同学科间差异检验

	Sum of Squares	df	Mean Square	F	Sig.
Between Groups	5934.981	9	659.442	16.985	.000
Within Groups	67360.409	1735	38.824		
Total	73295.390	1744			

（6）中学教师的生态文明素养水平在性别、学历上不存在显著差异

在性别方面，女教师的生态文明素养平均得分（31.322分）稍高于男教师的生态文明素养平均得分（30.801分），表明女教师的生态文明素养水平稍好于男教师，但两者不存在显著差异，在95%置信区间上，男、女教师间差异检验的P = 0.222 > 0.05。在学历上，在95%置信区间上，不同学历间差异检验的P = 0.401 > 0.05，表明不同学历间的中学教师的生态文明素养水平不存在显著差异。

2. 中学教师对"任教学科与生态文明教育关系"的认知情况分析

只有明确任教学科与生态文明教育的内在关联，才能在教学实践中有针对性地实施生态文明教育。此部分由3.1、3.2题构成。

3.1题是关于中学教师对"任教学科与生态文明教育关系"的认知情况。从图3-12可以看出：有39.37%的中学教师认为"很密切"，41.20%的中学教师认为"较密切"，两者合计80.57%。可见，绝大多数的中学教师都认为所任教学科与生态文明教育具有一定程度的关联。

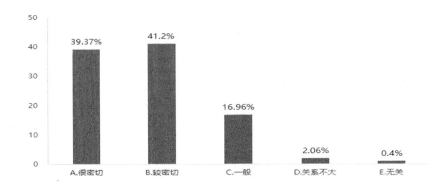

图 3-12 有关"任教学科与生态文明教育关系"的回答情况

3.2 题是关于中学教师对实施生态文明教育优势学科的认知情况。从图 3-13 的统计结果可以看出：中学教师对各门学科开展生态文明教育具有优势的学科排序为生物（41.89%）、地理（36.79%）、化学（31.00%）、政治（19.20%）、语文（8.83%）、物理（4.13%）、历史（3.09%），可见生物、地理、化学、政治四门学科与生态文明教育的关联性更强，相关因素更多一些。对比前面中学生对各门学科的排序情况可以看出：生物、地理、政治学科在生态文明教育方面的优势已被绝大多数师生认同，但中学教师的认同率要远高于中学生。

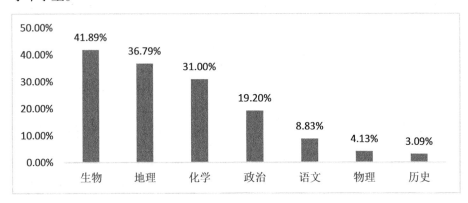

图 3-13 中学教师对实施生态文明教育优势学科的认知情况

3. 中学教师对生态文明教育的认知情况分析

中学教师只有对生态文明、生态文明教育的含义有较为清晰、正确的认识，才能在具体的操作实施环节更具针对性。此部分涉及 3.5、3.6 共两个题目。

3.5 题是关于中学教师对"生态文明"内涵（即生态文明是指人与自然、人与人、人与社会和谐共生、良性循环、全面发展、持续繁荣为基本宗旨的文化伦理形态）的认知，3.6 题是关于中学教师对"生态文明教育"含义（即生态文明教育是对环境教育、可持续发展教育的继承与超越）的认知。从图 3-14 的统计结果可以看出：分别有 95.30%、95.07% 的中学教师能对生态文明、生态文明教育的内涵作出正确的认知，可见，绝大多数中学教师对生态文明、生态文明教育内涵的认知是较为理想的。

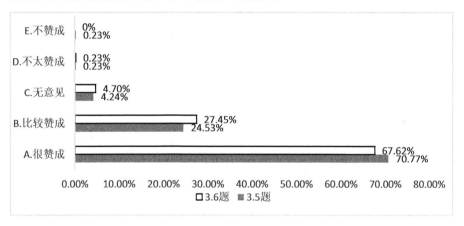

图 3-14　对生态文明、生态文明教育含义的认知情况

4. 中学教师实施生态文明教育的宏观情况分析

此部分的实施情况只做宏观性的概况了解，在后面的部分再做进一步的展开。此部分由 3.3、3.11、3.20 共三个题目构成。

3.3 题是关于中学教师在任教学科中开展生态文明教育的频度情况。从调查统计结果可以看出：有 59.77% 的中学教师选择"经常做"，有 35.70% 的中学教师选择"偶尔做的"，两项合计 95.47%；有 4.41% 的中学教师选择"很少做"，还有 0.11% 的中学教师选择"不做"。可见，在任教学科中开展生态文明教育已成为多数中学教师的一种自觉行为，但在频度上存在差异。

具体来说，通过卡方检验，各学科教师开展生态文明教育的频率在 0.01 水平呈现显著性差异（χ^2=250.091，p=0.000<0.01）。通过百分比对比差异可知，地理、生物选择"经常做"的比例分别为 68.64%、66.67%，会明显高于平均水平 59.77%；历史、物理选择"偶尔做"的比例分别为 65.52%、58.62%，会明显高于平均水平 35.70%，具体如图 3-15 所示。

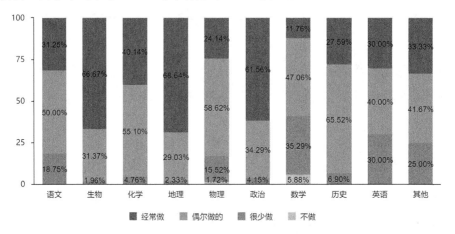

图 3-15 不同学科教师对学生进行生态文明教育的频度情况交叉图

3.11 题是关于中学教师对"任教学科渗透生态文明教育的影响因素"的认知情况。调查统计结果显示：有 78.34% 的中学教师选择"教材中相关内容的多少"，72.95% 的中学教师选择"教师的生态文明素养"，66.93% 的中学教师选择"课程标准中的相关规定"，62.01% 的中学教师选择"教师的生态文明教学能力"，51.40% 的中学教师选择"学校的重视程度"，还有 0.69% 的中学教师选择"其他"，"其他"中提及最多的是"考试评价"和"国家相关政策"。可见，中学相关学科教师实施生态文明教育受制于多种因素影响，主要的影响因素有：课标、教材中相关因素的多少，教师自身的素养水平和教学能力，学校的重视程度和考试评价中的体现也具有一定的影响，如何针对上述影响因素寻求破解方案值得深入思考。

3.20题是本套问卷设置一道开放题，用于了解中学教师对于"有效开展生态文明教育的其他相关建议"，有479名教师对此做了相关填答。通过对相关词条的归纳分析，主要涉及以下几方面：一是学校层面，校长参与相关培训，并给予足够的重视，使生态文明教育逐渐发展成为常态化、系统化的教育活动，开展生态文明教育校本课程建设，在校园文化建设中加强校园生态环境的建设，引入专家宣讲报告活动；二是教师层面，通过参与相关培训或自主学习等形式提升自身的生态文明素养，教学中注重知行统一，可适时采用典型案例分析法、实地参观法或开展跨学科的项目式教学，引入多学科融合渗透，创造条件带领学生就地方生态文明建设问题进行实地参观考察、制定解决方案，开展生态文明主题班会、观看专题片、参与垃圾分类、校园板报、宣传语等实践活动，考试评价中体现对学生生态文明教育效果的考查；三是资源建设层面，提供学习资源平台（网络平台），编制各学科知识整合的关于生态文明教育的读本或文本资料，加强生态文明教育的地方或校本的教材、视频资料、案例资源库建设；四是社会层面，创造良好的生态文明社会氛围，加强学校、家庭、社会三方面的联动。

5. 中学教师对"生态文明教育目标"的认知情况分析

明确生态文明教育的目标定位在生态文明教育体系中起着重要的导向作用，决定着教育内容的选择与配置，决定着教育教学方式和评价方式方法的优化组合。此部分由3.7、3.8两个题目构成。

3.7题是关于中学教师对"生态文明教育总目标"（即"生态文明教育的最终目标是培养具有生态文明素养的生态公民"）的认知。从调查统计结果可以看出：有70.60%的中学教师选择"很赞成"，25.16%的中学教师选择"比较赞成"，两者合计95.76%。可见，绝大多数的中学教师对"生态文明教育的总目标"有较为正确、科学的认知，但仍有少数教师的认知存在偏颇。

3.8题是关于中学教师对"中学生态文明教育具体目标"的认知。从图3-16可以看出，中学教师对于5条分目标的选择比率均高于80%，选择比率最高的是"生态文明意识"，最低的是"生态文明行为方式"。可见，当前中学教师已经对生态文明教育目标的多元构成有了一定程度的认知，但各项选择比例均未超过90%，其中的原因值得深究。

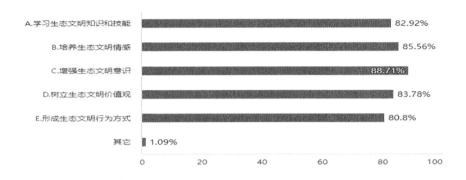

图 3-16 中学教师对"生态文明教育具体目标"的认知情况

6. 中学教师对"生态文明教育内容"的认知情况分析

生态文明教育内容的内容构成是生态文明教育体系的核心组成部分。此部分由3.4、3.9、3.10共四个题目构成。

3.4题是关于"中学教师对教育部2017年颁布的《中小学德育工作指南》中提及的生态文明教育内容"的了解程度。对于调查统计结果可以看出：有45.21%的中学教师选择"一般翻阅过"，34.27%的中学教师选择"听说过"，两者合计占79.48%，即多数教师处于此种程度；仅有9.63%的中学教师"仔细研究过"，还有10.89%的中学教师不知道这一文件，此种状况不甚理想。对这一纲要性文件中涉及的生态文明教育内容没有进行认真地阅读、仔细推敲，对生态文明教育的内容涵盖没有清晰的认识，如何有效实施令人费解。

3.9题是关于中学教师对"中学生态文明教育内容"的认知。从图 3-17可以看出，中学教师对于本题中提及的7条生态文明教育内容的选择比率均高于60%，选择比率80%以上为"生态文明知识和理念""生态环境保护与污染防治""生态环境法律法规"；选择比率最低的是"生态审美"。可见，中学教师对于生态文明教育内容的高认同偏重于知识层面的内容，同时由于教师样本学科来源的限制，生态审美内容的认同度不太高。

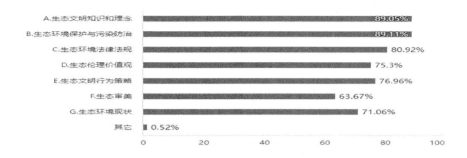

图 3-17 中学教师对"生态文明教育内容"的认知情况

3.10 题是关于中学教师对"任教学科教材中相关生态文明教育内容（或素材）具备情况"的认知情况。从调查统计结果可以看出：有 40.69% 的中学教师选择"比较少"，39.60% 的中学教师选择"刚好够用"，有 17.08% 的中学教师选择"很充足"，还有 2.64% 的中学教师选择"很缺乏"。可见，绝大多数中学教师认为教材中涉及的生态文明教育内容处于"较少"和"刚好够用"的程度，这也是影响生态文明教育效果的一个重要因素。

7. 中学教师实施生态文明教育的教学方法情况分析

关于中学教师实施生态文明教育的教学方法选取情况，此部分由 3.12、3.13 共两个题目构成，均为多选题。

3.12 题是关于中学教师通常采用何种教学方法进行生态文明教育的情况。从图 3-18 的统计结果可以看出：列出的 10 种教学方法选择率居于前 4 位的分别为课堂讲授法（77.82%）、情境教学法（60.57%）、探究教学法（49.23%）、小组讨论或辩论法（46.42%）。可见，较为传统、常规的课堂讲授法、讨论法仍在学科渗透生态文明教育的课堂中占据主导地位，随着基础教育课程改革的推进，情境教学法、探究教学法也逐渐引起教师的关注。

3.13 题是关于中学教师对"进行生态文明教育效果较好的教学方法"的认知。从图 3-18 的统计结果可以看出：列出的 10 种教学方法选择率居于前 4 位的分别为户外教学法或参观考察法（72.95%）、情境教学法（63.21%）、探究教学法（45.73%）、小组讨论或辩论（43.04%）。可见，中学教师对于户外教学法、情境教学法、探究教学法、小组讨论或辩论法在生态文明教育中的教学效果认同度较高，尤其是户外教学法的效果认同度最高。

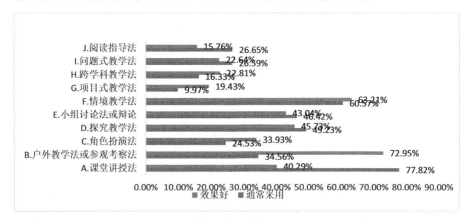

图 3-18 中学教师对通常采用的、效果好的教学方法的选择情况

8. 中学教师实施生态文明教育的评价情况分析

教学评价是教学过程中不可缺少的一环。通过教学评价判定预设的教育教学目标是否达成，并根据评价结果为后续的教学指明方向、确立新起点。此部分由 3.14、3.15 共两个题目构成，均为多选题。

3.14 题是关于中学教师进行生态文明教育评价采用的评价方法情况。从调查统计结果可以看出：有 79.54% 的中学教师选择"活动表现评价"，52.84% 的中学教师选择"纸笔测验"，31.81% 的中学教师选择"建立学习档案袋"，还有 1.32% 的中学教师选择"其他"未评价。可见，多数中学教师会选择易于实施的"活动表现评价"和"纸笔测验"（知识层面），对于活动表现评价如何进行规范操作不得而知，对于过程性考核中效果较佳的"建立学习档案袋"的选择率不高，也是值得深思之处。

3.15 题是关于中学教师进行生态文明教育评价的具体内容情况。从图 3-19 的统计结果可以看出：有 72.26% 的中学教师选择"生态文明知识"，71.17% 的中学教师选择"生态文明活动的参与情况"，68.37% 的中学教师选择"生态环境问题和议题的关注度"，62.92% 的中学教师选择"生态环境问题的价值判断",56.22%的中学教师选择"生态环境问题的解决能力"。可见,中学教师对"生态文明教育评价的内容"的认知还是比较全面的,应该从多角度进行评价,但各内容的占比存在一定的差异,主要从知识层面和活动表现层面进行评价。

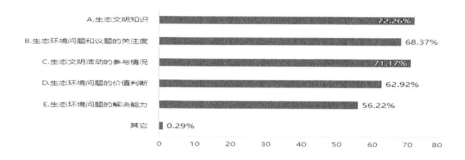

图 3-19　中学教师对具体评价内容的选择情况

9. 中学教师参与"生态文明教育培训"的情况分析

中学教师的生态文明素养和生态文明教育能力是直接影响生态文明教育效果的重要因素。为了解中学教师参与"生态文明教育培训"的意愿及状况,此部分共设计了四个题目,分别为 3.16、3.17、3.18、3.19。

3.16 题是有关中学教师对"接受生态文明教育专题培训的必要性"的认知。从调查统计结果可以看出:有 53.30%的中学教师认为"非常有必要",39.94%的中学教师认为"有必要",两者合计 93.24%。可见,绝大多数的中学教师都对"生态文明教育培训的必要性"持支持态度。

3.17 题是有关中学教师参加生态文明教育培训的情况。从调查统计结果可以看出:有 83.84%的中学教师"没有参加过"相关培训,仅有 16.16%的中学教师参加过相关培训。可见,虽然绝大多数中学教师有参加生态文明教育培训的意愿,但实际上却有相当比例的教师由于各种原因没有参加过。

3.18 和 3.19 题是关于中学教师对自身具备的生态文明素养和生态文明教育能力的评价情况。从图 3-20 的统计结果可以看出:多数中学教师认为自身具备的生态文明素养和生态文明教育能力均处于"中等"水平,分别为

48.14% 和 54.15%；仅有不到 10% 的教师对自身的评价为"很好"。可见，多数中学教师的生态文明素养和生态文明教育能力还是有所不足，需要通过各种途径和方式来进行提升。

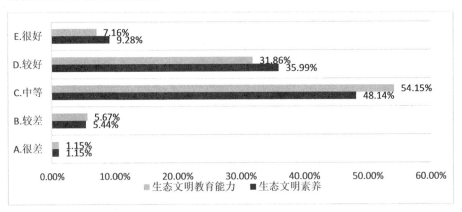

图3-20 中学教师对自身生态文明素养和生态文明教育能力的评价情况

三、中学生态文明教育现状调查结果与讨论

（一）中学生生态文明素养现状的讨论

1. 生态文明知识方面

生态文明知识在个人的生态文明素养体系中起着根基性的作用，具有较为完备的生态文明知识结构，是产生正向的、科学的生态文明价值观和施行负责任的生态文明行为的前提和保障。本次调查结果显示，当前中学生的生态文明知识掌握状况并不理想，此部分的整体平均分仅处于及格水平。通过学校、社会等各种渠道的宣传教育，尤其是学校相关学科的课堂渗透和课外活动的开展，一些基本的生态文明知识和观点已为多数中学生所知晓。但，由于当前的生态文明教育仍具有碎片化的特点，以及相关学科的渗透力度和广度不够，导致中学生的生态文明知识结构不完整、不均衡，部分生态文明知识（如，具体的生态环境议题、生态环境政策法规等）存在欠缺，致使中学生的整体生态文明知识水平偏低。本次调查结果还显示，中学生的生态文明知识水平存在学段间（高中好于初中）、性别间（男生好于女生）、不同级

别学校间（重点学校好于普通学校）的差异；学校课程仍然是中学生获取生态文明知识的主渠道，其中地理、生物、政治、化学等学科由于自身的学科优势，在学校生态文明教育中更具优势。如何弥补知识结构的不完整，如何调整校际间、性别间的差异，如何更好发挥相关学科的优势，以及有效开展跨学科融合，均需深入思考、积极应对。

2. 生态文明情意方面

生态文明情意是生态文明情感、态度、价值观的总称。生态文明情意的形成基于对生态文明知识的了解和掌握，又是"知识"向"行为"转化的中介和"催化剂"。此维度的调查结果显示，中学生的生态文明情意是正向的、积极的、负责的，但具有"浅层性"的特点。这种"浅层性"主要体现生态文明价值判断与选择的稳定性、科学性，这种不稳定的生态文明价值观能在多大程度上转化为负责任的生态文明行为令人担忧。如何使生态文明情意由"浅层"向"深层"转化，一方面，需要扎实的、完整的、正确的生态文明知识作为支撑；另一方面，需要在相关的学科教学中多创设情境、创造机会来激发学生深层的情感体验。本次调查结果还显示，中学生的生态文明情意存在不同级别学校间（重点学校好于普通学校）的差异，但在学段间、性别间不存在显著差异。

3. 生态文明行为方面

生态文明行为是个人生态文明素养高低的最直观的外在体现，也是生态文明教育的最终落脚点。本次调查结果显示，中学生的生态文明行为在不同领域表现具有不均衡性，中学生日常的学习、生活场所中的消费行为表现较好，参与绿化活动、垃圾分类活动等生态管理行为不容乐观，参与身边的环境决策、法律监督行为存在明显短板，表现为地区、社会层面的参与度不足。此种结果是生态文明知识的不完备、生态文明价值观的不稳固的最终体现，此外还会受到其他（如，心理的、社会的、经济等）多方面因素的影响。所以，中学生负责的生态文明行为的产生，一方面要加强完整生态文明知识结构的建构与深层生态文明价值观的确立；另一方面要加强实践、参与的环节，多为学生创设参与、实践的机会，在实践中强化正向行为的价值与功效。本次调查结果还显示，中学生的生态文明行为在性别间（男生好于女生）的差异，但在学段间、不同级别学校间不存在显著差异。

4. 对生态文明教育的参与态度方面

中学生对生态文明教育的参与态度是影响中学生生态文明教育效果的一个重要因素。本次调查结果显示，绝大多数中学生会积极参与生态文明教育的学习及活动，但仍有部分中学生显示出中立或消极的态度；中学生提出的相关生态文明教育建议，进一步表明中学生对生态文明教育活动的积极参与意愿，笔者认为其主要原因在于生态文明教育的内容与常规的学科教学内容相比，更容易调动学生学习的兴趣与积极性。因此，如何充分利用中学生参与生态文明教育的积极性来提升他们的生态文明素养，以及如何进一步调动部分中学生参与生态文明教育的积极性是我们今后努力的方向。本次调查结果还显示，中学生对生态文明教育活动的参与态度不存在性别间、学段间、不同级别学校间的显著差异。

（二）中学教师实施生态文明教育现状的讨论

1. 中学教师生态文明素养方面

中学教师自身的生态文明素养状况将直接影响生态文明教育的实施效果，是有效开展生态文明教育的基础条件。调查显示，中学教师自身的生态文明素养水平偏低，且存在明显短板。中学教师的生态文明素养水平仅处于及格水平，远未达到理想的程度，且存在生态文明知识的短板，其中生态环境法律法规知识稍显不足；日常生活中的生态文明行为较为正向，但参与地区环境决策方面存在明显欠缺。可见，中学教师的生态文明素养状况并不十分理想，仍有很大的改进空间，亟需通过各种途径予以改进与提升。本次调查还显示，中学教师的生态文明素养在不同学段间（初中好于高中）、不同级别学校间（重点学校好于普通学校）、不同教龄间（新入职好于教龄长）、不同任教学科间（关联性大的生物、地理、政治学科好于其他学科）存在显著差异，但不存在性别间、学历间的显著差异。

2. 对"任教学科与生态文明教育关系"的认知方面

对任教学科与生态文明教育的关联有清晰的认知，是有效实施生态文明教育的前提。绝大多数的中学教师都认为所任教学科与生态文明教育具有一定程度的关联，但关联程度存在差异。调查显示，中学教师认为生物、地理、化学、政治四门学科与生态文明教育的关联性更强，可见，生物、地理、政治学科在生态文明教育方面的优势已被绝大多数师生认同，但中学教师的认同率要远高于中学生。如何充分发挥优势学科的应有价值，同时发挥不同程度关联学科的合力作用是需要我们深入思考和研究的。

3. 对生态文明教育内涵的认知方面

中学教师只有对生态文明、生态文明教育的含义有较为清晰、正确的认识，才能在具体的操作实施环节更具针对性。调查显示，绝大多数中学教师能对生态文明、生态文明教育的内涵作出正确的认知与判断，可见，中学教师对生态文明、生态文明教育内涵的认知是较为理想的，但由于相关的题目设计已给出了具体含义与范围，教师仅需做出判断即可，所以具体认知的深入程度还有待进一步考察。

4. 实施生态文明教育的宏观方面

此部分主要涉及中学教师在任教学科中开展生态文明教育的频度、对任教学科渗透生态文明教育影响因素的认知、有效开展生态文明教育的相关建议三个方面。调查结果显示，在任教学科中开展生态文明教育已成为多数中学教师的一种自觉行为，但在频度上存在差异。中学生物、地理教师在进行生态文明教育的频度高于其他学科，由于部分生物、地理课程内容本身就是生态文明教育的内容，因此进行生态文明教育的频率高也可想而知。一般来说，频度的高低取决于学科内容与生态文明教育的关联程度，频度高的学科关联程度越大，即成正相关。调查还显示：中学相关学科教师实施生态文明教育受制于多种因素影响，主要的影响因素有：课标、教材中相关因素的多少，教师自身的素养水平和教学能力，学校的重视程度和考试评价中的体现也具有一定的影响，如何针对上述影响因素寻求破解方案值得深入思考。部分中学教师也对此从学校层面、社会层面、师资层面、资源库建设层面、考试评价层面等多层面提出了相关建议，以进一步提升生态文明教育的效果。

5. 对"生态文明教育目标和内容"的认知方面

对生态文明教育的目标有一个清晰的认识，对生态文明教育的内容有一个全面的把握，是有效实施生态文明教育的前提条件。调查显示，绝大多数的中学教师对"生态文明教育的总目标"有较为正确、科学的认知，对生态文明教育目标的多元构成有了一定程度的认知，即生态文明教育的具体目标涉及知识技能、情感、意识、价值观、行为多个维度，但各项选择比例存在差异，依次为意识、情感、价值观、知识技能、行为方式，行为层面的认知相对较低。关于生态文明教育的内容，选项列出的 7 条生态文明教育内容的选择率均高于60%，但偏重于知识层面的内容，如"生态文明知识和理念""生态环境保护与污染防治""生态环境法律法规"；由于学科内容差异，对"生态审美"内容的认同度不太高。

此外，调查还显示，绝大多数中学教师认为教材中涉及的生态文明教育内容处于"较少"和"刚好够用"的程度，这也是影响生态文明教育效果的一个重要因素。究其原因主要有：一是教师对教材中所涉及的生态文明教育内容是否有清晰的认识，二是教师是否能深入挖掘教材中相关的生态文明教育因素，三是教材对相关的生态文明教育内容的体现度是否适切。由此可见，中学教师对生态文明教育目标和内容的把握还存在一定的欠缺，应通过多种途径予以改进。

6. 实施生态文明教育的教学方法方面

生态文明素养是知识、能力、态度价值观的综合体现，因此生态文明教育的教学方法选择上也必须关照到素养的多层内涵。调查显示，当前中学教师在生态文明教育的教学方法选择上仍倾向于较为传统、常规的课堂讲授法、讨论法，这两种教学方法在学科渗透生态文明教育的课堂中仍占据主导地位，随着基础教育课程改革的推进，情境教学法、探究教学法也逐渐引起教师的关注。同时，中学教师对于户外教学法、情境教学法、探究教学法、小组讨论或辩论法在生态文明教育中的价值认同度较高，尤其是户外教学法的价值认同度最高。但由于各种限制因素的影响，效果较好的教学方法实际的采用率并不高，两者之间的反差值得反思。教师应积极创设条件，在保证教学方法多元的同时，选取教学效果较优的教学方法，以提升生态文明教育的实效性。

7. 实施生态文明教育的评价方面

恰当的评价方式方法必将催生出"优质教学"。关于中学生态文明教育的评价方法，多数中学教师选择易于操作的"活动表现评价"和"纸笔测验"（知识层面），对于活动表现评价如何进行规范操作不得而知，对于过程性考核中效果较佳的"建立学习档案袋"的选择率不高；关于评价的具体内容，中学教师对"生态文明教育评价的内容"的认知还是比较全面的，应该从多角度进行评价，兼顾知识、情意、行为三个层面，但各内容的占比存在一定的差异，主要从知识层面和活动表现层面进行评价。可见，中学教师所实施的生态文明教育评价仍存在一定的改进空间。

8. 参与"生态文明教育培训"的方面

中学教师自身的生态文明素养以及实施生态文明教育的能力也是影响生态文明教育实施效果的重要因素。调查显示，绝大多数的中学教师都对"生态文明教育培训的必要性"持支持态度，虽然多数中学教师有参加生态文明教育培训的意愿，但现实情况却是有相当比例的中学教师由于各种原因没有机会参与，这势必造成中学教师的生态文明素养和生态文明教育能力有所不足，这一反差值得反思。中学教师的自我评价中，也再次印证了中学教师对自身的生态文明素养和生态文明教育能力持有怀疑态度，需要通过各种途径和方式来进行提升，以满足中学教师在教学中有效开展生态文明教育的实际需求。

（三）中学生态文明教育实施中存在的问题

综合上述中学生和中学教师两类目标人群的现状调查结果，发现当前的中学生态文明教育实施中存在如下问题，具体阐述如下。

1. 中学生态文明教育的目标定位有失偏颇

当前在任教学科中开展生态文明教育已成为绝大多数中学教师的一种自觉行为，尤其是与生态文明教育相关性较大的学科，但教育教学效果却不尽如人意，何种目标定位在其中起着关键的作用。中学生态文明教育只有目标定位科学、适切，才能确保生态文明教育内容的选择与配置、教学方法和评价方法选用恰当，是保证生态文明教育实效性的先导条件。虽然中学教师对"生态文明教育的总目标"、生态文明教育目标的多元构成有了一定程度的认知，但对具体目标的重视程度、落实程度存在差异，表现为重"知""情"，轻"行"，价值观的内化程度有待深入，忽视生态文明行为习惯、行为能力的培养。

2. 中学生态文明教育的内容选择与配置欠均衡

中学生态文明教育内容的选择与配置科学、合理是中学生生态文明知识结构完整、均衡的重要保证。调查显示，当前中学生的生态文明知识结构不完整、不均衡，具有碎片化的特点，部分生态文明知识存在欠缺，导致中学生的整体生态文明知识水平偏低。其次，中学教师对于《中小学德育工作指南》中提及的生态文明教育内容的知晓程度不理想，加之缺乏相关的培训，必然导致其对生态文明教育内容的具体涵盖缺乏清晰的认识。调查显示，当前中学教师认知的生态文明教育内容偏重于知识层面的内容（如"生态文明知识和理念""生态环境保护与污染防治""生态环境法律法规"），对于"生态伦理价值观""生态文明行为策略""生态审美"等内容认知度不太高，导致中学生的生态文明价值判断具有"浅层性"的特点、生态文明行为在不同领域表现具有不均衡性。再次，课标、教材中生态文明教育因素的多少与构成也是生态文明教育内容选择与配置情况的重要反映，调查显示中学教材中涉及的生态文明教育内容仅处于基本够用的程度，受各种因素的影响教师对其利用和深入挖掘的程度又参差不齐，无法保证其有效利用。可见，中学生态文明教育的内容选择与配置有待进一步优化。

3. 中学生态文明教育的教学方法选用实效性较差

中学生态文明教育的终极目标在于培养具有综合生态文明素养的学生，而生态文明素养是知识、能力、态度价值观的综合体现，因此，生态文明教育的教学方法选用不能仅停留在知识、意识层面，还必须关照到价值观念的内化、行为能力层面，甚至是品格层面。当前常规的"课堂讲授法"仍是广大中学教师在生态文明教育的教学方法选择上采用率最高的教学方法，小组讨论法、情境教学法、探究教学法也有一定程度的应用，对于学生的生态文明情感激发、价值观引导有重要价值，但并非常态。与此同时，教师和学生均对是户外教学法（或野外考察法）的价值认同度很高，学生更是对其表达了强烈的参与意愿，此种教学方法对于学生的价值观内化、行为能力的培养更具优势，但由于受到经费、人员、时间、安全等各种因素的制约，效果好的教学方法实际的采用率并不高，两者之间存在的反差，在一定程度上必定会影响学生学习的兴趣与积极性，进而影响教学效果。

此外，中学生态文明教育的跨学科融合渗透局面远未形成，教育部最新颁布的各学科义务教育课程标准和普通高中课程标准均对加强学科之间的关联（或跨学科实践活动）给予了关注，生态文明教育即是一个重要的关联点和领域，应加以充分利用。可见，如何在满足中学生积极参与生态文明教育活动意愿的同时提升教学实效性，有必要在教学方法的选用与优化上下一番功夫。

4. 中学生态文明教育的教学评价仍需规范

在教—学—评一体化的教育教学中，中学生态文明教育选用的评价方式方法应与生态文明教育的目标定位、内容与教学方式方法选择保持一致。新一轮基础教育课程改革强调评价方式、评价内容、评价主体的多元，中学生态文明教育的教学评价也应体现上述特点。此外，任何一种评价方式方法都有其优缺点，教师要善于根据实际情境，选择恰当的评价方式方法及其组合，兼顾过程性评价与终结性评价。调查显示：中学教师倾向于选择易于操作且侧重知识层面测评的"纸笔测验"评价方法，"活动表现评价""建立学习档案袋"等过程性评价方法的选用率、规范性均需加强；中学生态文明教育的评价主体以教师为主，很少兼顾学生自评、学生他评、家长评价，影响评价结果的科学性、公平性、有效性。可见，中学生态文明教育的评价方式方法、评价内容、评价主体选择仍存在进一步优化的空间。

5. 中学生态文明教育的师资培训薄弱

中学教师自身的生态文明素养状况以及实施生态文明教育的教学能力将直接影响生态文明教育的实施效果，是有效开展生态文明教育的重要条件。调查显示，中学教师自身的生态文明素养水平偏低，且在生态环境法律法规知识、参与地区环境决策等方面存在明显短板；中学教师对自身的生态文明教育教学能力也持有怀疑态度，认为不能很好满足实际教育教学的需求，需要通过各种途径和方式来进行提升；与此同时，中学生对教师的生态文明素养和生态文明教育施教能力也提出了提升与改进的相关需求建议，中学教师也希望相关部门和学校能积极组织开展相关的培训或提供学习资源平台，来满足实际教学的需求。可见，中学生态文明教育的职前和职后师资培训仍处于薄弱环节，亟需引起关注和重视。

第四章　中学生态文明教育目标体系构建

当前中学教师对生态文明教育的目标定位还处于理解不够准确、充分的状态，进而影响生态文明教育的效果。虽然国家相关的纲要性文件对生态文明教育目标做了一定程度的宏观描述和定位，但只能起到方向性的引领作用。为保证宏观目标的有效达成，有必要构建出配套的、系列化的、具有较强操作性的目标体系作为保障，便于教师在实施中目标明确、易于操作。基于此，本章主要围绕以下几方面展开：一是根据相关研究文献分析生态文明教育的目标构成，从理论层面确定生态文明教育目标构成的基本方面；二是通过调查中学教师对生态文明教育目标构成的看法，从教学实践层面进一步明确中学生态文明教育的目标构成；三是明确中学生态文明教育目标体系构建的原则；四是综合上述相关研究，构建出中学生态文明教育的目标体系。

一、从研究文献看生态文明教育的目标构成

（一）国际会议文件中的生态文明教育目标

历次国际环境教育、可持续发展教育会议主题虽然不尽相同，但从中我们可以窥见生态文明教育目标的构成要素和发展历程，现按照时间发展脉络梳理如下。

1975 年在贝尔格莱德召开国际环境教育研讨会，此次会议发表的《贝尔格莱德宪章》是第一个联合国框架下关于环境教育的国际宣言，对环境教育的目标作了具体说明。该文件指出："环境教育的目的是重视和关心环境和环

境问题，培养个人或集体为解决现实环境问题和防止发生新的环境问题，所需要的知识、技能、态度、意志和实践能力等，并使这样的公民在世界人口中尽可能多地得到培养。"据此，进一步列举了环境教育所要实现的6个分目标，即：①关心：要深化对个人和社会总体环境问题的关心，并对其具有一定的感受性；②知识：形成对整个环境及其相关问题和人类环境的重大责任与使命的基本理解；③态度：明确个人对社会的价值，具有保护和改善环境的坚强意志；④技能：要掌握解决环境问题所必需的技能；⑤评价：能测定个人和社会的环境状况，并能从生态学的、政治的、经济的、社会的、美学的以及其他立场来进行评价；⑥参与：能为解决个人和社会的环境问题而采取适当的行动，以此深化对环境问题的责任感和紧迫感[1]。

1977年，第比利斯国际环境教育会议在充分肯定《贝尔格莱德宪章》的论断的基础上，又进一步系统阐述了环境教育的目的与目标。会议通过的《宣言与建议》将环境教育的目的规定为：①促使人们清楚地意识并关注城乡地区经济、社会、政策和生态方面的相互依赖性；②为每个人提供获取保护和改善环境所必需的知识、价值观、态度、义务和技能的机会；③建立个人、群体和社会对待环境的新的行为模式。在环境教育的目标方面，该次会议将《贝尔格莱德宪章》提出的6个分目标精简为5个，即：①意识：帮助社会群体和个人获得对待整个环境及其有关问题的意识和敏感；②知识：帮助社会群体和个人获得对待环境及其有关问题的各种经验和基本理解；③态度：帮助社会群体和个人获得一系列有关环境的价值观念和态度，培养主动参与环境改善和保护所需的动机；④技能：帮助社会群体和个人获得认识和解决环境问题所需的技能；⑤参与：为社会群体和个人提供在各个层次积极参与解决环境问题的机会[2]。该目标一直为国际社会所公认。

1982年，联合国举行了人类环境特别会议和第37届联合国大会，分别

---

① 转引自李久生. 环境教育论纲 [M]. 南京：江苏教育出版社，2005:11.

② UNESCO. Intergovernmental Conference on Environmental Education Final Report[R]. Tbilisi：USSR. UNESCO，1977.26.

通过了《内罗毕宣言》和《世界自然宪章》，强调各国要增强公民对环境保护和经济增长关系的正确认识，培育个人和社会的全球意识及环境责任意识。标志着环境教育从以往单纯强调环境保护知识的传播、技能的培养和环境价值观的形成转向协调环境保护与经济增长之间的关系。

自 1992 年以来，教科文组织一直致力于促进可持续发展教育。以联合国教科文组织作为牵头机构实施的《联合国可持续发展教育十年（2005—2014）国际实施计划》（以下简称《十年计划》）旨在确保每一个受教育者都能获得可持续发展所需的价值观、技能和知识，这意味着需要从根本上对当今教育进行重新定位，对教育进行重新思考和修正。培养公众对可持续性的意识和理解，不仅仅是停留在增强公众的社会、经济和环境问题的全球意识，还要求对问题根源进行理解，这样才能更多地促进公众在实际行为上的改变。2014 年 11 月，世界可持续发展教育大会在日本举行，会议发布《塑造我们希望的未来——可持续发展教育十年（2005—2014）监测与评估终期报告》（DESD）。

可持续发展问题世界峰会 (WSSD) 再次强调了教育对于可持续发展的关键作用，指出教育不仅仅是建立人类对于可持续发展的意识，而且要促使人类在生产生活各个层次上的进行行为的改变。2015 年 9 月，联合国大会通过《2030 年可持续发展议程》，其核心是 17 项可持续发展目标（SDG），旨在确保现在和将来地球上每一个人都能享有可持续、和平、富足和公平的生活。目标 4 为：提供包容和公平的优质教育，让全民终身享有学习机会，其中的具体目标 4.7 条提出：到 2030 年，确保所有学习者都掌握可持续发展所需的知识和技能，具体做法包括进行关于可持续发展、可持续生活方式、人权和性别等方面的教育，弘扬和平和非暴力文化，提升全球公民意识，以及肯定文化多样性和文化对可持续发展的贡献。可持续发展教育的总体目标是培养学习者促进可持续发展的跨领域能力，通过促成社会、经济和政治方面的变革，改变个人的行为；能够让个人在认知、社会情感和行为等方面获得具体的学习成果，让每个人都能为持续发展贡献一份力量。可见，可持续发展教育的目标涉及认知、情意、技能、行为能力等要素。

2015 年 11 月，第 38 届联合国教科文组织全体大会通过了《教育 2030 行动框架》，对可持续发展目标进行了分析和评价，指出：在基础和中等阶段，可持续发展教育的目标是提升公民的环境意识，致力于一种可持续的生活方式，公民必须能够察觉人类和环境所发生的恶劣变化，并能识别这种变化对区域和国际造成的后果，教育必须发展学生批判性和创造性的思维，并给予学生参与、经历和承担责任的机会。[①] 此处，可持续发展教育的目标还涉及思维能力培养的因素。

2017 年联合国教科文组织发布《教育促进可持续发展目标：学习目标》，指出可持续发展教育能培养与所有可持续发展目标相关的促进可持续发展的重要跨领域能力，具体包括：系统思维能力、预期能力、规范能力、战略能力、协作能力、批判思维能力、自我意识能力、综合的解决问题能力；并提出每项可持续发展目标都有认知、社会情感和行动领域的学习目标。其中，"认识领域"涵盖了理解可持续发展目标和相关挑战所需的知识和思考技能；"社会情感领域"涵盖了有助于学习者开展写作、磋商和交流沟通以促进实现可持续发展目标的社会技能，还包括推动学习者自我发展的反思技能、价值观、态度和动机；"行为领域"描述了各种行为能力。

2021 年 5 月，联合国教科文组织和德国政府合作召开的世界第三次可持续发展教育大会在柏林举行，此次大会发布了《2030 可持续发展教育路线图》，指出：可持续发展教育赋予学习者知识、技能、价值观和态度，使他们能够在尊重文化多样性的同时，为了让今世后代拥有完好的环境、有活力的经济以及赋权所有性别的公正社会，而作出明智的决定并采取负责任的行动；它可以加强认知、社会和情感以及行为方面的学习。"2030 年可持续发展教育"总体目标旨在通过加强可持续发展教育和助力实现 17 项可持续发展目标，建设一个更加公正和可持续的世界；具体目标是将可持续发展教育和 17

---

① 黄宇，张丽萍，谢燕妮. 国际生态文明教育的趋势与动向 [J]. 环境教育，2017（11）：50-53.

项可持续发展目标充分融入政策、学习环境、教育工作者能力建设、青年赋权增能和动员以及地方层面行动。

从上述国际会议文件对环境教育、可持续发展教育的目标阐述，我们可以看出：在明确总目标（或目的）的基础上，环境教育与可持续发展教育的分目标主要涉及意识、知识、态度和价值观、技能、行为参与等层面的构成要素。

（二）国内文献中生态文明教育的目标构成

我国的生态文明教育目标，一是宏观层面的目标表述，未做具体对象的限定；二是不同学段的生态文明教育目标，大体可分为初等教育、中等教育、高等教育分别进行表述，此处着重对中学阶段的生态文明教育目标构成进行阐述。

1. 国家宏观纲要性文件中的生态文明教育目标

目标是目的的下位概念，是目的的分解和具体化，一般是指在一定条件和环境下，人们的行为活动所预期达到的结果。生态文明教育目标就是生态文明教育活动所预期达到的结果，是生态文明教育活动的出发点和归宿，在整个体系构建中起着重要的导向和指向性作用。

2003 年我国教育部颁布了一份国家级的环境教育纲要文件——《中小学环境教育实施指南（试行）》[①]，该文件将环境教育的总目标定位为：引导学生关注家庭、社区、国家和全球面临的环境问题，正确认识个人、社会和自然之间相互依存的关系；帮助学生获得人与环境和谐相处所需要的知识和技能，养成有益于环境的情感、态度和价值观；鼓励学生积极参与面向可持续发展的决策与行动，成为有社会实践能力和责任感的公民。在总目标的基础上，又分别从情感、态度与价值观，过程与方法，知识与能力三个维度进行了具体目标的陈述。其中，"情感、态度与价值观"分目标中涉及的四条目标要求分别为：①关爱自然，尊重生命；②关爱和善待他人，能积极、平等、公正

---

① 中华人民共和国教育部.中小学环境教育实施指南（试行）[S].北京：人民教育出版社，2003.

地与他人合作，尊重不同的观点与意见，尊重文化的多样性；③意识到公民在环境方面的权利和义务，有建设可持续未来的愿望；④关注环境，积极参与有关环境的决策和行动，做有责任的公民。"过程与方法"分目标中涉及的五条目标要求分别为：①观察并分析周围环境的状况及其变化；②识别家庭、学校和社区的环境问题，并设计、实施和评价解决方案；③通过多种方式和途径，主动而有效地搜集与环境有关的信息；④围绕环境问题表达自己的观点，并与他人有效沟通；⑤批判性地思考区域或全球主要环境问题的成因，并对比各种解决途径。"知识与能力"分目标中涉及的五条目标要求分别为：①知道人对环境的依赖，反思个人生活对环境的影响；②理解环境问题及其对个人、家庭、学校和社区的影响；③知道自然环境和生态系统的结构、功能和演化过程；④分析和理解经济技术、社会生活、政策法律与环境之间的相互作用；⑤知道公民参与保护环境的主要途径和方式，并对比其效果。

2017 年教育部研究制定了《中小学德育工作指南》[①]（以下简称《指南》），提出了学段衔接的德育目标和内容体系，其中德育目标分为总体目标和学段目标，内容体系涉及理想信念教育、社会主义核心价值观教育、中华优秀传统文化教育、生态文明教育、心理健康教育五项德育内容。现对与生态文明教育相关的目标表述进行梳理，总体目标中提及的："增强社会责任意识，养成良好政治素质、道德品质、法治意识和行为习惯，促进学生核心素养提升和全面发展"，其中社会责任意识的一个重要体现就是对大自然负责任的态度，做一个负责任的公民；良好的道德品质涉及人与人、人与社会、人与自然等关系维度，必然包含引导学生树立生态文明观；法治意识中的生态文明法治意识，行为习惯中的低碳环保、勤俭节约的行为习惯等均是生态文明教育目标的要素体现。

初中学段目标中提及的："理解基本的社会规范和道德规范，树立规则意识、法治观念，培养公民意识"。初中学段，学生开始从他律逐渐走向自律，

---

① 中华人民共和国教育部. 中小学德育工作指南 [EB/OL].http://www.moe.gov.cn/srcsite/A06/s3325/201709/t20170904_313128. html.

道德观念开始逐步形成，把培养学生的道德习惯与道德理解能力相结合，理解外在的行为习惯背后所内含的道德理念，用正确的道德认知指导自己的言行；即初中学段，行为习惯培养仍是重点，但更侧重引导学生内化道德价值；应学会处理个人与他人、集体、国家、社会的关系，此阶段社会规范意识的培养尤为重要。高中学段目标中提及的："增强公民意识、社会责任感和民主法治观念，初步形成正确的世界观、人生观和价值观"。高中学段，学生品德发展进入自律阶段，重要任务之一是引导学生形成道德行为的观念体现和规则，逐渐形成自己的世界观、人生观和价值观；同时侧重对学生外化行为的要求，能根据客观事实做出正确的道德判断，并把自己信奉的道德价值转化为道德行为。[①]

2. 宏观研究层面的生态文明教育目标

生态文明教育目的是生态文明教育目标的上位概念，关于生态文明教育目的目前基本形成了应将"社会本位论和个体本位论融合起来"的共识，即以个人和社会发展作为根本目的和旨归。从现有的研究文献来看，研究者对生态文明教育目标有较为详细的阐述，一般分为总目标和分目标，层次比较清晰。其中总目标的定位较为一致，即培养具有生态文明素养（或生态人格）的公民。分目标多数研究者是从认知、情感、意志、行为等角度进行表述的，但在具体的文字表述和构成要素上仍存在一定的差异。现将具有一定代表性、典型性的生态文明教育目标表述梳理如下，详见表 4–1。

表 4–1 不同研究者关于生态文明教育目标的表述

研究者	生态文明教育目标
陈丽鸿、孙大勇（2009）	根本目标是提高公民的生态文明意识，以生态文明教育的内容为目标，具体目标包括生态文明知识、生态文明情感、生态文明价值观、生态文明意志信念、生态文明行为。

---

① 教育部基础教育司. 中小学德育工作指南实施手册 [M]. 北京：教育科学出版社，2017：22-23.

研究者	生态文明教育目标
李志强（2011）	中学生态文明教育的总目标：培养具有良好生态道德素养的、能正确处理人与自然、人与社会关系的全面发展的"生态人"。具体目标：教育学生获得建设生态文明所需的知识和技能，形成有益于生态文明的情感、态度、价值观和思维方式，全面提升学生生态文明素养，鼓励学生积极投身生态文明建设，成为有社会实践能力和责任感的现代公民。
李霞（2013）	目标分为社会目标和个体目标。社会目标：要达到生态的、经济的、社会的可持续性。个体目标：既要有观念意识的确立，更要有实践行为的要求和规范制度的遵守。要培养人们树立科学的生态意识观念，养成生态健康人格以及达到儒家生态伦理思想的"天人合一"的道德境界。
黄娟，黄丹（2013）	树立生态文明理念、营造生态文明风气、培养生态文明行为。
郭岩（2015）	生态文明教育应由意识觉醒的初级阶段向行为践行、塑造生态人格和思维方式、形成生态理性和主流价值观念的阶段转化。目标包括：具有知识目标（生态认知、生态情感意识、生态行为方式）、能力目标（生态文明的实践能力）和素质目标（生态理性、生态人格、生态文明的思维方式）。
石建，何兴明，赵广宇等（2015）	三个层面的目标，生态文明知识（基础）、生态文明意识（核心）、生态文明行为（结果）。
骆清，刘新庚（2017）	生态意识的培育（基础）：生态危机意识、生态权利意识、生态责任意识。生态行为的引导（关键）：求生态文明之"真"、行生态文明之"善"、崇生态文明之"美"。生态人格的塑造：树立尊重自然、顺应自然、保护自然的生态理念。
杜昌建（2018）	最终目标是培养和塑造具备科学生态观、适应社会发展需要的生态公民。具体目标：获得生态文明认知、培养生态文明情感、锻炼生态文明意志、树立生态文明信念、养成生态行为习惯。
胡金木（2019）	生态文明教育需要立足生命共同体的价值愿景，培养能够自觉维护人与自然和谐共荣的生态公民，引导人们全面了解生态环境知识（知识向度）、促进生态环保行动（行动向度）、养成生态价值观念（价值向度）、增进生态审美情趣（审美向度）、形成绿色生活样态（综合向度）。

续表

研究者	生态文明教育目标
王鹏（2019）	中小学生态文明教育的总目标：使学生成为符合生态文明社会要求的合格公民。 具体目标：掌握较为系统的节约环保科学知识与政策法规，掌握较为系统的节约环保技术和技能，树立正确的节约环保价值观，践行节约环保的生活方式。
岳伟（2020）	总目标：旨在培养具有平等、尊重、责任、共生为核心的生态文明思维方式、生态文明行动意愿与生态文明行为能力的生态公民。 分目标：体现在关于知识、技能、情感、态度与价值观的具体要求中。
沈欣忆，张婧，吴健伟，王巧玲（2020）	总目标：将中小学生培养为符合生态文明社会发展需求的，具备与之相适应的生态文明素养的合格公民。 分目标：具体包括四个层面： ①树立正确的节约环保的生态文明价值观； ②掌握较为系统的生态文明科学知识与政策法规； ③培养解决问题为导向的生态文明关键能力； ④培养践行节约环保的生活方式，以及解决生态文明实际问题的能力。
孙广学，李正福（2021）	形成社会主义生态文明观，掌握生态文明相关知识，践行简约适度、绿色低碳的生活方式，努力把学习实践习近平生态文明思想化为自觉行为，不断提高生态环境保护能力和生态文明建设能力。
"面向公众的生态文明教育模式研究"课题组（2022）	认知目标：实现生态文明的知识、理念、价值观和思维方式在受教育者头脑中智力层面的建构。 情感目标：形成对自然生态的敬畏感和亲近感、对生态环境恶化的恐惧感，以及保护自然生态的道德感。 行动目标：培养将认知和情感转化为行动的能力。
蔡志良（2022）	终极目标是造就生态公民，而生态公民的基本素养就是掌握生态环境知识、树立生态文明理念、充满生态道德情怀、具备生态环保能力、践行生态环保行动、具备生态审美情趣，这些具象性素养的深度沉淀和高度凝结，则是真善美的融合。
秦利琳，包万平（2022）	生态文明教育的目标应该是多向的、立体的。 在知识层面上要了解生态环境基础知识；在价值观层面上要树立生态文明理念；在能力层面上要践行生态环保行动；在审美层面上要增强生态审美情趣；核心素养层面上要形成综合性生态素养。

　　综合上述相关研究者对生态文明教育目标的表述，可以看出：尽管不同研究者在具体内容的表述上存在一定的差异，但总体来说，在目标定位上大

体一致。即总目标是培养具有生态文明素养的生态公民，以适应生态文明社会发展的需求；具体分目标多数研究者是从认知（知识、技能）、情意（情感、价值观、意志、信念）、行为（行为能力）层面进行细化，个别研究者还涉猎到生态审美情趣、生态文明思维方式、生态人格等要素。

（三）中学学科课程中的生态文明教育目标

《义务教育课程方案（2022年版）》在培养目标中指出，要使学生成为有理想、有本领、有担当的时代新人，其中"有担当"中明确提及："热爱自然，保护环境，爱护动物，珍爱生命，树立生态文明观念"；《普通高中课程方案（2017年版2020年修订）》在培养目标中也明确提出："尊重自然，保护自然，具有生态文明意识"，可见初、高中课程方案在"培养目标"中均对生态文明教育目标给予高度重视。在上述文件的引领下，中学相关学科课程的课程目标也不同程度地体现了生态文明教育的目标要求。

1. 初中相关学科课程目标中的生态文明教育目标

教育部2022年颁布的义务教育相关学科课程标准在课程目标的表述中不同程度地体现了生态文明教育的目标要求，由于2022年版各学科课程标准中的课程目标的表述是基于学科课程核心素养来确定的，所以目标表述中凸显了价值观、品格、关键能力的要素。现将与生态文明教育相关性较大的学科课程目标表述梳理如下，见表4-2。

表4-2 初中相关学科课程目标中体现的生态文明教育目标

学科	学科课程目标中的生态文明教育目标	生态文明教育目标要点
道德与法治	总目标中指出"敬畏自然，保护环境，形成人与自然生命共同体的意识"。 学段目标："道德修养"核心素养中的"形成健康、文明的生活方式，讲社会公德、维护社会公德"；"责任意识"核心素养中指出"敬畏自然，具有绿色发展理念，初步形成环保意识和生态文明观；能够在日常生活中自觉践行生态文明的理念"。	①敬畏自然，具有绿色发展理念。 ②形成人与自然生命共同体的意识。 ③形成环保意识和生态文明观。 ④生活中践行生态文明理念。

续表

学科	学科课程目标中的生态文明教育目标	生态文明教育目标要点
地理	（人地协调观）学生能够初步认识地理环境是人类生存的基础，人类活动深刻影响着地理环境，协调人地关系是人类社会可持续发展的必然选择；能够运用所学的知识、方法和工具，面对世界、中国、家乡出现的人口、资源、环境和发展问题，作出初步的分析和评价，并具有遵守相关法律法规的意识；能够立足家乡、胸怀祖国、放眼世界，初步树立人与自然和谐共生的观念。	①认识地理环境与人类活动的相互影响。②分析和评价不同尺度的人口、资源、环境和发展问题。③树立人与自然和谐共生的观念。④认同人地协调对可持续发展的意义。⑤具有遵守相关法律法规的意识。
历史	能够从历史的角度认识中国国情，增强热爱家乡、热爱祖国的情感，了解并认同中华优秀传统文化，初步树立构建人类命运共同体的意识。	①认识中国国情，了解中华传统生态文明思想。②树立全球环境治理的人类命运共同体意识。
生物	"生命观念"中的"获得生物的多样性、生物与环境等生物学基础知识，初步形成生物学的物质与能量观、进化与适应、生态观等生命观念，认识生物界的多样性与统一性，认识人与自然的关系，初步形成科学的自然观和世界观；能够用生命观念分析生活中遇到的实际问题"；"态度责任"中的"初步形成生态文明观念，践行'绿水青山就是金山银山'的理念，积极参与环境保护实践，立志成为美丽中国的建设者"。	①掌握生物多样性、生态学等基础知识，初步形成生态观等生命观念。②认识生物界的多样性与统一性，认识人与自然的关系，形成科学的自然观和世界观。③初步形成生态文明观念。④践行绿色发展理念，参与环保实践。
物理	初步形成物质观念、能量观念；亲近自然，能关注科学技术对自然环境、人类生活和社会发展的影响，有保护环境、节约资源的意识，能在力所能及的范围内为可持续发展作出贡献。	①关注科学技术对自然环境的影响。②具有节约资源、保护环境的意识。③参与可持续发展实践。

学科	学科课程目标中的生态文明教育目标	生态文明教育目标要点
化学	初步形成节能低碳、节约资源、保护环境的态度和健康的生活方式；初步认识科学、技术、社会、环境的相互关系，积极参加与化学有关的社会热点问题的讨论并作出合理的价值判断，初步形成主动参与社会决策的意识；树立人与自然和谐共生的科学自然观和绿色发展观。	①形成节约资源能源、保护环境的态度与生活方式。②认识科学、技术、社会和环境之间的相互关系。③积极参与有关问题的讨论并作出价值判断，形成参与社会决策的意识。④树立人与自然和谐共生的科学自然观和绿色发展观。
科学	对人与自然关系的认识，对科学、技术、社会、环境之间关系的认识；热爱自然、珍爱生命，具有保护环境、节约资源、推动生态文明建设和可持续发展的责任感；能对与科学技术相关的社会热点问题作出正确的价值判断；遵守科学与技术应用的公共规范、法律法规和伦理道德，维护自身和他人的合法权益；践行科学、健康的生活方式。	①认识人与自然之间的关系。②珍爱生命、热爱自然的情感。③节约资源、保护环境、推动生态文明建设的责任感。④能作出生态文明价值判断。⑤遵守相关法律法规、伦理道德。⑥践行生态文明生活方式。

从表 4-2 可以看出，初中相关学科的课程目标中涉及的生态文明教育目标要素主要有：生物多样性、生态学等的基础知识，人口、资源、环境与发展问题，传统生态文明思想，科学、技术、社会和环境（STSE）之间的关系（或人类活动与环境之间的相互关系），节约资源、保护环境的意识，生态文明法律法规意识，人类命运共同体意识，生态文明观念，人与自然和谐共生的观念（或科学自然观与绿色发展观），生态文明行为方式与实践。

2. 高中相关学科课程目标中的生态文明教育目标

我国高中相关学科课程标准在课程目标的表述中，也对生态文明教育目标给予了关注。各学科在基于学科本质与育人功能的基础上凝练了各学科的学科核心素养，并基于学科核心素养的维度进行课程目标的表述。现将高中相关学科课程目标中的生态文明教育目标表述梳理如下，见表 4–3。

表4-3 高中相关学科课程目标中体现的生态文明教育目标

学科	学科课程目标中的生态文明教育目标	生态文明教育目标要点
思想政治	"科学精神"核心素养中的"对生态文明建设的实践,作出科学的解释、正确的判断和合理的选择,以负责任的行动促进社会和谐";"法治意识"核心素养中的"拥有法治让社会更和谐、生活更美好的认知和情感";"公共参与"核心素养中的"践行公共道德,勇于担当社会责任"。	①对生态文明建设实践做出解释、判断、选择。②具有生态文明法治意识。③践行生态文明理念,勇于担当社会责任。
地理	(人地协调观)学生能够正确看待地理环境与人类活动的相互影响,深入认识两者相互影响的不同方式、强度和后果,理解人们对人地观认识的阶段性表现及其原因,认同人地协调对可持续发展具有重要意义,形成尊重自然、和谐发展的态度。	①深入认识地理环境与人类活动的相互影响。②理解人地观的历史发展,认同人地协调对可持续发展的意义。③形成尊重自然、和谐发展的态度。
历史	能从历史的角度认识中国国情,形成对祖国的认同感,了解并认同中华优秀传统文化,树立正确的世界观、人生观和价值观。	①认识中国国情,了解中华传统生态文明思想。②树立生态文明观。
生物	认识生物学在坚持人与自然和谐共处等方面的重要贡献,树立生命观念,"社会责任"中的"树立和践行'绿水青山就是金山银山'的理念,形成生态意识,参与环境保护实践"。	①认识生物学的生态文明价值与贡献。②树立生态观等生命观念。③树立和践行绿色发展("两山")理念。④形成生态意识,参与环保实践。
物理	形成物质观念、能量观念等,能用其解释自然现象和解决实际问题;认识科学·技术·社会·环境的关系,具有保护环境、节约资源、促进可持续发展的责任感。	①能用物质观、能量观解释自然现象和解决实际问题。②认识科学、技术、社会和环境的关系。③具有节约资源、保护环境、促进可持续发展的责任感。

学科	学科课程目标中的生态文明教育目标	生态文明教育目标要点
化学	关注与化学有关的社会热点问题，认识环境保护和资源合理开发的重要性，具有"绿色化学"观念和可持续发展意识；能较深刻地理解化学、技术、社会和环境之间的相互关系，能运用已有的知识和方法综合分析化学过程对自然过程带来的各种影响，权衡利弊，强化社会责任意识，积极参与有关化学问题的社会决策。	①关注生态文明热点问题，认识环保和资源合理开发的重要性。②具有绿色化学观念和可持续发展意识。③理解科学、技术、社会和环境之间的相互关系。④综合分析化学过程对自然环境的影响，权衡利弊。⑤积极参与有关问题的社会决策，强化社会责任意识。

从表 4-3 可以看出，我国现行的高中学科课程目标中涉及的生态文明目标要素有：生态文明热点问题，科学、技术、社会和环境（STSE）之间的关系（或人类活动与环境之间的相互关系），传统生态文明思想，生态意识，节约资源、保护环境、可持续发展的意识，生态文明法治意识，尊重自然、和谐发展、绿色发展的生态文明观念，生态环境责任意识，生态文明行为方式与实践。

通过上述中学相关学科课程标准中有关生态文明教育的目标表述的分析，可以看出，相关学科课程目标对生态文明教育目标做了一定程度的宏观描述和定位，其中涉及的生态文明目标要素有：生物多样性、生态学等的基础知识，人口、资源、环境与发展问题（或生态文明热点问题），传统生态文明思想，科学、技术、社会和环境（STSE）之间的关系（或人类活动与环境之间的相互关系），节约资源、保护环境、可持续发展的意识，生态文明法治意识，人类命运共同体意识，生态环境责任意识，尊重自然、和谐发展、绿色发展的生态文明观念，人与自然和谐共生的观念，生态文明行为方式与实践。为充分发挥各学科课程标准对生态文明教育融入的引领导向作用，需要对相关课程目标做进一步的细化。

综合上述国际环境与可持续发展教育会议文件、我国生态文明教育相关的纲要文件、我国生态文明教育研究文献、我国中学学科课程标准中涉及的生态文明教育目标表述，将中学生态文明教育目标的构成要素梳理和总结如下，见表4-4。

表4-4　相关文献中涉及的生态文明教育目标要素

类别	生态文明教育目标要素
国际环境与可持续发展教育纲要文件	分目标涉及环境与可持续发展的意识、知识、态度、技能、参与五个层面或认知、情感、行动三个层面。
我国生态文明教育相关的纲要文件	《中小学环境教育实施指南》分目标： 知识与能力：人与环境之间的相互影响，环境问题及其影响，自然环境和生态系统，经济技术、社会生活、政策法律与环境之间的相互作用，公民参与保护环境的主要途径和方式。 过程与方法：观察、识别环境问题，搜集环境信息，设计、实施、评价解决方案，表达交流环境问题，批判性思考环境问题的成因。 情感态度与价值观：关爱自然、尊重生命，平等、公正的可持续发展意识，公民环境权利和义务意识，生态环境责任意识，参与有关环境的决策和行动。
	《中小学德育工作指南》：生态文明责任意识、生态文明法治意识、生态文明行为习惯，
我国生态文明教育研究文献	总目标：培养具有生态文明素养的生态公民。 分目标主要涉及生态文明认知（知识、技能）、生态文明情意（情感、价值观、意志、信念）、生态文明行为（行为能力）层面，还涉猎到生态审美情趣、生态文明思维方式、生态人格等要素。
我国中学学科课程标准	生态文明认知：生物多样性、生态学等的基础知识，人口、资源、环境与发展问题（或生态文明热点问题），传统生态文明思想，科学、技术、社会和环境（STSE）之间的关系（或人类活动与环境之间的相互关系）。 生态文明情意：节约资源、保护环境、可持续发展的意识，生态文明法治意识，人类命运共同体意识，生态环境责任意识，尊重自然、和谐发展、绿色发展的生态文明观念，人与自然和谐共生的观念。 生态文明行为：低碳环保生活方式与生态文明实践。

从表4-4中可以看出，其中涉及的生态文明教育目标要素有：生态文明认知、生态文明伦理观、生态文明价值观、生态审美情趣、生态文明思维方式、生态文明行为与实践。

二、关于中学生态文明教育目标构成的观点调查

由于本研究将中学教师对于"生态文明教育的目标构成""生态文明教育的内容构成""生态文明教育的方法构成"看法的调查置于《中学教师实施生态文明教育现状调查问卷》中进行调查，故在样本选择、施测方面具有一致性，此处不再说明。根据调查统计资料，先从总体上分析中学教师对于"中学生态文明教育目标构成"的看法，然后，再针对不同背景中学教师的相关认知情况作进一步的差异分析，从而为中学生态文明教育目标体系构建提供参照，现将具体的调查分析结果说明如下。

（一）中学教师对于生态文明教育目标构成的总体认知

教师问卷调查中设计的生态文明教育目标构成包含：学习生态文明知识和技能、培养生态文明情感、增强生态文明意识、树立生态文明价值观、形成生态文明行为、其他共计6个选项。

从图4-1可以看出，中学教师对于列出的5条生态文明教育分目标的选择比率均高于80%，选择比率最高的是"生态文明意识"（88.71%），最低的是"生态文明行为方式"（80.8%）。可见，当前中学教师已经对生态文明教育目标的多元构成有了一定程度的认知，且对情意层面的认知高于对行为层面的认知，对于泛化表述的"生态文明意识"认可度更高。

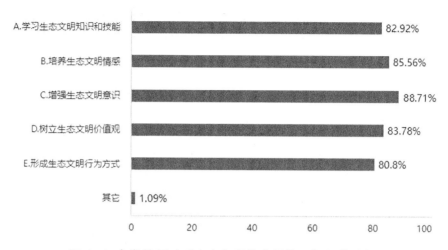

图4-1　中学教师对"生态文明教育具体目标"的认知

（二）不同背景中学教师对于生态文明教育目标构成的认知

在总体分析的基础上，为了解中学教师对于生态文明教育目标构成的看法是否会受教师任教阶段、性别、所处的学校级别、教龄、学科等因素的影响，还对不同背景的中学教师关于生态文明教育目标构成的看法进行了差异分析，现将分析结果表述如下。

1. 不同任教阶段中学教师对于生态文明教育目标构成的认知

不同任教阶段中学教师对于生态文明教育目标构成的差异分析结果显示：各任教阶段的中学教师在"B. 培养生态文明情感"、"C. 增强生态文明意识"、"E. 形成生态文明行为方式"三个选项不存在显著差异，但在"A. 学习生态文明知识和技能"（χ^2=3.901，P = 0.048 < 0.05）、"D. 树立生态文明价值观"（χ^2=4.351，P = 0.037 < 0.05）两个选项上呈现出显著性差异，在这两个选项上高中教师的选择率明显高于初中教师的选择比例（见表4-5），表明高中对于"生态文明知识与技能"、"生态文明价值观"的培养更为重视。此题目整体的选择情况不存在显著差异（χ^2=0.719，P = 0.949> 0.05）。

表 4-5 不同任教阶段教师对生态文明教育目标构成的差异分析

选项	A	D
初中（人数 /%）	903（81.57%）	912（82.38%）
高中（人数 /%）	544（85.27%）	550（86.21%）
χ^2	3.901	3.351
P	0.048 *	0.037 *

注：* 表示在 0.05 水平上存在差异，** 表示在 0.01 水平上存在差异，下同。

综合上述统计分析结果，可以得出如下结论：初、高中教师对于生态文明教育目标构成的认知，整体来说具有较高的一致性，但在"生态文明知识与技能""生态文明价值观"两个具体分目标的强化程度上存在一定程度的差异，高中的重视程度高于初中。

2. 不同性别、级别学校中学教师对于生态文明教育目标构成的认知

不同性别中学教师对于生态文明教育目标构成的差异分析结果显示：不同性别的中学教师在各选项上均不存在显著差异，整体的选择情况也不存在显著差异（χ^2 =0.093，P = 0.999 > 0.05），表明男、女教师对于中学生态文明教育目标构成的认知具有很高的一致性。

不同级别学校中学教师对于生态文明教育目标构成的差异分析结果显示：各级别学校的中学教师在 A、B、C 三个选项上不存在显著差异，但在"D. 树立生态文明价值观"（χ^2 =4.632，P = 0.031 < 0.05）和"E. 形成生态文明行为方式"（χ^2 =6.380，P = 0.012 < 0.05）两个选项上在 0.05 水平存在显著差异，重点学校教师这两个选项的选择比例均明显高于普通学校的选择比例，表明重点学校对于生态文明价值观与行为的培养更为重视。整体的选择情况不存在显著差异（χ^2 =1.730，P = 0.785 > 0.05），表明普通学校与重点学校的中学教师对于生态文明教育目标构成的认知具有较高的一致性。

综合上述统计分析结果，可以得出如下结论：整体来说，不同性别、不同级别学校的中学教师对于生态文明教育目标构成的认知具有较高的一致性，但重点学校的中学教师对于"生态文明价值观""生态文明行为方式"两个具体分目标的关注程度更高。

3. 不同教龄中学教师对于生态文明教育目标构成的认知

不同教龄中学教师对于生态文明教育目标构成的差异分析结果显示：各教龄段的中学教师在多数选项上存在显著差异，仅在"C. 增强生态文明意识"选项不存在显著差异，在其他 4 个选项上均存在显著差异（见表 4-6）。整体的选择情况不存在显著差异（χ^2=2.200, p=0.999>0.05），表明不同教龄的中学教师对于生态文明教育目标构成的认知基本较为一致。

其中，"A. 学习生态文明知识和技能"（χ^2=13.565，p =0.004<0.01）、"D. 树立生态文明价值观"（χ^2=13.679,p=0.003<0.01）、"E. 形成生态文明行为方式"（χ^2=16.810, p=0.001<0.01）三个选项均呈现出 0.01 水平显著性差异，通过百分比对比差异可知，均是 11—20 年教龄的教师选择比例会明显高于平均水平。"B. 培养生态文明情感"（χ^2=11.072,p=0.011<0.05) 选项呈现出 0.05 水平显著性差异，通过百分比对比差异可知，11—20 年教龄的教师选择比例会明显高于平均水平。

表 4-6 不同教龄教师对生态文明教育目标构成的差异分析

选项	A	B	D	E
χ^2	13.565	11.072	13.679	16.810
P	0.004**	0.011*	0.003**	0.001*

综合上述统计分析结果，可以得出如下结论：整体来说，不同教龄的中学教师对于生态文明教育目标构成的认知具有较高的一致性，但教龄较长（10年以上）的中学教师对于"生态文明情感""生态文明价值观""生态文明行为方式"三个具体分目标的关注程度高于教龄较短（10 年以下）的中学教师。

4. 不同学科中学教师对于生态文明教育目标构成的认知

不同学科中学教师对于生态文明教育目标构成的差异分析结果显示：各学科中学教师在多数选项上存在显著差异，仅在"C. 增强生态文明意识"选项不存在显著差异，在其他 4 个选项上均存在显著差异（见表 4-7）。整体的选择情况不存在显著差异（χ^2=4.179, p=1.000>0.05），表明不同学科的中学教师对于生态文明教育目标构成的认知具有较高的一致性。

其中，"A.学习生态文明知识和技能"呈现出0.05水平显著性差异(p=0.015<0.05)，生物、物理、地理学科教师选择的比例会明显高于平均水平；"B.培养生态文明情感"呈现出0.01水平显著性差异(p=0.009<0.01)，地理、物理、生物学科教师选择的比例会明显高于平均水平；"D.树立生态文明价值观"呈现出0.05水平显著性(p=0.012<0.05)，物理、生物、历史、地理、化学学科选择的比例会明显高于平均水平；"E.形成生态文明行为方式"呈现出0.01水平显著性(p=0.007<0.01)，生物、物理、化学学科教师选择比例会明显高于平均水平。

表4-7 不同学科教师对生态文明教育目标构成的差异分析

选项	A	B	D	E
χ^2	20.493	22.069	21.169	22.651
P	0.015*	0.009**	0.012*	0.007**

综合上述统计分析结果，可以得出如下结论：整体来说，不同学科的中学教师对于生态文明教育目标构成的认知具有较高的一致性，尤其是"增强生态文明意识"的认知高度一致；但对于具体分目标的关注程度不同学科仍存在一定的差异，生物、地理、物理学科的中学教师对于"生态文明知识与技能""生态文明情感""生态文明价值观"分目标的认同度要高于其他学科，生物、物理、化学学科教师对于"生态文明行为方式"分目标的关注度要高于其他学科教师。

基于上述不同任教阶段、性别、学校级别、教龄、学科的中学教师对于生态文明教育目标构成看法的差异分析结果，得出如下的综合结论：总体来说，中学教师对于生态文明教育目标构成的认知具有较高的一致性，不同任教阶段、不同性别、不同级别学校、不同教龄、不同学科的中学教师不存在显著差异；但对于具体分目标的认知仍存在不同学段、学校级别、教龄、学科的差异，高中对于"生态文明知识与技能""生态文明价值观"两个分目标的强化程度高于初中，重点学校对于"生态文明价值观""生态文明行为方式"两个分目标的关注程度高于普通学校，教龄长的教师对于"生态文明情感""生态文明价值观""生态文明行为方式"三个分目标的关注程度高于教龄较短的教师，生物、地理、物理学科的教师对于"生态文明知识与技能""生态文明情感""生态文明价值观"分目标的认同度高于其他学科。

三、中学生态文明教育目标体系构建的原则

中学生态文明教育目标体系的构建必须遵循一定的原则，才能保证目标体系构建的科学性、适切性和可操作性，主要构建原则如下。

（一）层次性原则

层次性原则有不同的体现方面。首先，中学生态文明教育目标体系本身就具有层次性。总目标与各分目标构成了外在的纵向层次结构关系。总目标分解成若干个分目标，各分目标又由下一层次的分目标构成。其次，中学生态文明教育目标针对不同学段的教育对象也要体现层次性，即目标的定位应充分考虑学生的认知和身心发展规律，针对不同年龄段、不同认知水平、接受能力的学生系统规划整个中学阶段的生态文明教育目标，确定程度、层次各异的目标要求。

（二）整合性原则

中学生态文明教育目标是由一系列分目标构成的整体，各分目标之间不是孤立的，而是相互联系、相互促进、彼此不可分割的，虽然各分目标有其自身的指向性和功能，但它们却具有内在的一致性，共同构成完整的目标体系。中学生态文明教育的目标体系，既高于又依托于中学相关学科的课程目标，因此必须处理好中学学科课程目标与生态文明教育目标的有机融合。

（三）可操作性原则

目标体系构建的重要价值之一就是要有利于实际操作。要强化目标体系的可操作性，一是通过目标的逐级细化，中学生态文明教育目标体系力图进行三级细化，在总目标定位的基础上，先从认知、情意、行为三个维度进行一级细化，然后在此基础上，尝试进行二级、三级的目标细化，力图使目标细化到有

利于教学内容的选取和教学方法的选择；二是目标的表述要尽量有利于操作，避免模棱两可、含糊不清的用语，中学生态文明教育目标表述参考和借鉴了诸多经典文献的目标表述方式，保证了目标语言表述的规范性和科学性。

（四）开放性原则

生态文明作为一个跨学科的领域，其内涵、理论基础、内容构成等均在不断发展和完善中。相应地，以生态文明作为重要内容载体的生态文明教育也处于不断地发展与完善之中，生态文明的一些新观点、新内容会不断充实到现有的生态文明教育体系中，要求中学生态文明教育的目标也必须作出相应的调整。因此，中学生态文明教育目标体系不是固定不变的，而是在不断发展和完善中。

四、中学生态文明教育目标体系的构建

目标起着重要的导向作用，是指引实践操作的纲领。当前中学的生态文明教育目标定位的适切性、表述的显性程度、可操作性、阶段的衔接性等方面仍有一定的优化空间。在遵循上述目标体系构建原则的基础上，参考国内外有关生态文明教育目标构成的研究文献，并结合对中学教师观点的调查结果分析，针对中学生的身心发展规律和特点，提出一套具有层次性、可操作性的中学生态文明教育目标体系框架，期望透过这一体系框架的建构，为中学教师实施生态文明教育提供清晰的目标导向。中学生态文明教育目标体系可采用"总目标—分目标"的表述方式。总目标是分目标细化的基础，经过多方的权衡和考虑，最终将"中学生态文明教育总目标"确定为：基于生态文明社会发展的需求，培养和塑造具有综合生态文明素养的合格公民，即生态公民。生态文明素养是生态文明认知、生态文明情意、生态文明价值观、生态文明行为能力等的综合体，生态公民是具备良好生态文明素养的新时代公民。

在总目标的基础上，参照布卢姆教育目标的分类方法，从认知、情意、行为三个维度来进行细化，并凸显生态文明核心素养要素（如，生态文明观念、生态文明思维、生态文明实践、生态文明责任）的培养，有利于转向学生生态文明认知、情意、能力与行为的全方位统整培育。现将中学生态文明教育目标体系所包含的要素具体阐述如下，目标体系框架见表4-8。

表 4-8 中学生态文明教育目标体系框架

0级	一级	二级	三级
总目标	认知目标	1. 认识人类与环境的相互依存关系	①了解生态环境对人类活动的影响
			②了解人类活动对生态环境的影响
			③认识科学、技术、社会和环境之间的关系
			④了解个人在环境保护、可持续发展过程中应具备的态度、责任和行为准则
		2. 了解人类面临的人口、资源、环境、发展问题（国情）	①了解人口、资源、环境问题产生的原因、危害与防治措施
			②了解可持续发展面临的主要问题和解决途径
			③知道有利于环境保护、可持续发展的生产、生活方式
		3. 知道自然环境和生态系统原理与规律	①知道生态系统的结构、功能和演化过程
			②了解生物多样性、生物与环境因素相互关系
			③了解参与生态环境保护的主要途径和方式
		4. 了解国家生态文明的政策与法规	①了解生态文明的内涵、意义
			②知道国家生态文明建设的相关政策
			③了解生态文明相关的法律法规
	情意目标	1. 培养生态文明情感	①欣赏、赞美自然的情感（生态审美）
			②尊重自然、珍爱自然的情感
			③节约资源、保护生态环境的责任感（或意识）
		2. 形成生态文明思维	①系统整体思维
			②辩证思维
			③创新思维
		3. 树立生态文明观念	①和谐共生的自然观
			②绿色协调的发展观
			③平等公正的可持续发展观
			④合作共赢的全球观
			⑤生态文明法治观

续表

0级	一级	二级	三级
总目标	行为目标	参与生态文明实践，养成生态文明行为习惯。	①积极参与生态文明的宣传活动
			②选择低碳环保的生活消费方式
			③积极参与生态环境保护的实际行动
			④积极参与生态文明的调查与社会决策
			⑤参与生态文明的法律监督行为

（一）中学生态文明教育的认知目标

认知目标在整个目标体系框架中处于基础性、根基性的地位，是情意目标、行为目标乃至综合素养目标得以实现的知识载体。生态文明认知是指理性认识意义上对生态环境、生态文明及其相关知识的知晓和领悟。在兼顾生态文明教育知识体系与中学相关学科课程标准对生态文明教育定位的基础上，认为中学生态文明教育的认知目标应围绕：人类活动与生态环境关系的知识、环境问题与国情的知识、生态环境与生态系统规律的知识、生态文明政策与法规的知识四个方面来确立。

1. 关于人类活动与环境相互依存关系的认知

处理好人与自然的关系是人类社会发展、生态文明建设无法回避的问题。对人类活动与生态环境之间的关系有正确的认知是具备生态文明素养的重要基础条件。关于人类活动与生态环境相互关系，既涉及生态环境对人类活动的影响，又涉及人类活动对生态环境的影响，还涉及人类活动与生态环境之间如何协调发展。其中，关于"人类活动与生态环境协调发展"的知识，这里主要指生态环境道德规范的知识，有利于明晰何为正当的生态文明行为。基于此，围绕"人类活动与生态环境关系的认知"来确立具体的目标，该条目标具体构成要素又包括：①了解生态环境对人类活动的影响；②了解人类活动对生态环境的影响；③初步理解科学、技术、社会、环境之间的关系；④了解个人在环境保护、可持续发展（或参与生态文明建设）过程中应具备的态度、责任和行为准则四个分目标。该条认知目标在中学地理、生物、物理、化学等学科中均体现较为充分。

2. 关于环境问题与国情的认知

只有对生态环境状况及存在的问题有清楚的认知，才能对生态文明建设的必要性和迫切性有切实的感悟，有利于形成环境危机感和参与环境保护的责任感。当今人类正面临着多方面问题的挑战，其中人口问题、资源问题、环境污染问题、生态破坏问题、可持续发展问题是生态文明建设中必须很好解决的问题，具体涉及环境与发展问题的表现形式、产生原因、危害与防治措施等。该条目标具体又包括：①了解人口、资源、环境问题产生的原因、危害与防治措施；②了解可持续发展面临的主要问题和解决途径；③知道有利于环境保护、可持续发展的生产、生活方式三个分目标。该条认知目标在中学地理、生物、思想政治、化学等学科中均体现较为充分。

3. 关于生态学规律原理的认知

对生态规律、生态系统结构和功能、生物多样性、生物与环境因素相互关系等知识有一定的把握，才能对生态危机的原因、严重程度有清晰的认识。对生态系统的结构（组成成分、营养结构）、功能（物质循环、能量流动）、演化的认知，对生态平衡标志、调节机制及影响因素的认知，对生物多样性的层次、丧失原因及保护生物多样性意义的认知，是形成积极生态情感、建立科学生态观念的重要认知基础，该条目标具体又包括：①知道生态系统的结构、功能和演化过程；②了解生物多样性、生物与环境因素相互关系；③了解参与生态环境保护的主要途径和方式。该条认知目标在中学生物学科中体现度最高。

4. 关于生态文明政策与法规的认知

只有对国家生态文明建设的政策法规等内容有一定程度的认知，才能深刻体会到生态文明建设的时代背景和现实意义，也是生态文明法治意识和观念形成的重要载体依托。生态文明建设是关系中华民族永续发展的根本大计，是新时代党的重要历史使命之一，我国制定并实施了40余项有关生态文明建设的改革方案，并明确了生态文明的宪法地位，生态文明法治法规建设有序开展。该条目标具体又包括：①了解生态文明的内涵、意义；②知道国家生态文明建设的相关政策规定；③了解生态文明相关的法律法规三个分目标。该条认知目标在中学思想政治学科中体现度最高。

（三）中学生态文明教育的情意目标

情意目标在整个目标体系中起着桥梁、中介的作用，是中学生态文明教育目标体系中的一个核心、关键目标领域。在深入分析相关纲要文件和研究文献的基础上，结合中学教师观点的调查结果分析，中学生态文明教育的情意目标具体包括：生态文明情感、生态文明思维、生态文明观念三个方面。

1. 生态文明情感

生态文明情感是人们对自然界、动植物乃至整个生态系统发自内心的尊重、热爱、赞美、负责等的心理体验。生态文明情感是生态文明认知基础上的进一步深化与发展，是将外在客观环境与内在心理体验建立关联的重要方式。生态文明情感可围绕欣赏、赞美自然，尊重自然、珍爱自然，保护生态环境的责任感（或意识）等方面来细化具体目标。

（1）欣赏、赞美自然的情感

"自然美景既带给人们美的享受，也是人类走向未来的依托。"大自然本身具有审美价值，对大自然中的山川溪流、花草树木、飞禽走兽、自然景观等的欣赏，属于生态审美的范畴。"欣赏和维护生态美不仅是当代人的美好生活所必需的文化素养，而且是人们健康文明生活的一个非常重要的尺度。"[①]审美本质上体现为审美主体与审美客体之间的审美关系，审美的最高境界就是和谐。生态美学认为，大自然自身处于一种协调状态，其本身就是美的。人们深切感受、体验自然和谐带来的愉悦与利益，并由此由衷地赞美自然界的和谐之美，即在欣赏自然之美过程中油然而生的赞美之情。对美的事物的欣赏与赞美中，能激发学生对大自然的热爱，进而会对美的事物产生珍视的情感，由"欣赏自然"转化为"赞美自然"，进而保护自然。中学生态文明教

---

① 余正荣. 生态文化教养：创建生态文明所必需的国民素质［J］南京林业大学学报（人文社会科学版），2008（3）:150-158.

育应有目的、有计划地引导学生从观察自然界不同生命体之间相互依赖、共荣共生的意境中感悟、体验、欣赏生命之美、自然之美，提升生态审美情趣，帮助学生深刻认知人与自然相互依赖、相互支持、共生共荣、蓬勃向上的生存关系，具有发现美、欣赏美、创造美的能力。由此将欣赏、赞美自然作为一条重要的生态文明情感目标。

（2）尊重、珍爱自然的情感

人类是地球生物圈中唯一具有道德代理人资格的主体，尊重、珍爱自然是人类的一种崇高的道德情操。自然界为人类生存和发展提供了物质基础，生存于其中的人类必然会对其产生尊重、认同、感恩，乃至热爱的情感。人类是自然界生命共同体中的一员，应尊重自然界的一切生命和存在，不能凌驾于自然之上，应对大自然怀有敬畏之心、感恩之情。尊重自然还体现在尊重自然生态的客观规律，按自然客观规律办事，遵循生态系统的自我演化规律，人类活动不应超越生态的自我修复和净化能力，否则就会受到大自然的报复。正如恩格斯所说的，"我们不要过分陶醉于我们对自然界的胜利。对于每一次这样的胜利，自然界都报复了我们"[1]。珍爱自然是珍惜、热爱自然的综合体，是尊重自然情感的必然延申。中学生态文明教育应积极创设真实情境培养学生尊重生命、珍爱万物的情感，并促进情感的进一步升华，有效落实到具体的行为中。

（3）保护生态环境的责任感

所谓责任是指人们应尽的职责，或人们应该承担的过失，涉及人对人的责任、人对社会的责任、人对自然的责任三个层面。基于此，生态环境责任则是人们在生态环境整体维护中应尽的职责，主要涉及人对自然环境的责任。认识到人类是一系列环境问题产生的"肇事者"，理应积极发挥人类的主观能动性，在向自然界索取生存发展之需时自觉承担起保护环境、改善环境、治理环境的重要责任，为子孙后代营造一个清洁美丽的环境。中学阶段是责任感形成的关键期，中学生要成为有责任担当的新生力量，必须具有节约资源、

---

① 马克思恩格斯选集（第4卷）[M]．北京：人民出版社，1995：383.

保护生态环境、维护生态平衡、推动生态文明建设和可持续发展的责任感。

2. 生态文明思维

人类在认识世界和改造世界的过程中离不开正确的思维方式方法。习近平总书记指出："建设生态文明是一场涉及生产方式、生活方式、思维方式和价值观念的革命性变革"[①]，具有其独有的思维方式。"教育的本质很大程度在于培养思维"[②]，生态文明教育的重要目标之一也必然涉及生态文明思维的培养。生态文明思维方式是指运用生态学的思想、观点和方法认识世界的思维方式，属于一种综合分析与解决生态问题的思维方式。习近平生态文明建设思想中蕴含着多种思维方式，中学阶段应着力于以下三种生态文明思维方式的培养。

（1）系统整体性思维

系统思维是指运用系统论的观点和方法认识事物，强调把事物放在普遍联系的系统中来把握，在系统与要素、要素与要素之间相互联系和作用的动态过程中探索规律，实现解决问题的思维方式[③]。自然界是一个普遍联系的统一整体，自然生态系统的生物群落与环境之间、生物与生物之间以及环境各要素之间是一个相互关联、彼此制约、不可分割的有机整体；强调各要素之间的影响，强调生物与其他生物的关联性、依赖性和整体性，强调生物与环境的相互依存关系；应统筹考虑自然生态各要素之间的关系，必须系统规划、整体推进。相应地，生态环境治理也是一项系统工程，需运用系统思维、采取综合治理方法来推进生态环境治理。中学生态文明教育需要培养学生的系统整体性思维，认识到"地球之事皆与我有关"，人与自然是一个相互依存、彼此互利的生态整体，深刻理解生态环境中生物与非生物之间错综复杂的关系，促使学生形成一种万物联系整合、相互依存的生态思维，学会使用生态学的视角去体察和分析社会、经济和环境等问题。

---

① 中共中央宣传部. 习近平总书记系列重要讲话读本 [M]. 北京：人民出版社, 2014:129.
② 顾明远. 课堂教学是培养思维的最好场所. 基础教育论坛 [J], 2018（36）：62.
③ 王萍. 系统思维：习近平生态文明建设的重要思维方法 [J]. 系统科学学报, 2020（2）：79-83.

（2）辩证思维

辩证思维是指从内在矛盾的运动、变化及各个方面的相互联系中观察、分析、解决问题，是唯物辩证法在思维中的运用。生态文明建设必须从人与自然之间的根本矛盾入手，深入分析人口、经济、生态环境之间的对立统一关系，抓住重点性、关键性问题首先解决。其中经济发展和生态保护之间的关系尤其密切，可以说生态环境问题的本质是发展方式、经济结构、消费模式的问题。[①]"绿水青山就是金山银山"的绿色发展理念，从辩证角度把经济发展与生态环境保护有机统一起来。中学生态文明教育应引导学生认识到物质生产力和自然生产力的发展不是二元对立而是辩证统一的，二者既相互制约，又相得益彰、协同共进，要在发展物质生产力的同时推动自然生产力的发展。

（3）创新思维

创新思维是指提供新颖的和有价值的思维成果的心理过程，倾向于对问题的顿悟，是以新颖性、适切性的思维方式来寻求全新的思维产品，整个思维过程中求异思维占主导。[②]创新思维是多种思维方式特别是发散思维、辐合思维、重组思维高度结合的结果。参与生态文明建设与实践将面临一系列新问题、新情况，需要有求新求变的心态与思路去解决与应对。中学生态文明教育注重多学科知识的迁移性、拓展性的灵活应用等，可以引导学生在多学科思维碰撞中提出具有新颖性和合理性的观点，并进行富有创新的方案设计与实践探索，促进学生的发散思维、批判性思维等创新思维的形成，有利于创造性解决问题能力的发展。

3. 生态文明观念

生态文明观念是指人类处理人与自然关系以及由此引发的人与人之间的关系、自然界生物之间的关系、人与人工自然物之间的关系的基本立场、观

---

① 刘建伟.习近平生态文明建设思想中蕴含的四大思维 [J].求实，2015（4）：14-20.

② 王建，李如密.批判性思维与创新思维的辨析与培育 [J].课程·教材·教法，2018（6）：53-58.

点和方法，是在这种立场、观点和方法指导下人类取得的积极成果的总和。[①]
生态文明观念是对生态文明认知、情感的升华，在生态文明素养培养中起着
关键的作用，是指导生态文明行为的重要驱动因素。树立生态文明观念可围
绕和谐共生的自然观、绿色协调的发展观、平等公正的可持续发展观、合作
共赢的全球观、生态文明法治观五个方面来确立具体的目标。

（1）和谐共生的自然观

人与自然和谐共生是生态文明的本质特征与核心观念。人因自然而生，
人与自然是一种共生关系，是生存本体论层面的共生关系，互利共生、相互
依存，同时人又是有机生命共同体中具有主观能动性的主体，应尊重自然、
顺应自然，与自然和谐共处。习近平指出："大自然孕育抚养了人类，人类应
该以自然为根，尊重自然、顺应自然、保护自然。自然遭到系统性破坏，人
类生存发展就成为无源之水、无本之木；人与自然共生共存，伤害自然最终
将伤及人类"。[②] 人与自然和谐共生体现了对自然内在价值的认同与尊重，以
及与此相应的自然生存与发展权利的尊重，即认同自然不仅具有对人类有用
的使用价值，还具有对生命维持系统的价值和自然界持续生存的价值，因此
要像"对待生命一样对待自然"。

中学生态文明教育要引导学生正确认识人与自然之间的互利共赢关系，
形成人与自然是生命共同体的价值观念，促使学生认识到自然万物是休戚与
共、共生共荣的一体性关系，应积极自觉维系生命共同体的和谐发展与动态
平衡。中学思想政治、地理、生物、化学等学科课程均将其作为一项重要的
课程目标要素明确提出，基于上述分析将"人与自然和谐共生"作为中学生
态文明教育目标的一条构成要素。

（2）绿色协调的发展观

绿色发展是破解资源环境约束、实现国民经济高质量发展的新发展理念。

---

① 贾卫列，刘宗超．生态文明观：理念与转折 [M]．厦门：厦门大学出版社 2010：112.
② 习近平，共建人与自然生命共同体——在"领导人气候峰会"上的讲话 [M]．人民日报，
2021-04-23（02）．

协调发展主要体现在生态环境保护与经济发展之间的协调发展。生态环境为经济发展提供了资源、能源等自然因素，为人类的生存与发展提供了物质基础，自然环境系统是生产力发展的必要条件。由此习近平指出："保护生态环境就是保护生产力，改善生态环境就是发展生产力。"①"绿色青山就是金山银山""以高质量生态环境支撑高质量发展"的实质就是要实现经济发展和生态环境保护的双赢，不能以牺牲生态环境为代价换取经济的一时发展，把经济活动、人的行为限制在自然资源和生态环境能够承受的限度内。只有在经济发展过程中合理、高效地利用各种环境要素及资源能源，并且用经济发展的成果来提高生态环境质量，才能真正实现经济发展与环境保护的双赢，既保护了生态环境，又发展了社会生产力。中学生态文明教育要引导学生树立生态环境保护与经济发展协调发展的观念，是绿色发展观的重要体现。中学思想政治、地理、生物、物理、化学等学科课程也均将其作为一项重要的课程目标要素明确提出，基于上述分析将"绿色和谐发展观"作为中学生态文明教育目标的一条构成要素。

（3）平等公正的可持续发展观

生态伦理学中的"公正"涉及当代人之间（代内）、当代人与后代人之间（代际）、人与自然之间（种际）三个层面的平等、公正。人与自然和谐共生是种际公正的重要体现；可持续发展是既满足当代人的需求，又不对后代人满足其需求的能力构成威胁的发展，注重代际公正，代内公正（包括国内公正、国际公正）又是代际公正的前提。基于此，该条目标具体又包括：①尊重他人的平等权利，关怀弱势群体：当代人之间享有平等的资源使用权，应该学会尊重他人的生存与发展权利，尤其要注意关怀弱势群体的生存与发展需要；②关怀未来世代的生存与发展：认识到由于地球提供人类的物质与能量在一定的时空内是有限的，地球上的环境资源既属于我们当代人，也属于我们的子孙后代，当代人没有权利预支后代人得以维持生存与发展的环境资源。该条目标要求在中学思想政治、地理、生物等学科课程均有充分体现。

---

① 中共中央宣传部. 习近平总书记系列重要讲话读本［M］北京：人民出版社，2014.

（4）合作共赢的全球观

"构建人类命运共同体，实现共赢共享"是习近平生态文明思想的重要维度。全球环境问题是当前最突出、最主要的全球性问题。认识地球是一个整体，是人类共同的家园，全球性生态危机决定了任何一国单打独斗都无济于事，而是需要全世界联合起来；保护地球是人类共同的责任，人类必须联手解决共同面临的环境危机。人与自然共存共荣，环境问题涉及全人类的共同利益。走出人类面临的生态困境，需要在国际领域中开展多样化的生态技术、绿色科技交流合作，共同应对气候变化等生态环境问题。中学生态文明教育应引导学生树立全球环境治理的人类命运共同体观念，认识到"建设清洁美丽的世界"是人类命运共同体中不可或缺的内容。中学思想政治、历史、地理等学科课程对全球环境治理的人类命运共同体观念均有充分体现。

（5）生态文明法治观念

习近平总书记指出，"只有实行最严格的制度、最严密的法治，才能为生态文明建设提供可靠保障"。[①] 生态文明法律法规能够为生态文明建设提供强有力的保障，是生态环境保护的刚性约束和不可触碰的高压线，能有效约束开发行为和促进绿色发展、循环发展、低碳发展。中学生态文明教育要引导学生在参与生态文明建设中做到知法、懂法、守法、护法，树立自觉遵守生态文明法律法规的观念。此条目标在中学道德与法治（思想政治）、地理等学科课程中有充分体现。

（三）中学生态文明教育的行为目标

生态文明行为是生态文明素养形成的最终落脚点，即行为层面目标是整个目标体系的最终一环，也是认知目标、情意目标的最终检验，以行动促进认识提升，知情意行合一。将行为层面的总目标确定为"参与生态文明实践，养成生态文明行为习惯"。为将生态文明行为层面的目标进一步细化，可参照美国学者亨格福德的负责任环境行为的分类方法（包括生态管理、说服、消费者／经济行为、政治行为、法律行为），并结合中学教师观点的分析结果，

---

① 习近平.论坚持人与自然和谐共生[M].北京：中央文献出版社，2022：33-34.

围绕参与生态文明宣传活动、生态环境保护的实际行动、生态文明消费行为、生态文明的调查研究与社会决策活动、生态文明的法律监督行为五个方面来确立分目标。

1. 积极参与生态文明的宣传活动

这里的"生态文明宣传活动"是指通过各种途径和方式（如，漫画、板报、讲座、班会、社区活动等）进行的宣传生态文明的活动，属于"说服"类的环境行为，即用适当的言辞来促使人们采取正向的环境行为。中学相关学科课程标准中提供了众多生态文明宣传类的学习活动建议，如，《义务教育化学课程标准（2022 年版）》中列出的"设计海报或制作短视频宣传低碳生活、水资源保护"；《义务教育地理课程标准（2022 年版）》在附录 1 和附录 2 中列出了 10 个地理学习活动和 5 个跨学科主题学习活动参考示例，其中生态文明相关的宣传活动主题有"创作、表演'一方水土一方人'情景剧""'我心目中的未来城市和乡村'设计与绘画展""二十四节气与我们的生活（编制图画书）"等等。中学教师应积极为学生创设参与这类活动的机会，学生在参与生态文明宣传活动中，既能提升自身的生态文明认知水平，又能起到向周围人群进行宣传的作用。基于上述分析，将中学生态文明教育的第一条行为目标确定为：积极参与生态文明的宣传活动。

2. 选择低碳环保的生活消费方式

"低碳环保的生活消费方式"主要是指可持续生活消费方式，属于"经济行为"类的行动，如，节水节电、绿色出行、少用一次性用品等，来达到参与生态文明建设的目的。中学生也是一个庞大的消费群体，他们能否在日常消费中自觉选择绿色的消费方式，对厂商的生产行为，对周围人群的消费行为均有一定的影响。中学多门学科课程内容选择上关注学生的生活世界，涉及大量与学生日常的衣、食、住、行等密切相关的内容，通过这些内容的呈现与分析，既要使学生明确我们日常的衣、食、住、行等都离不开自然环境，也要强化不适当的日常生活方式、消费方式会给环境带来压力，甚至会产生一系列的环境问题，使学生明确选择一种与地球承载能力相适应的绿色生活方式、消费方式的重要性和必要性，进而形成简约适度、绿色低碳、文明健康的生活方式和消费模式。基于上述分析，将中学生态文明教育的第二条行为目标确定为：选择低碳环保的生活消费方式。

3. 积极参与生态环境保护的实际行动

"生态环境保护的实际行动"是指参加植树绿化、林木绿地抚育、保护野生动物等环保行动，属于"生态管理"类的环境行为，即这类行动有助于维护生态系统的稳定。中学相关学科课程标准中关于生态环境保护类活动的建议较少，如，初中生物学科课程标准中关于"植物栽培和动物饲养类跨学科实践活动""拟订保护当地生态环境的行动计划"可作为此类活动的突破点加以应用；相关学科教科书中也有相关活动设置，如，八年级道德与法治教科书中在"服务社会"内容部分设置了"参与义务植树等活动"，此类活动的重要价值不容忽视，可与劳动教育结合起来，也是行为目标有效落实的重要着眼点。基于上述分析，将中学生态文明教育的第三条行为目标确定为：积极参与生态环境保护的实际行动。

4. 积极参与生态文明的调查与社会决策

生态文明相关的调查与考察活动是学生亲历生态环境现状，促进生态文明价值观内化，以及参与环境问题解决、践行生态文明行为的重要方式。"参与社会决策"主要体现在参与讨论活动，并提出解决生态环境问题的方案，以提案形式提交给当地政府或撰写调查报告，为地区发展建言献策等。中学相关学科课程标准中提供了系列生态文明调查与社会决策的学习活动建议，如，《义务教育化学课程标准（2022年版）》中列出的"调查并分析当地近年来空气质量变化的原因""调查降低空气中$PM_{2.5}$浓度的措施，调查当地生产生活用水量的变化并分析原因，调查饮用水源的质量和水净化处理的方法，调查日常生活中金属废弃物的种类及回收价值""走进社区调查垃圾分类及处理的具体做法和遇到的问题""调查我国重要化工类产品的生产成本、经济效益、绿色环保发展策略""调查家用燃料的变迁与合理使用""调查当地生态环境保护的政策与措施"等等；《义务教育地理课程标准（2022年版）》

在附录 1 和附录 2 中与生态文明相关的调查活动主题有"倡议'保护地球环境'""讨论巴西热带雨林开发的利与弊""应对全球气候变化（拟定联合声明）""区域发展（为当地政府建言献策）""美化校园（形成提案上交学校）"等等。中学教师在教学中要有意识地根据教学内容设计出学生自主参与的校内外的生态文明类调查研究活动，使学生在调查活动中，自觉内化生态文明观念，进而转化为负责任的生态文明行为。基于上述分析，将中学生态文明教育的第四条行为目标确定为：积极参与生态文明的调查与社会决策。

5. 参与生态文明的法律监督行为

参与生态文明的法律监督行为，是生态文明法治观念的重要行为体现，如，检举揭发生态环境污染事件、提交法律提案等。此类活动在中学学科课程标准中鲜有出现，但在初中道德与法治教科书中有一定的体现，如，探究与分享"遇到某企业偷排工业废水等类似危害国家安全的情况，应该如何应对"，设计一项关于"加强光污染治理，规范夜间使用灯光"方案并提交给当地人大代表，"守护正义：当身边发生非正义行为时，可及时拨打环境保护投诉举报电话 12369"等等。此条目标是生态文明法治行为的重要表现，教师在教学中应积极创设条件加以应用与实践。

中学生态文明教育行为目标的最终落脚点是生态文明行为习惯、生态文明生活方式的形成，习惯的形成需要多次反复的积累，因此需要通过行为目标的各个分目标的经常地、反复地、连续不断地强化，才能予以实现。

综上所述，中学生态文明教育的目标体系是在总目标的引领下，分成了认知、情意、行为三个目标领域，每个目标领域又包含若干子目标，每一个子目标又包含次一级的子目标，目标的逐级细化，能够有效地增强目标的可行性和操作性，有利于预设目标的最终实现。

第五章 中学生态文明教育内容体系构建

对中学生态文明教育内容的广度与深度是否有精准把握是影响其实施效果的重要因素之一。当前中学生态文明教育内容构成处于零散、粗放状态，缺乏系统性、科学化的规划，致使中学生态文明教育效果差强人意。基于此，中学生态文明教育内容构成要素有必要进行清楚厘定，以中学生态文明教育的目标体系为指引，构建出层次清晰、内容完备的中学生态文明教育内容体系，是本章力图解决的一个核心问题。本章主要围绕以下几方面展开：一是根据相关研究文献分析生态文明教育的内容构成，从理论层面确定生态文明教育内容的基本方面；二是通过调查中学教师对生态文明教育内容构成的看法，从教学实践层面进一步明确生态文明教育内容的构成要素；三是明确中学生态文明教育内容体系构建的原则，以指导生态文明教育内容的合理选择与配置；四是在前三项研究的基础上，构建出中学生态文明教育的内容体系。

一、从研究文献看生态文明教育的内容构成

从相关研究文献中梳理与分析生态文明教育内容的构成要素，以从理论层面厘定生态文明教育内容的构成，此处涉及的文献主要有：国际环境与可持续发展教育会议文件、国外代表性国家的环境与可持续发展教育文献、我国生态文明教育相关的纲要文件、我国宏观层面的生态文明教育内容研究文献、我国中学学科课程关于生态文明教育内容构成的文献，具体梳理和总结如下。

（一）国际会议文件中的生态文明教育内容

从历次国际环境教育、可持续发展教育大会上颁布的会议文件中可以窥见环境教育、可持续发展教育乃至生态文明教育内容构成的发展变化，现按照时间发展的脉络将国际主要相关会议文件中涉及的生态文明教育内容要素梳理如下。

1975年，联合国在贝尔格莱德召开国际环境教育研讨会，通过了第一个关于环境教育的政府间国际声明《贝尔格莱德宪章》，该宪章指出，环境教育即包括关于自然环境领域的教育，还包括政治、经济、技术、社会、法律、文化和美学等各方面的教育，这种环境教育要与社会各个方面息息相关，使公众认识到城乡在经济、社会、政治和生态方面都是相互依存的[1]。

1977年，第比利斯国际环境教育会议通过了《第比利斯政府间环境教育会议宣言》与《第比利斯政府间环境教育会议建议》。该宣言指出：环境教育要培养所有学习者对环境问题的意识、知识、有关环境问题和环境保护的系列价值观，解决环境问题的技能，积极参与环境保护的动机，以及学习者对环境问题的敏感性和批判性思维，促使学习者建立一种整体性的和全面性的观点，认识自然环境和人为环境是相互依赖、不可分割的[2]。

1987年，联合国教科文组织和联合国环境规划署在莫斯科举办国际环境教育与培训会议，通过了《未来20世纪90年代环境教育领域行动和培训的国际策略》，该文件指出：环境教育通过培养一种经济的、政治的、生态的相互依赖的共识和加强人们对环境的责任感和团体意识，最终在全社会形成一种人与自然和谐共生的价值观[3]。至此，国际上逐渐将环境保护与经济、社会的发展结合起来，环境教育的核心理念开始转向"可持续发展"。1988年，

---

[1] ［英］帕尔默.21世纪的环境教育——理论、实践、进展与前景[M].田青，刘丰译.北京：中国轻工业出版社，2002：7.

[2] UNESCO. Intergovernmental Conference on Environmental Education Final Report[R]. Tbilisi: USSR. UNESCO, 1977: 24.

[3] 田青，胡津畅，刘健，等.环境教育与可持续发展的教育联合国会议文件汇编[M].北京：中国环境科学出版社，2011：60.

联合国教科文组织从可持续发展的角度，将"环境教育和发展教育"整合为"可持续发展教育"。

1992 年，联合国环境与发展大会在里约热内卢举行，会上通过了《里约热内卢环境与发展宣言》（简称《里约宣言》），在可持续发展教育史上具有里程碑意义。该宣言指出，可持续发展是一个包括环境保护、持续发展、消除贫困、适当的人口政策、尊重文化多样性、呼吁和平、消除战争在内的整体工作。

1995 年，联合国再次召开环境教育会议，再次强调环境教育要涉及环境、人口和发展三个领域。

进入 21 世纪后，国际社会主要从生态与物理、社会与文化、经济与政治三个方面开展可持续发展教育。2002 年，联合国第 57 届大会决定将 2005 年至 2014 年确定为"教育促进可持续发展十年"。2005 年 3 月，联合国正式启动《联合国可持续发展教育十年（2005—2014）国际实施计划》（以下简称《十年计划》），为可持续发展教育的发展及实施指明了方向，该计划阐述了可持续发展教育的基本任务、主要实施领域及各领域专题内容，从社会、环境、经济领域提出了可持续发展教育和学习中必须关注的 15 个方面全球性问题，其中社会视角的有人权、和平与人类安全、性别平等、文化多样性与跨文化理解、健康、艾滋病毒/艾滋病、政府管理等；环境视角的有自然资源（水、能量、农业、生物多样性）、气候变化、农村发展、可持续城市化、防灾减灾等；经济视角的消除贫困、企业的责任、市场经济等[1]。上述全球性问题中，环境视角的系列问题一直是可持续发展教育的重要方面。

2014 年，《联合国可持续发展教育全球行动计划》颁布，作为《十年计划》结束后可持续发展教育的正式后续行动，全球可持续发展教育进入了一个新的发展高潮。它进一步强调可持续发展教育应在更新学习内容、改革教学法与学习环境、培养学习能力和参与绿色社会建设等方面加以推进，以利

---

① 钱丽霞.联合国可持续发展教育十年的推进战略与实施建议[J].全球教育展望，2005（11）：11-16.

于促进优质教育，促进社会的可持续发展①。

2015 年 9 月，联合国召开可持续发展峰会并通过了《变革我们的世界——2030 年可持续发展议程》，该议程提出了未来 15 年内要努力达成的 17 项全球可持续发展目标，分别为：无贫穷，零饥饿，良好健康与福祉，优质教育，性别平等，清洁饮水和卫生设施，经济适用的清洁能源，体面工作和经济增长，产业、创新和基础设施，减少不平等，可持续城市和社区，负责任消费和生产，气候行动，水下生物，陆地生物，和平、正义与强大机构，促进目标实现的伙伴关系。其中，教育既是可持续发展的一个重要目标，也是实现其他可持续发展目标的重要手段和关键。为确保所有学习的人在 2030 年掌握可持续发展所需的知识和技能，各国都要"开展可持续发展、可持续生活方式方面的教育、人权和性别平等方面的教育"。

2015 年 11 月，联合国教科文组织发布《教育 2030 行动框架》，从教育质量、可持续发展的知识和技能等 10 个方面部署可持续发展教育的新行动。该框架强调"教育 2030"要培养一批掌握可持续发展知识、技能和价值观的学习者。面向 2030 可持续发展教育的内容不断丰富，涉及社会、文化、环境和经济四个维度的内容，其核心价值包涵社会维度的和平与非暴力、文化维度的包容多样性、环境维度的关心和保护环境以及经济维度的公平分享资源②。

2017 年联合国教科文组织发布《教育促进可持续发展目标：学习目标》，对 17 项全球可持续发展目标从认知、社会情感和行动领域的学习目标进行具体分解，从某种程度上也是对可持续发展教育内容构成要素的细化。

2021 年 5 月，联合国教科文组织发布《2030 可持续发展教育路线图》。"2030 年可持续发展教育"更加注重教育在实现可持续发展目标中的重要作用，直接有助于实现关于优质和包容性教育的可持续发展目标 4。此路线图强调了实施"2030 年可持续发展教育"框架的关键领域，提出了五个优先行

---

① UNESCO Roadmap for Implementing the Global Action Programme on Education for Sustainable Development ［R］. France :UNESCO,2014:9 – 11.

② 杨尊伟. 面向 2030 可持续发展教育目标与中国行动策略 [J]. 全球教育展望, 2019（6）：12-23.

动领域，分别为：推进政策、改变学习环境、增强教育工作者的能力、增强青年权能和动员青年、加快地方层面行动。其中，"增强青年权能和动员青年"方面指出：在促进可持续发展的所有努力中，青年人是关键的贡献者和行动者；建议采取的行动有：分享关于可持续性挑战之紧迫性的信息，互通变革性知识、技能、价值观和态度，扩大对可持续发展行动的参与等。

从上述国际会议文件对环境教育、可持续发展教育的内容要素的表述，可以看出：国际可持续发展教育的内容要素主要有两大阐释角度，一是从目标的角度进行阐述，与目标表述一脉相承，主要涉及知识、技能、态度和价值观、行动参与；二是从内容主题的角度进行阐述，主要涉及社会、文化、环境、经济四个维度，每个维度包含的具体内容也在不断丰富中，如环境维度包含环境保持与保护、气候行动、水下生物与陆地生物、清洁饮水与能源等，社会维度包含消除贫困、性别平等、良好健康与福祉等，文化维度包含尊重文化多样性、不同文化间的理解与和平等，经济维度包含可持续生产与消费、农村改革等。

（二）国外代表性国家的生态文明教育内容构成

世界各国在国际环境教育、可持续发展教育会议的一系列纲领性文件的指引下，在确立环境教育、可持续发展教育的内容构成时，既有共性，也有其特色。现将英、美、北欧、澳大利亚、日本等国家的环境与可持续发展教育内容构成作一总结和分析，可在一定程度上进一步明确国际可持续发展教育乃至生态文明教育的内容范围和发展方向。

1. 美国

1994 年和 1996 年美国分别制定并颁布了《可持续发展教育行动议程》《可持续发展的美国：一种新的繁荣、机会和健康环境的未来》两份纲领性文件，并确立了可持续发展教育的六个核心主题：终身学习、跨学科教学、系统思维、合作、多元文化、赋予权利。2008 年 9 月，美国可持续发展教育合作协会发布了《K-12 国家可持续发展教育学生学习标准》（以下简称《学习标准》），以推进美国基础教育中的可持续发展教育。2009 年 10 月发布了《学习标准》的第三版，此标准是一份将可持续发展概念整合进 K-12 阶段教学中的指导性文件，能用于指导有关可持续教育的课程学习。《学习标准》指出：可持续发展教育不仅有助于学生获取有关环境、经济、社会的基础知识；还有助于学生学习技能、观念和价值观，以引导和鼓励他们寻求可持续的生计、参与民主社会，以及以可持续的方式来生活。《学习标准》以"核心概念"的形式来呈现可持续发展教育的内容，列出了 K-4、5-8、9-12 这三个阶段中涉及的可持续教育核心概念，并对核心概念进行了不同领域或成分的划分，具体包括：代际责任、相互关联、生态系统、经济系统、社会和文化系统、个人行动、集体行动①。由此可见，美国可持续发展教育的内容主题主要涉及：生态环境、经济发展、社会与文化、行动参与等。

2. 北欧国家

北欧国家 (包括瑞典、丹麦、芬兰、挪威、冰岛五国) 是当今世界生态文明教育的先发地区，是推动国际生态文明教育发展的重要力量。北欧各国开展了内容丰富的生态文明教育，涉及生态认知教育（基础内容）、生态技能教育（核心内容）、生态伦理教育（重要内容）、生态消费教育（关键内容）等方面，形成了北欧国家生态文明教育的重要内核。具体来说，北欧国家广泛开展生态认知教育，是生态文明教育的基础内容；针对学生群体主要采用正规教育方式，要求学生在校期间系统学习生态知识，形成完整的生态知识链条。北欧国家全面加强生态技能教育，是生态文明教育的核心内容；以学校课程为载体，在授课过程中融入生态技能教育，在潜移默化中提高学生的生态技能。北欧国家高度重视生态伦理教育，是开展生态文明教育的重要内容与主要方面；注重培养学生的价值批判与反思能力，激发其保护自然的责任感与义务感，具体又包括生态道德教育、生态平等教育、敬畏生命教育等。北欧国家重点强化生态消费教育，是生态文明教育的关键内容；将绿色生态消费理念融入衣食住行中，具体又包括绿色穿着教育、绿色饮食教育、绿色居住教育、绿色出行教育等①。由此可见，北欧国家生态文明教育的内容要素主要涉及：生态认知、生态技能、生态伦理、生态消费等方面。

3. 澳大利亚

澳大利亚联邦政府对环境教育、可持续发展教育一直非常重视。作为对"联合国可持续发展教育十年（20052014）"的回应，2005年7月澳大利亚环境与遗产部出台《为了可持续未来的教育：澳大利亚中小学环境教育的国家声明》（简称《国家声明》），2009年4月澳大利亚政府颁布了《可持续地生活——澳大利亚政府可持续发展教育国家行动计划》（简称《行动计划》）。该《行动计划》是澳大利亚实施可持续发展教育的纲领性文件，其目的是使所有澳大利亚人具备可持续地生活所需的知识、技能、价值观和动机、行动，为澳大利亚实施可持续发展教育提供了框架。澳大利亚可持续发展教育的国家行动计划尤其强调"参与"（指参与可持续发展实践）、"改变"（指批判性反思当前的生活方式，并作出改变）在可持续发展教育中的重要作用，即强调可持续发展教育实践层面的内容②。

2010年5月，澳大利亚政府颁布《可持续发展课程框架》，为课程开发者和政策制定者将可持续发展教育有效地整合到中小学课程提供指导。该框架包括可持续发展行动过程（具体包括为改变提供充分理由、界定行动的范围、提出行动建议、实施行动建议、评估与反思五部分内容）、生态和人类系统知识（包括生态系统知识和人类系统知识）、实践的指令系统（包括世界观、系统思考、未来和设计性思考）三部分内容。从上述文件可以看出，澳大利亚的可持续发展教育的内容要素主要是从知识、技能、价值观、行动等方面来进行分解的。

4. 英国

英国是世界上较早倡导和进行可持续发展教育的国家之一。英国的环境

---

① 陈帅，黄娟，崔龙燕.北欧国家生态文明教育的三维向度[J].比较教育研究，2019（7）：75-82.

② 张建珍，夏志芳.《澳大利亚政府可持续发展教育国家行动计划》评析与启示[J].全球教育展望，2020（12）：47-52.

教育乃至如今的可持续发展教育主要是以"卢卡斯模式"作为理念来开展的，包括"关于环境的教育、在环境中的教育和为了环境的教育这三个维度"，通过经验元素、纲要元素、美学元素和伦理元素来设计教与学的方法。2000年3年英国可持续发展教育工作组向政府递交了《英国可持续发展教育策略》，并制定了相关的国家行动计划。英国可持续发展教育的七个关键概念分别为：一体化，公民，后代，多样性，生活质量与平等，发展、承载力和变化，不确定性与预防，提出了学生在这些领域中应该实现的价值、技能、知识和理解三个方面的学习结果[①]。英国可持续学校的国家框架将饮食、能源与水资源、旅行与交通、采购与废物管理、建筑与土地、包容与参与、社区利益、全球视野八个主题作为学校开展可持续发展教育的主要内容[②]。从中可以看出，英国的可持续发展教育的内容要素以主题和关键概念的形式来呈现，主要涉及：生态环境、经济发展、社会与文化、伦理、参与等领域。

5. 日本

日本作为世界可持续发展教育大会的东道主与协办国，在可持续发展教育的实践上取得了一定的成绩。自《联合国可持续发展教育十年国际实施计划（2005—2014）》颁布后，2006年日本政府制订了本国的《可持续发展教育十年行动计划》（2011年做了修订），提出了开展可持续发展教育的目标、实施策略与推进领域，建议在中小学通过跨学科开展可持续发展主题教育[③]。日本将能源教育、环境教育、国际理解教育、世界遗产及本土文化遗产教育、灾害预防教育、生物多样性教育、气候变化教育等作为开展可持续发展教育的主要议题。由此可见，日本的可持续发展教育的内容主题主要涉及：生态环境（环境、灾害、生物多样性、气候变化）、社会经济（能源）、文化（国际理解、文化遗产）等领域。

综合上述国家可持续发展教育纲要文件对可持续发展教育内容要素的阐

① 梁珍. 初探英国正规教育中的可持续发展教育 [J]. 世界教育信息，2006（1）：37-38.
② 王咸娟. 国际可持续发展教育内涵与内容述评 [J]. 世界教育信息，2015（5）：54-57.
③ 张婧. 日本可持续发展教育实践：特点与启示 [J]. 教育科学，2018（3）：82-87.

述，可以看出：与国际环境教育、可持续发展教育会议文件对可持续发展教育内容要素涉猎的角度与范围具有一致性，主要涉及知识、技能、价值观、参与等角度，从环境、经济、社会、文化等领域开展主题教育，各国基于各自的国情，对各主题内容的强化程度存在一定的差异。

（三）国内文献中的生态文明教育内容构成

目前我国生态文明教育内容构成的研究文献从涉猎对象范围来看，一是宏观层面的内容表述，未做具体对象范围的限定；二是不同学段的生态文明教育内容构成，此处着重对中学阶段的生态文明教育内容构成进行阐述。

1.国家宏观纲要性文件中的生态文明教育内容

2003 年教育部颁布的《中小学环境教育实施指南（试行）》[①] 中围绕环境教育的三维目标，提出了各学段的学习内容。其中，"知识与能力"维度的学习内容又从"自然生态""社会生活""经济与技术""参与与决策"四个方面进行具体要求。

2017 年教育部颁布的《中小学德育工作指南》（以下简称《指南》）中将生态文明教育作为中小学的五项（理想信念教育、社会主义核心价值观教育、中华优秀传统文化教育、生态文明教育、心理健康教育）德育内容之一进行明确要求。《指南》中指出生态文明教育内容包括："加强节约教育和环境保护教育，开展大气、土地、水、粮食等资源的基本国情教育，帮助学生了解祖国的大好河山和地理地貌，开展节粮节水节电教育活动，推动实行垃圾分类，倡导绿色消费，引导学生树立尊重自然、顺应自然、保护自然的发展理念，养成勤俭节约、低碳环保、自觉劳动的生活习惯，形成健康文明的生活方式。"

为更好落实《指南》要求，同年教育部基础教育司组织编写了《中小学德育工作指南实施手册》[②]，其中"德育内容"部分对生态文明教育的内容进行

---

① 中华人民共和国教育部.中小学环境教育实施指南（试行）[S].北京：人民教育出版社，2003.

② 教育部基础教育司.中小学德育工作指南实施手册［M］.北京：教育科学出版社，2017：34-36.

了具体分解，包括：认识生态文明（感悟大自然的美好；了解大自然中的基本生物；知道人与自然之间的密切关系）、形成文明的自然观（尊重大自然的客观规律；敬畏大自然，不破坏大自然；积极保护大自然）、形成健康文明的生活方式（了解人类自身行为对环境的影响；有忧患意识，对影响环境的行为采取节能、环保等审慎的态度；自觉践行可持续发展理念，做力所能及的有关环境保护的事情）。并明确了各学段的主要内容，初中"认识生态文明""形成文明的自然观""形成健康文明的生活方式"的主要内容分别有：感知物种的多样性，思考人与自然和谐发展的重要性；关注环境问题，珍视生物多样性，尊重一切生命及其生存环境，积极参加林木绿地抚育管护，有积极参与环境保护行动的强烈愿望；提高价值判断能力，对绿色消费、低碳生活、节约资源等有正确的价值判断。高中相应的主要内容分别有：了解祖国地理地貌，认识人类活动与环境的密切联系，摆正人与自然的关系，追求人与自然的和谐发展，能综合分析和思考资源环境生态问题；理解关于环境的不同观点，形成保护环境的共识，开展植树护绿志愿服务活动；理解人与自然的伦理问题，养成环保的生活习惯。

2018 年 6 月 5 日，《公民生态环境行为规范（试行）》发布，成为全国层面首个针对公民的较为全面的生态环境行为规范，被称为"公民十条"。随着生态文明建设持续深入推进，生态环境部等五部门对"公民十条"进行了修订完善，新修订的《公民生态环境行为规范十条》包括关爱生态环境、节约能源资源、践行绿色消费、选择低碳出行、分类投放垃圾、减少污染产生、呵护自然生态、参加环保实践、参与环境监督、共建美丽中国等十条内容[①]。其内容涵盖生态文明的知识、情意、行为能力（包括日常环境友好行为、环境治理公共参与）等三大范畴。

上述纲要性文件对厘定中学生态文明教育的内容范畴具有重要的导向作用，《中小学环境教育实施指南（试行）》是实施为了可持续发展的环境教育

---

① 生态环境部等五部门联合发布《公民生态环境行为规范十条》[J].世界环境，2023（3）：28.

的重要指导文本，是基于三维目标的角度来细化具体学段内容，在当前基于中国学生发展核心素养的角度来开展生态文明教育，需对三维目标内容进行整合与提升，同时需要关注国家生态文明建设的目标与政策导向；《指南》是贯彻落实德育内容的指导文件，对生态文明教育内容范畴做了一定程度的厘定，主要涉及资源国情、生态环境保护、生态伦理价值观、生态文明的生活方式等，是认知、情意、行为参与的综合体现。新修订的"公民十条"也是认知、情意、行为参与的综合体现，更为关注生态文明情意、日常生态文明行为以及环境公共参与的内容。

2. 宏观研究层面的生态文明教育内容构成

从现有的研究文献来看，研究者对生态文明教育的内容构成做了一定程度的研究，由于不同研究者表述的角度、研究的侧重点，或是对具体内容规定详细程度的差异，导致生态文明教育的内容构成要素仍存在着一定的分歧。现将当前具有一定代表性的生态文明教育内容构成观点具体梳理如下，详见表 5-1。

表 5-1 不同研究者关于生态文明教育内容构成的表述

研究者	观　点
李志强（2011）	生态警示教育、生态自然观教育、生态平等观教育、生态科技观教育、生态消费观教育、生态法制观教育。
陈艳（2013）	生态意识、生态观念、生态道德、生态法治等。
廖金香（2013）	生态环境现状教育、生态科学基本知识教育、生态文明观教育、生态环境法制教育。
黄娟，黄丹（2013）	生态国情教育、生态国策教育、生态法制教育、生态经济教育和生态消费教育。

续表

研究者	观点
郭岩 （2015）	（高校）①生态认知的知识：自然本体论的认知，生态系统要素、特点、规律的认知，生态文明理论、原则、规范的认知； ②生态情感的意识：生态世界观、生态伦理观、生态道德观、生态审美观、生态消费观、生态安全观、生态法制观； ③生态响应的行为：生态文明生产方式、生活方式，生态行为模式； ④专业生态学以及交叉学科生态文化：针对生态学专业学生设置的内容。
徐洁 （2017）	①生态认知教育：生态危机现状、生态文明的本质内涵与核心理念、人类活动与生态环境之间的相互关系、生态法治知识、生态科学基本常识等。 ②生态文明观教育：生态自然观、生态生产力观、生态科技观、生态消费观等。 ③生态伦理教育：敬畏生命、生态正义、共生道德教育。 ④生态审美教育。
石沁禾 （2017）	①普及生态文明理念：包括价值观、道德观以及其中所蕴含的哲学智慧； ②提高生态道德意识；③加强生态法制教育；④培养生态文明行为。
刁龙 （2017）	包含"生态知识""生态价值"及"人对生态应有的责任"在内的有机统一体。
杜昌建 （2018）	生态知识教育、生态现状教育、生态消费教育、生态道德教育、生态法制教育、生态经济教育、生态政治教育等。
李娟 （2019）	①生态文明理念教育（6大核心理念：尊重自然、顺应自然、保护自然的理念，发展和保护相统一的理念，绿水青山就是金山银山的理念，自然价值和自然资本的理念，空间均衡的理念，山水林田湖是一个生命共同体的理念）；②资源环境国情教育；③环境保护能力教育。
岳伟 （2020）	涵盖生态文明知识、生态文明技能与行为、生态文明价值观、生态文明道德、生态文明法治、生态文明审美等方面的理论与实践。
方世南，范俊玉（2020）	当代的生态环境危机意识、正确的生态价值观、科学的生态文明知识、生态思维与科学方法、生态文明制度。
张军霞 （2020）	①生态文明知识：生态学、环境学知识为主，环境保护基本常识、生态文明的相关法律法规、生态审美的知识； ②生态文明意识：生态环境价值观、生态情感；③生态文明行为。 ④生态文明观念：辩证自然观、生态政治观、生态权益观等。

研究者	观 点
"面向公众的生态文明教育模式研究"课题组（2022）	①生态知识教育：自然生态与资源环境方面的基本常识；维护生态平衡的基本规律。 ②生态形势教育：当前生态环境的现状、各种生态危机。 ③生态情感教育：对生态平衡的美感、对生命的敬畏感。 ④生态消费教育：选择绿色产品、注重垃圾分类，转变消费观念，倡导适度消费、可持续消费。 ⑤生态价值观教育：人与自然方面的伦理观、价值观、哲学观、绿色科技观及社会发展观。 ⑥生态法制教育：环境权、生态环境方面的法律法规、个人应负的法律责任。
吴颖惠（2022）	①生态文明的文化教育；②生态文明的伦理教育；③生态文明的知识教育；④生态文明的思维教育；⑤生态文明的审美教育；⑥生态文明的生活教育。

上述观点大体可以分为两类，一是从品德心理结构的要素认知、情感、意志、行为等的角度进行表述的，有些研究者据此来划分生态文明教育的内容，如，郭岩（2015）、张军霞（2020）认为包括生态文明认知、生态文明意识与观念、生态文明行为等。二是从生态文明内容涉猎领域来进行表述的，如，杜昌建（2018）、廖金香（2013）、黄娟（2013）等，多数研究者采用此种表述方式来界定生态文明教育的内容，由于侧重点和包容程度不同，在具体内容的完整性和细化程度存在一定的差异；一般认为，具有共性的内容要素有：生态文明知识、生态国情、生态伦理、生态文明观、生态法制、生态消费、生态审美，此外还有个别研究者涉及生态经济、生态文化、生态思维与方法等。三是将品德心理结构与内容领域融合来进行表述，如，徐洁（2017）、石沁禾（2017）、岳伟（2020）等研究者。

从上述有关代表性生态文明教育内容构成的观点来看，总体来说，研究者们对生态文明教育的内容构成的研究较为广泛，相关研究成果具有一定的趋同性，但在具体内容构成上仍存在一定差异，内容要素的构成较为多样。可见，研究者们对生态文明教育内容体系的构成还未达成较为一致的观点，在内容构成的层次性、完整性等方面仍有待进一步深入研究。

3.中学学科教学研究层面的生态文明教育内容构成

生态文明教育具有跨学科性、综合性的特点，与中学各门学科领域均存在着一定的内在联系，涵盖多学科的内容，本书第三章已对中学相关学科课程标准与教材中的生态文明教育内容要素做了梳理。我国中学相关学科教学的研究者也对学科层面的生态文明教育内容构成做了相关研究，现将具有代表性的观点梳理如下。

表5-2 不同研究者关于学科层面中生态文明教育内容构成的表述

研究者	观 点
仵芳（2015，地理）	①生态人类观教育：包括人口观教育和"人—人"生态平等教育； ②生态自然观教育：包括生态整体观教育；自然价值观教育；"人—自然"生态平等教育； ③生态社会观教育：包括生态经济观教育；生态科技观教育；生态法制观教育。
吴凯伦（2014，地理）	生态人口观、生态资源观、生态环境观、生态发展观、生态安全观、生态全球观。
唐泽君，张维，来月（2022，生物）	①"生态警示"教育，②"生态平等"教育，③"生态科技"教育，④"生态法制教育"。
石建，何兴明，赵广宇等（2015，初中生物学）	生态文明知识教育：生态层次观教育、生态整体系统观教育； 生态文明意识教育：生态道德教育（生命价值观、生态自然观）、生态法制教育； 生态文明行为教育：生态保护行为教育、生态消费行为教育。
王晶晶（2018，高中思想政治）	①《经济生活》中的生态消费观、生态生产力观。 ②《政治生活》中的生态责任意识、生态环境治理。 ③《文化生活》中的生态文化功能、生态文化传承、生态文化建设。 ④《生活与哲学》中的唯物自然观、生态实践观、辩证发展观、生态价值观。
陈东萍，戴宏（2022，化学）	生态文明知识教育、生态文明技能和行为教育、生态文明价值观教育、生态文明审美教育。
韩梅，田野（2023，化学）	环境问题与防治（生态环境规律、环境污染防治）、资源与能源（资源开发与综合利用、能源）、材料技术（金属材料与非金属材料、有机高分子材料）、环境安全（绿色实验、化学品合理使用、环境政策法规）。

199

从上述地理、生物、化学、思想政治等学科有关生态文明教育内容构成的观点来看，地理学科、思想政治学科中的生态文明教育内容更关注观念层面的教育，生物、化学学科中生态文明教育内容构成兼顾了知识领域、情意与行为的融合，基于不同学科的知识本体和特点，对于具体的构成要素仍存在一定差异，主要涉及生态文明知识、生态文明价值观、生态伦理、生态消费、生态法制等。

综合上述国际环境与可持续发展教育会议文件、国外代表性国家的环境与可持续发展教育文献、我国生态文明教育相关的纲要文件、我国宏观层面的生态文明教育内容研究文献、我国中学学科教学中关于生态文明教育内容构成的文献，将其中涉及的生态文明教育内容的构成要素梳理和总结如下表5-3。

表5-3 相关文献中涉及的生态文明教育内容要素

类别	生态文明教育内容要素
国外环境与可持续发展教育纲要文件	涉及知识、技能、态度和价值观、行动参与等角度，主要从社会、文化、环境、经济等领域的主题内容展开，每个领域又包含丰富的内容要素。
我国生态文明教育相关的纲要文件	《中小学环境教育实施指南（试行）》中"知识与能力"维度的学习内容从"自然生态""社会生活""经济与技术""参与与决策"四个方面进行具体要求。 《中小学德育工作指南》：主要涉及资源国情、生态环境保护、生态伦理价值观、生态文明的生活方式等，是认知、情意、行为参与的综合体现。 《公民生态环境行为规范》：也是认知、情意、行为参与的综合体现，更为关注生态文明情意、日常生态文明行为以及环境公共参与的内容。
我国生态文明教育研究文献	具有共性的内容要素有：生态文明知识、生态国情、生态伦理、生态文明观、生态法制、生态消费、生态审美，此外还涉及生态经济、生态文化、生态思维与方法等。
我国中学学科教学研究文献	主要涉及生态文明知识、生态文明价值观、生态伦理、生态消费、生态法制等。

从表5-3中可以看出，其中涉及的生态文明教育内容要素有：生态文明

知识、生态文明价值观、生态伦理、生态消费、生态法制、生态审美、生态文明的生活方式等。本研究倾向于采用品德心理结构与内容领域综合的方式，在构建内容体系时力图兼顾生态文明教育内容的层次性、完整性。

二、关于中学生态文明教育内容构成的观点调查

根据调查统计资料，先从总体上分析中学教师对于"中学生态文明教育内容构成"的看法，然后，再针对不同背景中学教师的相关认知情况作进一步的差异分析，从而为中学生态文明教育内容体系构建提供参照。现将具体的调查分析结果说明如下。

（一）中学教师对于生态文明教育内容构成的总体认知

教师问卷调查中设计的生态文明教育内容构成包含生态文明知识和理念、生态环境保护与污染防治、生态环境法律法规、生态伦理道德、生态文明行为策略、生态审美、生态环境现状、其他共计 8 个选项。

从图 5-1 可以看出，中学教师对于列出的 7 个生态文明教育内容要素选项的选择比率均高于 60%，有 3 个选项的选择率在 80% 以上，分别为"A.生态文明知识和理念""B.生态环境保护与污染防治""C.生态环境法律法规"；选择比率最低的是"生态审美"。可见，中学教师对于生态文明教育内容各构成要素均有较高的认同度，且偏重于知识层面的内容；同时由于教师样本学科来源的限制，生态审美内容在相关学科中体现不充分，导致生态审美内容的认同度偏低。

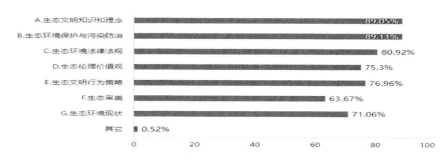

图 5-1 中学教师对"生态文明教育内容"的认知情况

（二）不同背景中学教师对于生态文明教育内容构成的认知

在总体分析的基础上，为了解中学教师对于生态文明教育内容构成的看法是否会受教师任教阶段、性别、所处的学校级别、教龄、学科等因素的影响，还对不同背景的中学教师关于生态文明教育内容构成的看法进行了差异分析，现将分析结果表述如下。

1. 不同任教阶段中学教师对于生态文明教育内容构成的认知

不同任教阶段中学教师对于生态文明教育内容构成的差异分析结果显示：各任教阶段的中学教师在绝大多数选项上都不存在显著差异，仅"F. 生态审美"选项在 0.05 水平存在显著差异（ χ^2=6.050，P = 0.014 < 0.05）。在 F 选项上，高中教师的选择率明显高于初中教师的选择率（见表 5-4），表明高中教师对生态审美这个选项的认同度更高。此题目整体的选择情况不存在显著差异（ χ^2=1.376，P = 0.986> 0.05）。

表 5-4 不同任教阶段教师对生态文明教育内容构成的差异分析

选项	F
初中（人数 /%）	681（61.52%）
高中（人数 /%）	430（67.40%）
χ^2	6.050
P	0.014 *

综合上述统计分析结果，可以得出如下结论：初、高中教师对于生态文明教育内容构成的认知，整体上来说具有较高的一致性，但在"生态审美"这项具体内容构成的认知上存在一定程度的差异，高中教师的认同度高于初中。

2. 不同性别、级别学校中学教师对于生态文明教育内容构成的认知

不同性别中学教师对于生态文明教育内容构成的差异分析结果显示：不同性别的中学教师在各选项上均不存在显著差异，整体的选择情况也不存在显著差异（ χ^2=0.847，P = 0.997 > 0.05），表明男、女中学教师对于生态文明教育内容构成的认知具有很高的一致性。

不同级别学校中学教师对于生态文明教育内容构成的差异分析结果显示：各级别学校的中学教师在各选项上均不存在显著差异，整体的选择情况也不存在显著差异（χ^2=1.209，P = 0.991 > 0.05），表明普通学校与重点学校的中学教师对于生态文明教育内容构成的认知具有很高的一致性。

综合上述统计分析结果，可以得出如下结论：不同性别、不同级别学校的中学教师对于生态文明教育内容构成的认知具有很高的一致性。

3. 不同教龄中学教师对于生态文明教育内容构成的认知

不同教龄中学教师对于生态文明教育内容构成的差异分析结果显示：各教龄段的中学教师仅在"C. 生态环境法律法规"和"D. 生态伦理价值观"两个选项上不存在显著差异，在其他五个选项上均存在显著差异（见表5-5）。

其中，"A. 生态文明知识和理念"（χ^2=26.458，p =0.000<0.01）、"B. 生态环境保护与污染防治"（χ^2=12.969，p=0.005<0.01）、"G. 生态环境现状"（χ^2=26.292, p=0.000<0.01）三个选项均呈现出 0.01 水平显著性差异，通过百分比对比差异可知，均是 10 年以上教师选择比例会明显高于平均水平，其中 11—20 年教龄的教师的选择比例最高。"E. 生态文明行为策略"（χ^2=11.060, p=0.011<0.05）、"F. 生态审美"（χ^2=9.151, p=0.027<0.05）两个选项均呈现出 0.05 水平显著性差异，通过百分比对比差异可知，10 年以上教师选择比例会明显高于平均水平，其中 11—20 年教龄的教师的选择比例最高。整体的选择情况不存在显著差异（χ^2=19.450，p=0.556>0.05），表明不同教龄的中学教师对于生态文明教育内容构成的认知基本较为一致。

表5-5 不同教龄教师对生态文明教育内容构成的差异分析

选项	A	B	G	E	F
χ^2	26.458	12.969	26.292	11.060	9.151
P	0.000**	0.005**	0.000**	0.011*	0.027*

综合上述统计分析结果，可以得出如下结论：整体来说，不同教龄的中

学教师对于生态文明教育内容构成的认知基本较为一致，但教龄较长（10年以上）的中学教师对于"生态文明知识和理念""生态环境保护与污染防治""生态环境现状""生态文明行为策略""生态审美"五个具体内容构成的选择率高于教龄较短（10年以下）的中学教师。

4. 不同学科中学教师对于生态文明教育内容构成的认知

不同学科中学教师对于生态文明教育内容构成的差异分析结果显示：各学科中学教师在仅在"A.生态文明知识和理念"选项不存在显著性差异，其他六个选项均存在显著差异（见表5-6）。整体的选择情况也不存在显著差异（χ^2=20.331, p=1.000>0.05），表明不同学科的中学教师对于生态文明教育内容构成的认知具有较高的一致性。

存在差异的六个选项中，其中"B.生态环境保护与污染防治"选项呈现出0.01水平显著性差异（χ^2=22.195, p=0.008<0.01），语文、生物、地理学科教师选择的比例会明显高于平均水平；"C.生态环境法律法规"选项呈现出0.05水平显著性差异（χ^2=20.655, p=0.014<0.05），生物学科教师选择的比例会明显高于平均水平；"D.生态伦理价值观"选项呈现出0.01水平显著性（χ^2=24.062, p=0.004<0.01），物理、历史、生物学科选择的比例会明显高于平均水平；"E.生态文明行为策略"选项呈现出0.01水平显著性（χ^2=30.290, p=0.000<0.01），生物、历史、物理学科教师选择比例会明显高于平均水平；"F.生态审美"选项呈现出0.01水平显著性（χ^2=42.242, p=0.000<0.01），物理、生物学科教师选择的比例会明显高于平均水平；"G.生态环境现状"选项呈现出0.01水平显著性（χ^2=40.313, p=0.000<0.01），生物、物理学科教师选择的比例会明显高于平均水平。

表5-6 不同学科教师对生态文明教育内容构成的差异分析

选项	B	C	D	E	F	G
χ^2	22.195	20.655	24.062	30.290	42.242	40.313
P	0.008**	0.014*	0.004**	0.000**	0.000**	0.000**

综合上述统计分析结果，可以得出如下结论：整体来说，不同学科的中学教师对于生态文明教育内容构成的认知具有较高的一致性，尤其是"生态文明知识和理念"的认知高度一致；但对于具体内容构成的认同度不同学科仍存在一定的差异，生物、物理学科的中学教师对于"生态环境现状""生态审美""生态伦理价值观""生态文明行为策略"内容构成的认同度要高于其他学科，生物、地理、语文学科教师对于"生态环境污染与防治"内容构成的认同度要高于其他学科教师。

基于上述不同任教阶段、性别、学校级别、教龄、学科的中学教师对于生态文明教育内容构成看法的差异分析结果，得出如下的综合结论：总体来说，中学教师对于生态文明教育内容构成的认知具有较高的一致性，不同任教阶段、不同性别、不同级别学校、不同教龄、不同学科的中学教师不存在显著差异；但对于具体内容构成的认知仍存在不同学段、不同教龄、不同学科的差异，高中对于"生态审美"这项具体内容构成的认同度高于初中，教龄较长的中学教师对于"生态文明知识和理念""生态环境保护与污染防治""生态环境现状""生态文明行为策略""生态审美"五个具体内容构成的认同度高于教龄较短的中学教师，生物、物理学科的中学教师对于"生态环境现状""生态审美""生态伦理价值观""生态文明行为策略"内容构成的认同度要高于其他学科。

三、中学生态文明教育内容体系构建的原则

中学生态文明教育的内容体系构建必须遵循一定的原则才能保证其科学性、系统性、完备性，在综合考虑多元影响因素，并结合生态文明教育的特点和中学生的认知心理发展特点的基础上，确立如下中学生态文明教育内容体系构建的原则。

（一）与目标定位一致性原则

目标对内容选择具有导向和决定作用，是内容体系构建的重要依据，因

此，内容构建中的内容选择应与目标定位具有高度的一致性，有何种目标定位，就应有相匹配的内容载体来促成目标的达成，即内容构成要素应体现目标的基本规定。基于此，中学生态文明教育的内容体系构建必然要与目标体系中的要求与定位保持高度一致，否则目标体系的构建也失去了其应有的价值。基于素养导向的目标确立背景下，中学生态文明教育内容体系构建也应做到为生态文明核心素养的培养奠定扎实的载体基础。

（二）跨学科性与统整性原则

生态文明教育具有鲜明的跨学科性，其涉及的内容庞杂，需要多门学科各负其责、相互配合，才能有效地达成预设的目标。基于此，中学生态文明教育的内容体系构建也应涉猎多门学科领域，各门学科课程应结合各自的学科特点与优势，切实有效地发挥各自学科在此方面的应有价值，并基于生态文明主题加强学科之间的关联与统整。同时，生态文明教育主要是价值观教育，但不局限于此，应面向学生的生活世界，密切关注学生的生活领域和社会发展实际，有效落实到具体的行为和生活方式中，因此中学生态文明教育的内容体系构建应统整知识、价值观、行为层面的内容构成要素，加强各构成要素之间的关联和相互促进。

（三）可接受性与层次性原则

生态文明教育属于德育的范畴，其内容选择与体系构建除了要考虑学生的认知心理特点，符合学生的心理年龄特点，还要关注学生的道德发展心理特点。中学生态文明教育的内容体系构建应兼顾学生的认知发展与道德发展均具有阶段性特点，选择与中学生的认知与道德发展的实际水平相适应的生态文明内容，促使学生在现有的基础上均有提升与发展。层次性原则主要体现在构建的内容体系本身具有一定的层级性，内容构成层次和所属关系清楚和明晰；此外，生态文明教育内容选择还应考虑不同水平学生的不同需求，为同一年龄段处于不同水平层次学生的发展创造条件。

（四）开放性与发展性原则

中学生态文明教育的内容构成会随着国家生态文明建设的进程、生态文明思想的发展乃至教育发展的需求在不断丰富、发展与完善中。当今国家生态文明建设的进程在不断推进，基础教育课程改革也在如火如荼地进行中，在此过程中会不断出现一些新观点、新论断、新内容，相应的中学生态文明教育的内容体系必然要积极吸纳，进一步充实现有的内容体系。因此，中学生态文明教育的内容体系构成也不是一成不变的，在保持框架相对稳定的前提下，具体的内容构成也在不断地发展与完善中。

综上所述，中学生态文明教育的内容体系构建要兼顾目标定位、内容特点、学生身心特点、教育规律、社会发展等多元影响因素，如此方能保证中学生态文明教育内容体系构建的科学性、系统性、适切性。

四、中学生态文明教育内容体系的基本构成

教育内容是指"经选择而纳入教育活动过程的知识、技能、行为规范、价值观念、世界观等文化总体"[①]。在遵循上述中学生态文明教育内容体系构建原则的基础上，并参考相关生态文明教育内容构成的文献分析和对中学教师观点调查的分析结果，力图构建出一个内容涵盖全面、具有一定层次性、系统性、科学性的内容体系，以期为中学教师有效实施生态文明教育提供切实的参考。需要说明的是：为了有效促成目标体系的达成与研究操作的方便，将中学生态文明教育的内容体系大体分为三个基本的构成层面，在三个基本构成的基础上再进一步细化，以内容构成要素主导体现的认知、情意、行为因素作为确定所属构成层面的标准，三个层面的内容构成要素是存在密切关联的。现将中学生态文明教育内容体系所包含的构成要素阐述如下（内容体系框架参见图 5-2）。

---

① 顾明远. 教育大辞典（增订合编本）[M]. 上海：上海教育出版社，1998：765.

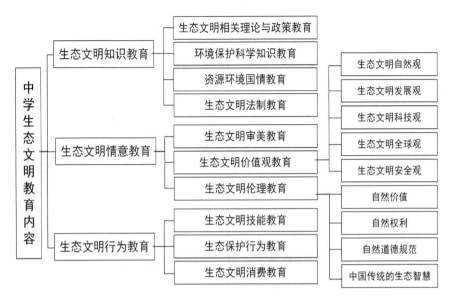

图 5-2 中学生态文明教育内容体系框架

（一）基本构成之一：生态文明知识教育

生态文明知识是中学生态文明教育内容体系中基础构成部分，是形成生态文明价值观、生态文明行为能力的基础和前提。生态文明知识是由多学科、跨学科的知识体系所构成的，需要整合生态学、环境学、地理学、社会学、历史学、生态哲学和思想政治学等多学科知识体系。中学生应具备较为完整的生态文明知识体系，具体来说主要包括以下几方面的构成要素。

1. 生态文明相关理论与政策教育

此部分知识是生态文明教育区分于环境教育、可持续发展教育的重要体现。环境保护是生态文明建设的重点内容，但并不是生态文明的本质所在。学生对生态文明内涵、意义、国家相关政策规定等的把握，是深入认识生态文明、树立生态文明观、参与建设生态文明的基础和前提。具体包括生态文明领域的相关理论、政策与主要举措等。

其中，生态文明的相关理论主要包括生态文明的内涵、意义、思想理念等。其中，生态文明的内涵涉及从多维角度（如社会发展历程、社会发展形态、治国理念等）进行理解，明确生态文明与物质文明、精神文明、政治文明、社会文明之间的关系；生态文明的理念主要指尊重自然、顺应自然、保护自然的理念，以及习近平生态文明思想的构成要素，如生态兴则文明兴、人与自然和谐共生、绿水青山就是金山银山、良好生态环境是最普惠的民生福祉、统筹山水林田湖草沙系统治理等思想。理解生态文明的本质内涵与核心理念是开展生态文明教育的基础。

生态文明建设的政策与主要举措的内容主要来源于国家相关的政策文件，诸如，"十个明确"中的明确包括生态文明建设在内的五位一体的总体布局，"十四个坚持"之一的坚持人与自然和谐共生；《中共中央国务院关于加快推进生态文明建设的意见》中的基本原则"五个坚持"，坚持节约优先、保护优先、自然恢复为主的基本方针，坚持绿色发展、循环发展、低碳发展作为基本途径等；"2035年远景目标"，广泛形成绿色生产生活方式，碳排放达峰后稳中有降，生态环境根本好转，美丽中国建设目标基本实现；"中国式现代化"中的人与自然和谐共生的现代化；构建人类命运共同体，坚持绿色低碳，建设一个清洁美丽的世界，中国积极参与全球治理体系建设和改革；建设绿色低碳发展、绿色低碳循环发展经济体系、实现碳达峰与碳中和等方面的政策与举措。

2. 环境保护科学知识教育

此部分知识主要涉及生态科学、环境科学等领域的有关环境保护的知识。对环境保护科学基本知识有一定的把握，才能对生态原理、生态危机与环境污染的成因和危害、环境问题防治方法举措等有清晰的认识，并采取积极有效的行动。

生态知识是解决环境问题的决定性力量[①]，中学生应形成较为完整的生态知识链条。具体内容涉及：与生态环境相关的概念、生态规律（物质循环及能量流动基本规律、生态平衡基本规律等）、生态系统结构和功能、生物多样

---

① Swedish Government Statement. Ecological Sustainability[R]. Governmental Document，1997/98：13.

性、生态危机、生物与环境因素相互关系、生态修复等。其中完整的生态原理包括生物圈和非生物圈两大系统、涵盖水、空气、岩石、无机盐、有机质、太阳能、微生物、动植物、光合作用、能量转变、物质循环等内容的知识体系，是学生对生态环境形成系统认知的前提和基础。

环境科学基本知识具体包括自然环境的圈层结构与地带性规律、人工环境（主要指城市环境、乡村环境、人文环境等）的类型与特点、人类活动与环境问题（主要包括污染型、资源短缺与耗竭型、生态破坏）、全球环境变化、气候变化、环境安全等知识，还涉及环境问题防治和保护的知识，如大气环境污染防治、水环境污染防治、土壤污染防治、固体废弃物污染防治、应对气候变化等方面的知识。

3. 资源环境国情教育

认清我国的生态环境、资源能源等国情状况是开展生态文明建设的基本依据，只有对我国、区域乃至全球的生态环境、资源能源现状及存在的问题有清晰的、深刻的认识，才能形成强烈的生态环境、资源能源危机意识，激发解决生态环境、资源能源问题的主动性、自觉性、积极性和创造性，进而树立解决生态环境、资源能源问题的责任感和使命感，基于此，开展资源环境国情教育是中学生态文明教育的一项基础内容。

其具体内容涉及：一是不同空间尺度的（全球、区域、我国、地方）人口、资源、环境、发展问题的表现、产生的原因与危害。关于人口内容，尤其需要认清我国人口数量、结构、分布等基本状况、产生的影响及相应的人口政策，明确人口变化要与资源环境承载力相适应，与社会经济发展相协调；关于资源内容，主要涉及自然资源（如，水资源、土地资源、矿产资源和海洋资源等）的基本状况（如，数量、质量、空间分布等）、主要特征、开发利用，开发、利用、保护自然资源的重要意义等，明确人均资源少、资源能源有限，应爱惜和节约资源能源，合理开发利用各种自然资源，提高资源能源的利用率；关于环境内容，主要涉及我国、区域乃至全球的自然环境（如，水环境、大气环境、土壤环境等）状况、环境问题的形成原因与危害，主要的自然灾害、危害与防灾减灾，以及环境保护的政策、方法与措施等，认清我国的生态环境仍具有脆弱性，水、大气、土壤等环境污染仍存在的严峻形势，应树立保护环境的责任感和使命感，积极、科学地参与生态文明建设的实践；关于发展内容，主要涉及可持续发展的内涵、意义，区域发展问题及解决的主要途径等，认清我国经济、社会与环境发展中存在的问题，应树立因地制宜、绿色发展、人与自然和谐的区域协调发展观。

二是我国的自然地理环境和地理地貌，以及人类活动与地理环境的密切联系。具体包括我国地形、地势、气候的主要特征，常见的地貌类型，我国主要河流（如长江、黄河）的分布特征和水文特征，植被、土壤的类型与分布，以及地形地势、气候、河流、土壤、植被等对人类生产生活的影响等，有助于认清我国自然地理环境存在的潜在发展机遇与优势，了解我国的壮丽河山和优美的自然风光，摆正人与自然的关系，促进热爱自然、保护自然情感的形成与行为转化。

4. 生态文明法制教育

生态文明建设仅依靠提高生态保护自觉性是不够的，还需要生态文明相关法律法规的刚性约束和规范。党的十八大以来，我国生态文明法治建设进入立法力度最大、监管执法尺度最严、法律制度实施效果最为显著的时期。目前，生态环境领域相关法律达到30余部，还有现行行政法规100多件和地方性法规1000余件，初步形成了覆盖全面、务实管用、严格严密的中国特色社会主义生态环境保护法律体系。[①] 基于中学生的认知特点和生态文明建设的需求，中学生态文明法制教育的内容具体应包括：一是普及生态文明相关的法律法规，二是关于环境权方面内容，三是关于合理用法和法律责任承担的内容。

其中，生态文明相关的法律法规大体可分为基本法和单行法，2015年修订的《环境保护法》是生态环境领域的基础性、综合性法律；单行法又可按污染防治、生态修复和保护、资源节约等主要领域，进一步划分为环境污

---

① 钱海. 生态文明与中国式现代化 [M]. 北京：中国人民大学出版社，2023：135-138.

染防治单行法（如《大气污染法治法》《水污染法治法》《环境噪声污染防治法》）、自然资源单行法（如《水法》《森林法》《草原法》《野生动物保护法》）、能源利用单行法（如《节约能源法》《可再生能源法》）等；此外还包括国际上有关生态环境问题相关的条约和协议，如《生物多样性公约》《京都议定书》《联合国气候变化框架公约》《巴黎协定》等。学校应做好上述生态文明相关法律法规文件的普及教育，让学生了解保护环境的基本法律常识和基本义务，为提升生态文明法律素养打好基础。

关于环境权的内容，环境权是指特定的主体对环境资源所享有的权利，是一项新的人权，公民享有在不被污染和破坏的环境中生存和利用环境资源的权利，主要包括环境生存权、环境利用权、环境状况的知情权和环境侵害的请求权。中学生应充分认识并有效行使、维护自己的环境权益，积极参与生态文明建设的实践。

关于合理用法和法律责任承担的内容，中学生在掌握生态文明相关的法律法规的基础上，应提升依法履行生态环境保护责任的意识，在生态文明建设中自觉约束自身的生态行为，做到知法、懂法、守法、用法，自觉学好和遵守生态文明相关法律法规和制度规范，勇于运用法律武器同各种危害、破坏生态环境的行为做斗争；学校应鼓励和引导学生通过环保举报热线、电子邮件、政府网站、微信平台等途径对环境违法行为进行监督，以高度的法律责任感来参与生态文明的建设活动；同时学生还应明确生态文明建设领域全面推进科学立法、严格执法、公正司法、全民守法的重要性，明确生态文明法律制度仍在发展和完善中。

（二）基本构成之二：生态文明情意教育

生态文明教育内容的核心和关键是情意层面的内容构成，也是生态文明教育育人价值的重要体现方面，是生态文明行为能否外显的推进器。结合中学生态文明内容相关学科的知识体系和相关研究者的观点，以及中学生群体的身心特点，此部分具体涉及：生态文明审美教育、生态文明价值观教育、生态文明伦理教育。

1. 生态文明审美教育

国外的环境教育乃至可持续发展教育的理论和实践均将美学元素作为一项重要的构成内容。生态文明审美教育是以美好的生态物质产品和精神产品作为媒介和载体，引导和培养学生具备一定的生态审美素养的教育实践活动。具体涉及要引导学生学会发现自然之美、提高欣赏美的能力，更要增强创造美的意识和实践能力，即包含发现美、欣赏美、创造美的内容要素。

其中，发现与欣赏自然之美是生态审美素养中的基础构成部分。大自然中的自然生物、自然景观、自然生态、自然规律等均是审美的对象，能满足人对自然的审美需要和精神愉悦的追求。自然之美的体现是多元的，如形态美、气味美、声音美、结构美、色彩美、和谐美等，习近平总书记深刻指出："山峦层林尽染，平原蓝绿交融，城乡鸟语花香。这样的自然美景，既给人们美的享受，也是人类走向未来的依托。"要培养学生感知、欣赏、理解和感悟自然之美，需要充分调动视觉、嗅觉、听觉等多种感觉认知，充分感受大自然，但不能仅仅停留在外在直观感知的层面，而是要深入到内在逻辑的精神层面，从思想深处深刻体验自然之美，将真善美有机和谐融合在一起。此外，欣赏美还体现在对生态文艺作品（如诗歌、散文、绘画、音乐、舞蹈、电影等）的欣赏，发挥文艺作品的生态教化功能，从生态文艺作品中感悟到自然之美，产生共情，进而更好地热爱自然。

审美的最高境界是和谐，创造美则是生态审美的提升与实践，也是生态文明审美教育的重要组成部分。引导学生不仅关注人与自然生命共同体作为一种形式上的审美对象的美，而且注重强调审美过程和审美结果的美，即个体置身于其中愉悦、舒适的情感状态和精神体验，促使个体将自身精神追求与对自然和生命的敬畏有机结合，并通过心灵内在调适和交互感通式的审美体验以使"心灵与精神回归本真的存在与澄明中"①。在体会自然生态之美的享受后，才会更自觉地维护和保护自然生态之美，才会理性而有节制地改造自然、创造自然之美，将自然之美融入园林、城市建筑、城乡景观、住宅小

---

① 曾繁仁. 生态美学导论 [M]. 北京：商务印书馆，2010：335.

区等生产生活的各方面，也是人类生存于自然之中的职责所在。

2. 生态文明价值观教育

生态文明价值观是指在反思工业文明价值观的基础上形成的关于生态文明的一系列思想、观点、意识、理念和价值判断等的总和，是生态文明建设中人类认识和理解人、自然和社会三者之间联系与关系过程中所持有的基本态度和观点[①]。只有在科学的、正确的生态文明价值观引领下，才能有效地将生态文明知识内化并转化为负责任的生态文明行为。生态文明价值观涉猎范围广泛，针对中学生群体的生态文明价值观教育主要包括生态文明自然观、生态文明发展观、生态文明科技观、生态文明全球观、生态文明安全观等。

（1）生态文明自然观教育

生态文明自然观是基于马克思主义关于人与自然辩证关系理论，并融合最新的生态学、环境科学、系统科学等科学思想而产生的与生态文明建设相适应的对于人与自然关系的新认识和新理解[②]。人类源于自然并依赖自然，"人与自然和谐共生"是生态文明的核心价值取向，是对马克思主义自然观、生态观的继承和发展，也是生态文明自然观的主要体现。马克思主义主张人与自然是和谐的有机整体，促进人与自然的和谐共生既构成"按照美的规律来建造"的重要条件，又作为其追求的行动结果。

首先，需要引导学生认识到人是自然界的一部分，人与自然相互联系并相互作用，人与自然是不可分割的有机统一整体，形成对人与自然生命共同体的认同和归属，即真正认识到人与自然的共生关系。其次，需要引导学生认识到人类不仅是自然的产物，而且要靠自然界生存与发展，因此人类需要尊重自然、顺应自然，正确理解与评价人类在自然界中的位置与价值，与自然和谐相处；正如恩格斯指出，"我们连同我们的肉、血和头脑都属于自然界和存在于自然界之中的；我们对自然界的全部统治力量，就在于我们比其他

---

① 钱俊生，余谋昌．生态哲学 [M]．北京：中共中央党校出版社，2004：46.

② 徐洁．生态文明教育的理念及实践探索 [D]．武汉：华中师范大学博士论文，2016：34.

一切生物强，能够认识和正确运用自然规律"①。

（2）生态文明发展观教育

生态文明发展观教育内容的确立主要是基于可持续发展的持续性、公平性、共同性（与后面的"生态文明全球观"相匹配）的基本原则，即主要包括：经济发展与环境保护协调发展观、生态文明公正发展观。其中持续性原则体现在人类的经济活动与社会发展必须与资源环境承载力相匹配，也是"绿水青山就是金山银山"理念的体现。中学生态文明发展观教育应引导学生明确"绿水青山"既是自然财富、生态财富，又是社会财富、经济财富，领悟保护和改善生态环境就是保护和发展生产力，树立经济发展与环境保护应协调发展的观念，并积极在生活中加以践行。

与公平性原则相匹配的是生态文明公正发展观。"国家之间、国家内部不同地区和群体之间隐含着生态正义问题"②。因此，生态文明建设必须将公平正义作为基本价值目标，实现全体社会成员既能公平享用自然资源，又必须平等承担保护生态环境的责任。③"公正"应包括当代人之间的"代内公正"、当代人与后代人之间的"代际公正"、人与自然之间的"种际公正"。"生态代内公正"主要是指当代人在利用自然资源满足自己的利益的过程中体现机会平等、责任共担、合理补偿。"代内公正"按照具体的空间差异又区分为：发达国家与发展中国家在利用资源、承担环境问题责任上的公正，即国际公正；一个国家内部发达地区与欠发达地区在利用资源、承担环境问题责任上的公正，即国内公正。"生态代际公正"主要是指当代人在进行满足自己需要的发展时，还要维护和支持继续发展的生态系统的负荷能力，以满足后代的需要。"生态种际公正"是指人类与其他动物、植物、微生物及其组成的生态自然等异种之间的公平问题，人与自然在本质上是一个统一体，自然是与人类发展休戚相关的伙伴。中学生态文明发展观教育应通过系列典型的实例积极引导

---

① 《马克思恩格斯选集》（第4卷）[M]. 北京：人民出版社，1995:383-384.

② 万俊人 . "美丽中国"的哲学智慧与行动意义 [J]. 中国社会科学，2013（5）.

③ 乐先莲. 中国式现代化视域中的生态文明建设：现实之困与教育之为 [J]. 南京师大学报（社会科学版）,2023(2):56-67.

学生树立生态代内公正、代际公正、种际公正发展的观念，其中生态代内公正是实现其他公正的前提条件。

（3）生态文明科技观教育

"科技观是人们对科技的总体看法，也即是关于科技的本质及其发展规律的根本看法"[①]。生态文明科技观是蕴含了生态学理论、原则、思维，以"人—社会—科技—自然"的协调发展为目标，具有生态文明旨向的科技观。将科技置于"人—社会—自然"的有机体之中，树立科技发展服务于人类的生态文明建设的观念。生态文明科技观的内容具体包括：科技本质，科学、技术、社会与环境之间关系（简称 STSE），科技的生态文明价值、科技的生态化路径等内容。对于中学生来说，中学生态文明科技观教育应将科技本质、科技与生态文明之间关系（或 STSE），科技的生态文明价值作为主要内容。其中，科技本质主要回答的是"科技是什么"的问题，从人与科技的关系维度看，科技是人本质力量的展现，是解放人、造福人的工具；在认识科学、技术、社会与环境之间相互关系的基础上，把握科技的生态文明价值，科技的生态文明价值是指科技在深化人对自然的认识、节约资源能源、保护生态环境方面的价值，即协调人与自然关系上的价值，主要涉及科技在人类与环境关系演变历史（或生态文明建设）中的作用、影响及局限性等内容。

（4）生态文明全球观教育

生态文明全球观是人类命运共同体理念在生态文明建设领域的具体体现。中学生态文明全球观教育主要包括：各国共同应对全球生态危机、全球生态治理中秉持"共同但有区别的责任"、全球生态治理中彰显中国的负责任大国形象等内容。其中，树立人类命运共同体理念，各国共同应对全球生态危机是生态文明全球观的首要内容。全球性环境问题需要世界各国通力合作来应对，中国在参与全球环境治理中秉承人类命运共同体理念，世界各国应携手共同应对和统筹解决全球生态危机，共同构建地球生命共同体，构建合作共赢的全球环境治理体系。

---

① 官鸣. 自然辩证法概论［M］. 厦门：厦门大学出版社，1998：3.

其次，在参与全球生态治理中秉持"共同但有区别的责任"，在应对气候变化等全球生态危机中，中国一直主张并坚持处于不同发展水平的国家承担共同但有区别的责任。此外，彰显中国负责任大国形象也是体现生态文明全球观的重要维度。习近平总书记强调中国要"发挥负责任大国作用，支持广大发展中国家发展，积极参与全球治理体系改革和建设，共同为建设持久和平、普遍安全、共同繁荣、开放包容、清洁美丽的世界而奋斗"[①]。中国不仅积极履行国际环境公约，还致力于推动新的国际环境公约生效，并在开展全球生态治理过程中，十分注重通过援助以及加强南南合作等方式，推动不发达国家提高自身的生态治理能力，进而推动全球生态治理，彰显了中国的负责任大国形象。通过上述内容的学习，有利于学生领悟生态文明全球观的深刻内涵。

（5）生态文明安全观教育

生态文明安全观教育是生态文明教育与国家安全教育的结合点。生态环境安全是经济社会持续健康发展的重要保障，资源能源安全是关系国家经济社会发展的全局性、战略性问题，粮食安全是实现经济发展、社会稳定、国家安全的重要基础，生物安全关乎人民生命健康、关乎中华民族永续发展。上述的生态安全、资源安全、能源安全、粮食安全、生物安全等内容均是中学生态文明安全观教育的重要组成部分。主要包括：生态安全、资源安全、能源安全、粮食安全、生物安全等的重要意义、状况，以及保障生态安全、能源安全、粮食安全、生物安全等的政策与措施。通过上述内容的学习，认识到加强生态文明安全建设的重要性和迫切性，个人应主动作为和积极承担责任，做好应对生态安全、资源安全、能源安全、粮食安全、生物安全等风险挑战的准备，提高相关生态安全预防与治理能力。

3. 生态文明伦理教育

生态伦理是指人们对待地球上的动物、植物、微生物、生态系统和自然界的其他事物的行为的道德态度和行为规范。生态伦理学认为要给予自然生

---

① 习近平. 在庆祝改革开放 40 周年大会上的讲话 [N]. 人民日报，2018-12-19（2）.

态以伦理关怀，将伦理关系从人与人之间扩展到人与自然之间，认为自然界中所有存在物都是伦理共同体的重要成员。以生态伦理的核心观念（自然价值观、自然权利观、人对待自然的义务）为主要内容的生态伦理教育是生态文明教育的重要内容。习近平生态文明思想中"两个共同体"的生态世界观、"绿水青山"的生态价值观、"敬畏自然"的生态责任观、"绿色适度"的文明生活观均是生态伦理观的体现。生态文明伦理教育需要以生态伦理观为基础，培育学生形成人与自然和谐共在的伦理价值理念，使之内化于心、外化于行。具体包括的内容要素有：自然价值、自然权利、自然道德规范、中国传统生态智慧等内容。

（1）自然价值

此部分内容具体包括：自然具有内在价值与价值的多样性。一般认为，自然价值就是指自然物的有用性，而且这种有用性是对人而言的，即以人为尺度，这就是所谓的自然的工具价值（或外在价值、使用价值）。但这并不是自然价值的全部，自然除了具有相对于人的需要而言的工具价值外，还有其自身存在的价值，即自然界或生态系统的自满自足，称之为自然的内在价值。自然的内在价值是客观存在的，是不以人的意志为转移的，维持自然系统自身存在与发展的目的就是它的价值所在。对自然价值的承认，尤其是对自然内在价值的认同，是爱护自然、尊重自然的前提和基础。中学生态文明教育通过生态环境、自然资源等内容的教学要使学生认识到：自然界不仅对人的需要而言具有价值，而且它自身也具有价值，是工具价值与内在价值的统一。

自然不仅具有内在价值，还表现出承载价值的多样性，即具有多种多样的价值。如，美国环境伦理学家罗尔斯顿在其所著的《环境伦理学：自然的价值和人对自然的责任》（1988）一书中详尽地探讨了自然界所承载的 13 种价值，分别为：支持生命的价值，经济价值，消遣价值，科学研究价值，治疗价值，基因多样性价值，历史价值，文化象征价值，塑造性格价值，辩证的价值，稳定性和自发性的价值，尊重生命的价值，宗教价值。中学生态文明教育通过生态环境、资源能源等内容的教学要使学生认识到：自然界所承载的价值具有多样性，结合具体教学内容着力向学生揭示自然的生态价值、审美价值、基因多样性价值等。基于对自然内在价值与价值多样性的认同，人类需要善意地对待自然界中的万物生态，追求人与自然休戚与共、共生共荣的生存状态。

（2）自然权利

一般认为自然权利是指自然生物的权利，即生物所固有的、按生态规律存在并受到人类尊重的资格。在整个自然生态系统中，自然万物拥有和人类平等的伦理权利，人类需要尊重自然界任何一种生物的生存与发展的权利，并在充分尊重自然权利的基础上，合理合法地使用自然资源。中学生态文明教育通过相关内容的教学要使学生认识到：权利并非人类的专利，而是为所有的生命形态共有，人类要学会承认并尊重其他生命形态的权利；人类在自然中生活的权利只是享用自然，而不是占有自然、主宰自然；享用自然是人类的权利，而维护自然的可享用性，维护生物多样性则是人类的义务。

（3）自然道德规范

遵守自然道德规范是生态文明道德责任的重要体现。生态伦理学强调对待生态的善意和对待生物的道德关怀，迫切需要人类切实履行人与自然和谐共生的生态责任。通过建立生态伦理的规范体系来对人的思想观念和行为方式提出规约。因此，生态伦理教育必然涉及生态伦理的规范体系，生态伦理的规范体系一般由生态道德原则和生态道德规范两个部分构成，生态道德规范是生态道德原则在各个领域（如人口、资源、环境、消费、科技等）的细化。

中学生态文明伦理教育应引导学生认识到"个体不但是共同体中享有权利的主体，而且是担负着各种责任的主体"[①]；认识到个体应立足一种更具普遍联系和可持续发展的立场重新审视并明确自身享有的生态权利及必须承担的生态责任；同时培育学生的生态责任和生态使命的践履意识及相应能力，形成了一种"生态文明，人人参与""环境保护，人人有责"的良好社会氛围。

---

① 卢风. 生态文明 [M]. 北京：中国科学技术出版社，2019：271.

（4）中国传统的生态智慧

中华优秀传统文化中蕴含着丰富的生态智慧或生态文明思想，习近平总书记指出："中华民族向来尊重自然、热爱自然，绵延 5000 多年的中华文明孕育着丰富的生态文化。"① 中国古代思想家们提出了一系列有关尊重生命、保护环境的思想，其中儒、道、佛三家最具代表性，各自从不同层面探讨了天人关系，为我国生态文明建设提供了精神资源，也为生态文明教育提供了文化基础，是生态文明伦理教育的重要组成内容。具体包括儒家的"天人合一""仁爱万物""尽人事与天地参""取之有度、用之有节"等思想；道家的"道法自然""自然无为""知足知止""少私寡欲"等思想，把人与自然和谐相处作为人的极其重要的道德规范；佛家的"依正不二"、"万物平等""尊重生命""少欲惜福""乐山乐水"等思想；墨家的提倡节俭等。上述中国传统的生态智慧对于树立尊重自然规律、尊重人与自然生命共同体、科学合理利用自然、共建万物和谐的美丽世界等观念具有重要价值。

（三）基本构成之三：生态文明行为教育

生态环境问题归根到底是人类的发展方式和生活方式问题，也是人的思想认识和实践行为的问题。生态文明行为教育应主要关注哪些行为符合生态文明理念、有利于生态文明建设，以及如何践行生态文明行为两大方面，即生态文明行为和生态文明行为能力。此处的生态文明行为主要指学生日常生活中主动参与生态文明相关的开发、利用、保护和改善行为，表现为外化于行的实践活动中，是生态文明教育成效的最终检验；生态文明行为能力主要是指学生探索、分析、解决生态文明相关问题的基本技能和基本能力，为学生参与生态文明实践打基础。

1. 生态文明技能教育

只有具备一定的生态文明技能，才能在生产生活中认真辨别、积极反思、努力实践，从而形成良好的生态文明思维方式和生态文明行为习惯，因此，生态文明技能的培养也是生态文明行为教育的一项重要内容。主要包括：获

---

① 习近平.推动我国生态文明建设迈上新台阶[J].求是，2019（3）.

取生态文明相关信息的能力、整理分析文明相关信息的能力、解决生态文明相关问题的能力。

获取生态文明相关信息的能力，学会利用阅读、观察、实验、调查、文献检索、监测等多种手段获取搜集生态文明信息的能力；整理分析生态文明相关信息的能力，通过分类、比较、归纳、统计等方法整理、分析、判断、评价生态文明相关信息的能力；解决生态文明相关问题的能力，包括制订调查方案与设计解决方案、实施环境行动方案、评价并提出改进建议等，最终形成解决问题的方案或参与解决问题的实践（如参与生态文明建设决策）。此外还涉及交流和表达的技能，包括清楚地口头表达与阐述、撰写调查报告等；以及分享与合作解决问题的技能等。上述生态文明技能是中学生参与生态文明相关实践活动所必备的通用技能，教师应积极创造条件为学生提供形成生态文明技能和行为的机会。

2. 生态保护行为教育

生态保护行为主要指向一些具体的生态环境维护与改善行为。只有自觉践行生态保护行为，摒弃破坏生态环境的行为方式，才能创建人与自然和谐共生的美丽地球家园。新修订的《公民生态环境行为规范十条》[①]中的"第七条 呵护自然生态：尊重自然、顺应自然、保护自然，像保护眼睛一样保护生态环境，积极参与义务植树，不购买、不使用珍稀野生动植物制品，拒食珍稀野生动植物，不随意引入、丢弃或放生外来物种"，"第九条 参与环境监督：遵守生态环境法律法规，履行生态环境保护义务，积极参与和监督生态环境保护工作，劝阻、制止或曝光、举报污染环境、破坏生态的行为"等条目均属于生态保护行为规范的范畴。

中学生态保护行为教育主要包括：参与植树护绿，参与保护基因多样性、生物多样性、生态系统多样性、动物栖息地的活动，参与保护当地生态环境的行动计划的拟订，不随意引入、丢弃或放生外来物种，参与监督或劝阻、

---

① 生态环境部等五部门联合发布《公民生态环境行为规范十条》[J]. 世界环境，2023（3）：28.

举报污染环境与破坏生态的行为等活动。通过参与上述生态保护行为活动，引导学生"既要懂道理，又要做道理的实践者，用自己的双手为祖国播种绿色，美化我们共同生活的世界"①，基于此影响并带动他人共同参加生态环境保护实践。

3. 生态文明消费教育

习近平总书记指出："生态环境问题归根结底是发展方式和生活方式问题，要从根本上解决生态环境问题，必须贯彻创新、协调、绿色、开放、共享的发展理念，加快形成节约资源和保护环境的空间格局、产业结构、生产方式、生活方式，把经济活动、人的行为限制在自然资源和生态环境能够承受的限度内，给自然生态留下休养生息的时间和空间"②。《关于加快推进生态文明建设的意见》中也指出，"推动全民在衣、食、住、行、游等方面加快向勤俭节约、绿色低碳、文明健康的方式转变，坚决抵制和反对各种形式的奢侈浪费、不合理消费"③，使绿色生活方式和消费模式成为全社会的自觉行动。

新修订的《公民生态环境行为规范十条》中的节约能源资源（如，践行光盘行动、节约用水用电用气、多走楼梯少乘电梯、纸张双面利用等）、践行绿色消费（如，优先选择绿色低碳产品、少购买使用一次性用品、外出自带购物袋等）、选择低碳出行（如，优先步行、骑行或公共交通出行，多使用共享交通工具等）、分类投放垃圾（如，按标识单独投放有害垃圾、分类投放其他垃圾、不乱扔乱放等）、减少污染产生（如，多用清洁能源、少用化学洗涤剂、不随意倾倒污水、避免噪声扰邻等）等条目均是从消费层面提出的行为规范。

生态文明的消费方式即是可持续的消费方式或绿色低碳的消费方式，主要涉及适度消费和绿色消费。适度消费能从消费的量上避免对环境造成的不良影响，绿色低碳消费是从消费的质上提倡一种更有利于人类健康和更少环

---

① 习近平. 关于社会主义生态文明建设论述摘编 [M]. 北京：中央文献出版社，2017：121.

② 习近平. 推动我国生态文明建设迈上新台阶 [J]. 求是，2019（3）：.

③ 中共中央办公厅、国务院办公厅. 关于加快推进生态文明建设的意见 [EB/OL].http://www.gov.cn/xinwen/2015-05/05/content_2857363.htm，2015-05-05/2019-04-14.

境影响的消费。中学生作为重要的消费群体，生态文明消费教育必然是中学生态文明教育的重要组成内容，应积极引导学生从自身做起，从日常衣、食、住、行等生活小事做起，自觉践行绿色低碳生活方式，积极参与节水节粮节电活动，积极参与垃圾分类、绿色出行，主动购买与使用节能和环保产品等，养成勤俭节约、低碳环保的生活习惯，形成绿色健康文明的消费方式和生活方式。

综上所述，本章从知识、情意、行为三个层面构建了中学生态文明教育的内容体系，每个层面又根据主导体现因素来构建具体的构成要素，上述内容要素是当前中学生态文明教育的重要组成部分，每项内容要素均有其特定的价值，不可偏废。

第六章　中学生态文明教育方法体系构建

当前中学生态文明教育的教学方法选用仍相对单一，传统的教学方法仍占主导地位，影响生态文明教育的实效性与高质量发展。随着基础教育课程改革的持续推进，传统灌输式教学方式方法正逐渐向探究式、合作式教学方式转变，但转变的进程中如何有效地进行具体方法的选择与使用仍是困扰中学教师的一大难题。基于此，构建出具有一定层次性、适切性、操作性的中学生态文明教育方法体系，是本章着力解决的一个核心问题。本章主要围绕以下几方面展开：一是根据相关研究文献分析生态文明教育的方法构成，从理论层面厘定生态文明教育的方法构成；二是通过调查中学教师对生态文明教育方法构成的看法，从教学实践层面进一步明确生态文明教育方法的具体构成；三是明确中学生态文明教育方法选用的基本原则，以指导生态文明教育方法的合理选用与组配；四是在前三项研究的基础上，构建出中学生态文明教育的方法体系。

一、基于文献分析的中学生态文明教育的方法构成

从相关研究文献中梳理与分析生态文明教育方法的构成要素，以从理论层面厘定生态文明教育方法的构成，此处涉及的文献主要有：国际环境与可持续发展教育会议文件、国外代表性国家的环境与可持续发展教育文献、我国生态文明教育相关的纲要文件、我国宏观层面的生态文明教育方法研究文献、我国中学学科教学中关于生态文明教育方法的文献，具体梳理和总结如

下。

（一）国际会议文件中的生态文明教育方法构成

1977 年在第比利斯召开的首届国际环境教育会议，通过了《第比利斯政府间环境教育会议宣言和建议》，此次会议对环境教育的方法作了进一步探讨，指出，环境教育应在广泛的跨学科的基础上，采用一种整体性和全面性的观点；"……环境教育应密切教育过程与现实生活的联系，围绕特定社区所面临的环境问题开展活动[①]"；环境教育应促使个人在特定的现实环境中积极参与问题解决的过程。此次会议促进了环境教育方法的进一步研究。

1987 年联合国教科文组织和联合国环境规划署在莫斯科召开国际环境教育与培训会议，通过了《未来 20 世纪 90 年代环境教育领域行动和培训的国际策略》，该文件共包括九个方面，其中与环境教育方法密切相关的有：加强有关环境教育内容、方法和策略的研究与实验，通过一般教育的课程和教材来促进环境教育的发展，通过传播媒体和信息技术加强环境教育，借助国际性和地区性的密切合作发展环境教育等。

1992 年以后，环境教育转向可持续发展教育，环境教育的目标、内容、方法等也随之重新进行调整。1992 年在里约热内卢举行联合国环境与发展大会，要求各国将环境与发展作为一个跨学科的教育问题融入所有教育计划中，通过的《21 世纪议程》要求各国将"环境与发展教育"纳入各级各类教育系统和所有学科中，尤其要以基础教育为重点。

2005 年联合国启动《联合国可持续发展教育十年（2005—2014 年）国际实施计划》，"十年计划"指出可持续发展教育将突出七个方面的特征：跨学科和整体性、价值导向性、批判性思考和问题解决、方法的多样性、参与决策、适用性、地方性[②]。其中"方法的多样性"体现在，要求教师使用不同的

---

① UNESCO. Intergovernmental Conference on Environmental Education Final Report[R]. Tbilisi：USSR. UNESCO，1977.7-8.

② UNESCO. United Nations decade of education for sustainable development 2005—2014：Draft international implementation scheme［EB/OL］. http//portal.unesco.org/educa-tion/en/file_download.php/e13265d9b948898339314b001d91fd01draftFinal+IIS.pd.

教学方法促使学生形成可持续发展的理念。一些与可持续发展相关的教学活动必须是行动导向（action-oriented）和以学生为中心的（learner-centered），同时应该注重受教育者批判性思维能力的发展①。

2012 年联合国教科文组织发布《塑造未来教育：联合国可持续发展教育十年 2012 年报告》（以下简称《2012 年报告》），指出：可持续发展教育领域存在着各种各样的学习方法，包括系统思考式学习、价值观式学习、问题式学习、批判式学习以及社会学习。在一些国家和地区，随着可持续发展教育与学校课程的融合，学校教学方法更加以学生为中心，更加注重学生的参与；可持续发展教育更需要以一种参与式、活动式的教学方法来促进可持续发展各项能力的形成。

2014 年《联合国可持续发展教育全球行动计划》颁布，提出了推进政策、改变学习和培训环境、培养教育工作者的能力、赋权青年、在地方层面加速推广可持续发展解决方案等五个优先行动领域，明确了可持续发展教育的核心能力、学习环境、教学法等内容，为可持续发展教育提供了全球框架。

2017 年联合国教科文组织发布《教育促进可持续发展目标：学习目标》，该文件针对 17 项可持续发展目标分别确定了学习目标，并提出了拟议专题和学习活动。关于教学方式方法方面，该文件指出，可持续发展教育要求从"教"转向"学"，要求实行注重行动、变革的教学法，这种教学法支持自主学习，鼓励参与和协作，注重解决问题和跨学科学习，强调把正规与非正规学习联系起来。该文件明确了可持续发展教育中的关键教学方法有：以学习者为中心的方法、以行动为导向的学习、变革式学习。并提出只有采用以学习者为中心、以行动为导向的变革式教学法才能实现可持续教育的目标，增强学习者的能力，使其采取行动促进可持续发展。

2021 年，联合国教科文组织发布的《2030 可持续发展教育路线图》，指出：可持续发展教育采用以行动为导向的创新型教学法，使学习者能够增进

---

① 亚历山大·莱希特. 联合国可持续发展教育十年（2005—2014）国际实施计划：迈向 2014 年及以后 [J]. 教育科学研究，2013（06）：25-29.

知识，增强意识，并采取行动变革社会，增强其可持续性。提倡采用互动式、项目式、以学习者为中心的教学法。

从上述国际会议文件有关环境教育或可持续发展教育的方法构成要素的表述，可以看出，国际环境教育、可持续发展教育的方式方法主要有两种：一是通过跨学科式或渗透式的方法在学校课程学习中培养学生的可持续发展素养，二是通过专题或项目的活动课程来发展学生的可持续发展素养。当前国际倡导的具体教学方式方法主要有：参与式、互动式、项目式（或活动式）、以学习者为中心、以行动为导向的变革式的教学法。

（二）国外代表性国家的生态文明教育方法构成

世界各国在国际环境教育、可持续发展教育会议的一系列纲领性文件的指引下，在开展环境教育、可持续发展教育的方法时，既有共性，也有其特色。现将芬兰、瑞典、英国、澳大利亚、日本等国家的可持续发展教育方法加以总结和分析，以借鉴成功经验，为我国生态文明教育的方法选择提供参考。

1.芬兰

芬兰的可持续发展教育的指导理念是芬兰学者帕尔默提出的"树形模型"，将"关于环境的教育""在环境中的教育""为了环境的教育"这三个方面分别与自然科学、审美教育和道德教育等具体学科领域相对应，并在整个教育过程中考虑学生的已有经验，使学生学会关心、学会体验、学会行动。芬兰的可持续发展教育以渗透性原则为指导，将可持续发展纳入国家基础教育核心课程，并作为一门跨学科学习的主题，即强调渗透式教学和整合学习；渗透式教学是将可持续发展理念融入生物、地理、物理、化学等学科中，整合学习（也称"多学科学习模块"）则是综合多门学科的学习内容、注重从实际生活出发、以主题活动的形式来开展，强调做中学、体验学习、主动学习。

芬兰注重发挥本国的信息技术优势，利用网络技术优势联通虚拟与现实，开发基于网络的可持续发展项目，如虚拟可持续旅游研究、虚拟学习环境下多学科可持续发展知识项目、"环境在线"项目等。其中"环境在线"项目与世界许多国家的学校都建立了联系，它的主要教学方法是在国际视野下关注当地环境，强调教与学的全部过程既要放眼全球，又要立足于本地环境的实际情况，以师生互作的方式自行开展每学年的主题教育活动，每个主题结束时会有一个活动周把学习和讨论结果公布在网站上。

2. 瑞典

瑞典的国家课程改革体现了可持续发展教育所强调的民主进程、批判性态度、跨学科合作的要求，采取灵活多变的教学方法以达到可持续发展教育的目标。在瑞典学校中，可持续发展教育不是作为一门独立的课程存在，而是渗透在各门学科的教学中，教师可以结合本门学科的特点和学生特点，灵活地选择渗透的可持续发展教育内容和具体方法。瑞典学校还通过组织可持续发展教育的主题实践活动对学生进行可持续发展教育，这些实践活动的主题和形式各异，但都非常重视全体学生的参与，采用学生中心的方式，采用灵活的活动形式[①]。瑞典早期的环境教育就注重学生与自然环境的直接接触，在全国建有 90 所左右的自然学校，教师将上课地点选在自然保护区和公园，使学生以直观的方式了解自然，培养学生对大自然的喜爱之情[②]。生态学校计划、绿色学校奖计划、可持续发展学校奖等项目是瑞典学校实施可持续发展教育的一种新的途径和方法，使可持续发展教育成为贯穿在学校各方面的一种整体性的方法，尊重学生的自由选择和师生的主动性与创造性。

3. 英国

20 世纪 90 年代英国环境教育开始走向可持续发展教育，2000 年英国教育部提出将可持续发展教育作为国家课程中的一个跨学科主题，强调根据各学科特点在所有课程中渗透可持续发展理念，培养学生的可持续发展素养；并开发了一系列项目和奖项，如生态学校、可持续学校等，促进学校、社区多方参与可持续发展教育。英国的环境教育乃至可持续发展教育主要是以

---

① 祝怀新，梁珍. 瑞典中小学可持续发展教育的政策与实践 [J]. 外国中小学教育，2005，（9）：1-6.

② 王海燕. 21 世纪以来瑞典中小学可持续发展教育研究 [D]. 昆明：云南师范大学，2014.

"卢卡斯模式"作为指导理念来开展的，将"关于环境的教育、在环境中的教育和为了环境的教育"作为环境教育展开的三条相互关联的路径，通过"经验元素、纲要元素、美学元素和伦理元素设计教与学的方法，旨在促进学生的全面发展"[①]。其中，"关于环境的教育"主要是通过"讲授"向学生传授知识与技能；"在环境中的教育"强调"做中学"，通过在真实环境中的户外教育对学生进行教育，丰富学生的户外体验。

4. 澳大利亚

2013年，澳大利亚颁布《整体学校计划》来系统指导中小学可持续发展教育的开展，重视通过课程来推动可持续发展教育，主要通过跨学科和渗透式的方式将可持续发展教育的理念和内容纳入课程中。澳大利亚合并了原有的环境教育与社会教育，建立了一门"社会与环境教育"的跨学科课程，作为综合必修课程和优先课程，进而形成了以实施"社会与环境教育"跨学科课程为主，多学科渗透为辅的实施方式。在课程实施中要以学生为主体，以活动为中介通过实践、体验和思考提高学生的可持续发展素养，重视户外教育和绿色校园建设，鼓励教师采用多样化的教学方法来组织相关的主题活动。澳大利亚政府还推行了"可持续学校计划"，强调全方位变革学校自身，培育一种可持续发展的校园文化，构建隐性的可持续发展教育课程，推动可持续发展学校的建设。

5. 日本

2006年，日本政府依据《联合国可持续发展教育十年国际实施计划（2005—2014）》制订了本国的《可持续发展教育十年行动计划》（简称《ESD行动计划》），提出了开展可持续发展教育的目标、实施策略与推进领域。2011年修订后的日本《ESD行动计划》中建议在中小学通过跨学科开展可持续发展主题教育，积极利用信息技术构建ESD交流学习网络，使可持续发展教育"可视化""关联化"。日本的可持续发展教育重视体验与实践，要求教

---

① ［英］帕尔默. 21世纪的环境教育——理论、实践、进展与前景［M］.田青，刘丰译.北京：中国轻工业出版社，2002：169-180.

师不能仅仅进行知识的传授，还应采用重视体验、探究及实践的参与型教学方式①。日本可持续发展教育的主要实施特点之一是跨学科综合探究学习②，日本许多学校在制定综合学习时间教学计划时都纳入了可持续发展教育的视点，努力寻求各学科与可持续发展教育的关联，进行跨学科教学。同时，当可持续发展教育的主题涉及全球性问题时，需要跨国开展问题探讨，实现跨境跨国学习。

综合上述代表性国家的可持续发展教育方式方法的选用情况，可以看出：与国际环境教育、可持续发展教育会议文件对可持续发展教育方法的选用要求具有一致性，主要也是通过跨学科式和渗透式两种方式来开展学校的可持续发展教育，但两种方式在各国的主导地位不同；均注重以学生为中心、体验式、合作式、探究式的教学方式方法的选用，同时注意信息技术的融入与支撑，生态学校或可持续学校等项目的推进。

（三）国内文献中的生态文明教育方法构成

目前关于我国生态文明教育方法的研究文献主要涉及国家生态文明教育相关的纲要性文件、宏观层面关于生态文明教育方法的研究文献、中学学科层面关于生态文明教育方法的研究文献，此处着重对中学阶段的生态文明教育方法构成进行梳理与分析。

1. 国家宏观纲要性文件中的生态文明教育方法

2003 年教育部颁布的《中小学环境教育实施指南（试行）》③在"实施建议"部分对环境教育的教学途径与方法提出了相关要求。在"设计与组织"部分指出，"设计形式多样的环境教育活动。对于这种侧重于态度和价值观养成的教学，教师应在提供有关信息的基础上，引导学生通过自主探究和相互交流，讨论人们对待环境的不同态度和行为，澄清各自的环境价值观，寻求并尝试建构与可持续发展需要相适应的道德规范和行为方式"，"相关学科的

---

① 张婧. 中小学生态文明教育路径研究. 杭州：浙江大学出版社，2020：164.

② 张婧. 日本可持续发展教育实践：特点与启示［J］教育科学，2018，34(3)：82 -87.

③ 中华人民共和国教育部. 中小学环境教育实施指南（试行）[S]. 北京：人民教育出版社，2003.

教师也可以尝试突破学科界限，与其他学科教师合作，在本学科教学过程中组织以环境教育为主题的综合性学习（或跨学科学习）活动"。在"教学实施"部分指出，"教师要根据教学目标、内容以及学生和教师的现实情况，灵活选择多种教学途径与方法，例如户外教学、社区服务、实地考察、模拟游戏、个案研究等"，"自主探究和行动研究是环境教育的重要方式。对真实的环境问题或自己所关心的环境问题进行探究，有助于充分调动学生学习的积极性，提高学习的效果"。可见，《中小学环境教育实施指南（试行）》中提倡的环境教育教学方法有：户外教学法、自主探究教学法、模拟游戏教学法、价值澄清教学法、跨学科教学法、行动研究法等。

2017 年教育部颁布的《中小学德育工作指南》在"实施途径与要求"部分指出，"充分发挥课堂教学的主渠道作用，……优化教学方法，发展学生道德认知，注重学生的情感体验和道德实践；文化育人中的优化校园环境；活动育人、实践育人中的开展环境保护等主题教育活动或实践等"。《中小学德育工作指南实施手册》[①] 对此部分进行了细化，在"学科课程中的德育"部分分为人文类课程中的德育、科学类课程中的德育，指出，应结合各门学科的特点，充分发挥各门学科的育人价值和优势，如"物理、化学、生物教师要注重采用探究式的教学方法，引导学生在观察、实验、制作、调查等科学实践活动中经历探究过程，学习科学方法"，"各学科教师要意识到自身也是一种育人资源，重视以身作则、行为示范"等。可见，《中小学德育工作指南》中涉及的生态文明教育教学方法有：户外教学法、探究教学法、跨学科教学法、榜样示范法等。

2. 宏观研究层面的生态文明教育方法构成

从现有的研究文献来看，研究者对生态文明教育的方法做了一定程度的研究，在强调共性方法的同时，由于不同研究者的侧重点、表述的方式方法或详尽程度的差异，导致呈现的生态文明教育方法的具体构成也存在一定的

---

① 教育部基础教育司. 中小学德育工作指南实施手册 [M].北京：教育科学出版社，2017：34-36.

差异。现将当前具有一定代表性的生态文明教育方法构成观点具体梳理如下，详见表 6-1。

表 6-1 相关文献中生态文明教育方法构成的观点

研究者	观 点
王民 （1999）	可持续发展教育提倡的 10 种教学方式：参与式学习、合作式学习、探究式学习、提供采取行动解决问题的机会、提供讨论不同见解和信仰的机会、积极地接触环境、直接的体验和实践、参与当地社区活动、通过现实生活中的问题来学习、提供给学生进一步学习的资料。
祝怀新 （2002）	中小学环境教育的典型教学方法策略：户外教学法、价值澄清和价值分析法、模拟法（角色扮演法、计算机虚拟现实）和游戏法。
马桂新 （2003）	自然教育方法、可视化或主持式环境教育方法、小组合作互动式教育方法、探究式学习方法。
李晓菊 （2008）	价值观辨析和价值观分析方法、问题教学法（发现学习法、问题阐述法）、野外考察法、模拟法和游戏法、研究学习法和实践活动法、主题活动法、榜样教育法。
林智理 （2009）	课堂教学法（如，研讨法、讲授法、案例教学法）、考察研究法、活动参与法。
杨成 （2009）	课堂渗透法、历奇教育法、课程学习法、情感体验法、艺术熏陶法、社会实践法、媒体引导法、观察调查法。
冯静冬， 孙润秀 （2010）	课堂渗透法、历奇教育法、课程学习法、艺术熏陶法、社会实践法、媒体引导法和观察调查法。
郭岩 （2015）	体验审美情境，激发生态情感（情境教学法）； 创设和谐情境，坚定意志信念（课堂教学和外部环境）； 展现危机情境，转化生态行为。
刁龙 （2017）	认知式方法：主要运用在对具体生态知识传授的过程中； 体验式方法：主要运用在对生态价值传授的过程中； 参与式方法：主要运用在树立受教育者的生态责任的过程中。
杜昌建 （2018）	灌输教育法（最常用的是讲解讲授法）、利益驱动法（奖惩法）、自我教育法、环境熏陶法、网络宣传法、榜样示范法。
王鹏 （2019）	以感知为主的方法：如参观活动、宣传展示活动；以体验为主的方法：情景模拟、角色扮演法；以探究为主的方法：研究性学习、头脑风暴法等。

续表

研究者	观　点
岳伟 （2020）	教师要善用讲授法、讨论法、活动参与法、问题探究法、实验和演示模型法、观察体验法、游戏法等多样的教学方法，并采取注重实践体验、支持自主学习、鼓励参与协作和跨学科学习等方法。

从上述有关代表性生态文明教育方法构成的观点来看，研究者均倾向于采用多元的教学方法来开展生态文明教育，对于具体方法的构成既有共性，也存在一定的差异，多数研究者通过罗列的方式来列出具体的方法，个别研究者（如，刁龙、王鹏）还对具体方法做了层次类别的划分。总体来说，生态文明教育的教学方法主要包括：户外教学法（或自然教育法、野外考察法）、价值澄清法与价值分析法、模拟法（角色扮演法、互联网虚拟现实、演示模型法）、游戏法、探究教学法、情境教学法、问题教学法、讲授法、小组讨论法、案例教学法、榜样示范法等，这些方法可分属认知式、体验式、思辨式、参与式、探究式等不同的类别。

2. 中学学科教学研究层面的生态文明教育方法构成

《义务教育课程方案（2022 年版）》在"基本原则"中指出，"加强课程综合，注重关联。加强课程内容与学生经验、社会生活的联系，强化学科内知识整合，统筹设计综合课程和跨学科主题学习。注重培养学生在真实情境中综合运用知识解决问题的能力"，"变革育人方式，突出实践。突出探究方式的学习，加强知行合一、学思结合，倡导'做中学''用中学''创中学'。积极探索新技术背景下学习环境与方式的变革"[①]。《普通高中课程方案（2017年版 2020 年修订）》在"课程实施与评价"中也指出，"大力推进教学改革。关注学生学习过程，创设与生活关联的、任务导向的真实情境，促进学生自主、合作、探究地学习，推进信息技术在教学中的合理应用"[②]。可见初、高

[①]　中华人民共和国教育部. 义务教育课程方案（2022 年版）[S]. 北京：北京师范大学出版社，2022：5.

[②]　中华人民共和国教育部. 普通高中课程方案（2017 年版 2020 修订）[S]. 北京：人民教育出版社，2020：11.

中课程方案均对基础教育的教学方式方法改革给予了高度重视，对学科教学层面的生态文明教育方法也具有重要的引领。基于此，我国中学相关学科教学的研究者也对学科层面的生态文明教育方法做了相关研究，现将具有代表性的观点梳理与分析如下，详见表6-2。

表6-2 不同研究者关于学科层面中生态文明教育方法构成的表述

研究者	观点
岳伟，马祥（2022，初中地理）	采用丰富多样的课堂教学方法，如多媒体教学法、角色扮演法、分组讨论法等。
巩莉（2017，高中地理）	就近联系法（或联系实际法）、讨论法、案例教学法、角色扮演法、情感升华法、地理实践教学法（包括实验法、校园专题活动、社会调查法）。
徐文杰（2019，高中地理）	户外教学法、理论联系实际法、案例教学法、情境教学法、情感渗透法、地理实践教学法（主要有地理实验教学法、地理专题调查法）。
石建，何兴明，赵广宇等（2015，初中生物）	初中生物学实施生态文明教育的教学策略：课堂认知（讲授法）、活动体验（参观、考察、调查等体验活动）、自我内化（情境教学法）、行动升华（实践教学法）。
陈红彬（2016，初中生物）	情境教学法、实验探究法、角色扮演法、直观教学法、读书指导法、实践活动法。
刘佳欣（2022，高中历史）	跨学科教学法；讨论教学法；情境教学法、角色扮演法。
和亚文（2019，道德与法治）	观察体验法、欣赏创作法（环保手抄报、征文或演讲比赛、环保小制作）、社会参与法、环境调查法。
孙洁（2023，思想政治）	辨析式（或讨论、辩论）教学法、案例教学法、情境教学法。

从上述地理、生物、历史、政治等学科有关生态文明教育方法构成的观

点来看，各学科实施生态文明教育中具体选用的教学方法整体区分不大，但对于个别教学方法的选用仍具有一定的学科倾向性，主要涉及的教学方法有：讨论法、角色扮演法、案例教学法、实践教学法、情境教学法、户外教学法、实验探究法等。其中地理学科关注案例教学法、角色扮演法、实践教学法，生物学科关注实验探究法、情境教学法、实践教学法等。

　　综合上述国际环境与可持续发展教育会议文件、国外代表性国家的环境与可持续发展教育文献、我国生态文明教育相关的纲要文件、我国宏观层面的生态文明教育方法研究文献、我国中学学科教学中关于生态文明教育方法构成的文献，将其中涉及的生态文明教育方法的构成要素梳理和总结如下，见表6-3。

表 6-3　相关文献中涉及的生态文明教育方法要素

类别	生态文明教育方法
国际环境与可持续发展教育会议文件	通过跨学科式、渗透式融入学校课程，倡导参与式、互动式、项目式（或活动式）、以学习者为中心、以行动为导向的变革式的教学法。
国外代表性国家的可持续发展教育文献	与国际一致，但跨学科式和渗透式两种方式在各国的主导地位不同；注重以学生为中心、体验式、合作式、探究式的教学方式方法，注重信息技术的融入，生态学校或可持续发展学校等项目的推进。
我国生态文明教育相关的纲要文件	户外教学法、探究教学法、模拟游戏教学法、价值澄清教学法、跨学科教学法、榜样示范法等。
我国生态文明教育研究文献	主要包括：户外教学法、价值澄清法与价值分析法、模拟法、游戏法、探究教学法、情境教学法、问题教学法、讲授法、小组讨论法、案例教学法、榜样示范法等，分属认知式、体验式、思辨式、参与式、探究式等不同的类别。
我国中学学科教学研究文献	主要涉及：讨论法、角色扮演法、案例教学法、实践教学法、情境教学法、户外教学法、实验探究法等。个别教学方法的选用具有一定的学科倾向性，

从表 6-3 中可以看出，渗透式和跨学科式是生态文明教育融入课程的主要方式，在具体教学方法选用时，注重以学生为中心、体验式、合作式、参与式、项目式等的教学方法。其中涉及的主要生态文明教育教学方法有：户外教学法、探究教学法、小组讨论法、讲授法、模拟教学法（角色扮演法、计算机模拟）、游戏法、价值澄清法与价值分析法、问题教学法、情境教学法、实践教学法、案例教学法、跨学科教学法、榜样示范法等。本研究在构建中学生态文明教育方法体系时，注重生态文明教育方法的层次性、多样性、整合性。

二、关于中学生态文明教育方法构成的观点调查

根据调查统计资料，先从总体上分析中学教师对于"中学生态文明教育方法构成"的看法，然后，再针对不同背景中学教师的相关认知情况做进一步的差异分析，从而为中学生态文明教育方法体系构建提供参照。现将具体的调查分析结果说明如下。

（一）中学教师对于生态文明教育的方法构成总体认知

关于中学教师对生态文明教育的教学方法认知情况的调查，教师问卷调查中设计的生态文明教育教学方法的构成包含：A（课堂讲授法）、B（户外教学法或参观考察法）、C（角色扮演法）、D（探究教学法）、E（小组讨论法或辩论法）、F（情境教学法）、G（项目式教学法）、H（跨学科教学法）、I（问题式教学法）、J（阅读指导法）共计 10 个选项。

1. 中学教师对通常采用的生态文明教育教学方法的认知

从图 6-1 的统计结果可以看出：列出的 10 种教学方法选择率在 40% 以上的分别为：课堂讲授法（77.82%）、情境教学法（60.57%）、探究教学法（49.23%）、小组讨论或辩论法（46.42%）。可见，常规的课堂讲授法仍在学科渗透生态文明教育的课堂教学中占据主导地位，随着基础教育课程改革的推进，情境教学法、探究教学法也逐渐引起教师的关注并使用，此外小组讨论法也是较常使用的教学方法。

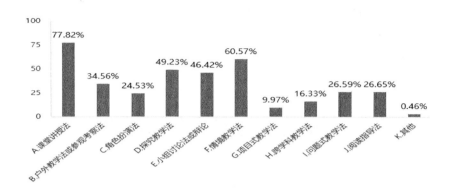

图 6-1 中学教师对通常采用的教学方法的选择情况

2. 中学教师对"进行生态文明教育效果较好的教学方法"的认知

从图 6-2 的统计结果可以看出：列出的 10 种教学方法选择率在 40% 以上（或居于前 5 位）的分别为：户外教学法或参观考察法（72.95%）、情境教学法（63.21%）、探究教学法（45.73%）、小组讨论或辩论（43.04%）、课堂讲授法（40.29%）。可见，中学教师对于户外教学法、情境教学法、探究教学法、小组讨论或辩论法、课堂讲授法在生态文明教育中的教学效果认同度较高，尤其是户外教学法的效果认同度最高。但教师对于生态文明教育具有优势的问题式教学法（22.64%）、跨学科教学法（22.81%）、项目式教学法（19.43%）的认同度较低，仍存在很大的提升空间。

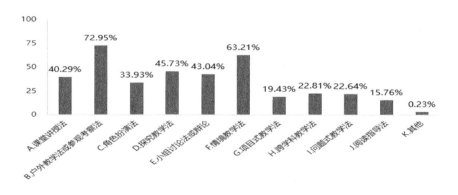

图 6-2 中学教师对效果好的教学方法的选择情况

（二）不同背景中学教师对于生态文明教育方法的认知

在总体分析的基础上，为了解中学教师对于生态文明教育教学方法构成的看法是否会受教师任教阶段、性别、学校级别、教龄、学科等因素的影响，对不同背景的中学教师关于生态文明教育教学方法构成的看法进行了差异分析，现将分析结果表述如下。

1. 不同任教阶段中学教师对于生态文明教育方法的认知

不同任教阶段中学教师对于通常采用的生态文明教育方法构成的差异分析结果显示：各任教阶段的中学教师在 A、B、F、G 四个选项上不存在显著差异，在"C. 角色扮演法"（ χ^2=18.753，P = 0.000 < 0.01 ）、"D. 探究教学法"（ χ^2=8.350，P = 0.004< 0.01 ）、"E. 小组讨论法或辩论法"（ χ^2=4.443，P = 0.035 < 0.05 ）、"H. 跨学科教学法"（ χ^2=15.417，P = 0.000 < 0.01 ）、"I. 问题式教学法"（ χ^2=4.264，P = 0.039 < 0.05 ）、"J. 阅读指导法"（ χ^2=16.371，P = 0.000< 0.01 ）存在显著差异。初中教师对角色扮演法、探究教学法、小组讨论或辩论法、跨学科教学法的认同度更高，而高中教师更倾向于选择问题式教学法、阅读指导法这两个选项（见表6-4）。其主要原因在于初、高中学生的认知水平、知识储备存在差异。此题目整体的选择情况存在显著差异（ χ^2=55.194，P = 0.0000< 0.01 ）；拟合优度检验也呈现显著性（ χ^2=2688.509，P = 0.000< 0.01 ），通过响应率或普及率对比差异分析可知，A. 课堂讲授法（77.82%）、D. 探究教学法（49.23%）、E. 小组讨论或辩论法（46.42%）、F. 情境教学法（60.57%）4 个选项的普及率较高。

表 6-4 不同任教阶段教师对生态文明教育方法构成的差异分析（采用）

选项	C	D	E	H	I	J
初中（人数 /%）	309（27.91%）	574（51.85%）	535（48.33%）	210（18.97%）	276（24.93%）	259（23.40%）
高中（人数 /%）	119（18.65%）	285（44.67%）	275（43.10%）	75（11.76%）	188（29.47%）	206（32.29%）
χ^2	18.753	8.350	4.443	15.417	4.264	16.371

续表

选项	C	D	E	H	I	J
P	0.000*	0.004*	0.035*	0.000*	0.039*	0.000*

不同任教阶段中学教师对于效果较好的生态文明教育方法的差异分析结果显示：各任教阶段的中学教师在多数选项上不存在显著差异，仅在"A. 课堂讲授法"（P = 0.001 < 0.05）、"J. 阅读指导法"（P = 0.001 < 0.05）存在显著差异。具体来说，初中教师更青睐传统的课堂讲授法，高中教师则更为关注阅读指导法对学生带来的积极影响。此题目整体的选择情况存在显著差异（χ^2=22.213, P = 0.014< 0.05）;拟合优度检验也呈现显著性（χ^2=2306.366, P = 0.000< 0.05），通过响应率或普及率对比差异分析可知，A. 课堂讲授法（40.29%）、B. 户外教学法（72.95%）、D. 探究教学法（45.73%）、E. 小组讨论或辩论法（43.04%）、F. 情境教学法（63.21%）共5个选项的普及率明显较高。

表6-5 不同任教阶段教师对生态文明教育方法构成的差异分析（效果好）

选项	A	J
初中（人数 /%）	480（43.36%）	151（13.64%）
高中（人数 /%）	223（34.95%）	124（19.44%）
χ^2	11.892	10.239
P	0.001 *	0.001 *

综合上述统计分析结果，可以得出如下结论：初、高中教师通常采用的生态文明教育方法存在一定的差异，初中教师倾向于采用角色扮演法、探究教学法、小组讨论或辩论法、跨学科教学法，而高中教师则倾向于采用问题式教学法、阅读指导法；初、高中教师认为效果好的生态文明教育方法也存在一定的差异，初中教师更青睐课堂讲授法，高中教师则较关注阅读指导法的效果。

2. 不同性别中学教师对于生态文明教育方法的认知

不同性别中学教师对于通常采用的生态文明教育方法的差异分析结果

显示：不同性别的中学教师在大多数选项上都不存在显著差异，仅在"F. 情境教学法"选项（P = 0.004 < 0.01）存在显著差异。对于情境教学法，女教师的选择率远高于男教师（见表6-6）。其主要原因在于女教师情感更为细腻，更擅长创设具有一定情感色彩、生动具体的场景带给学生真实体验，以提高教学效率。此题目的整体选择情况不存在显著差异（χ^2=8.267，P = 0.603>0.05）。表明男、女教师对于生态文明教育方法的认知具有很高的一致性。

不同性别中学教师对于效果较好的生态文明教育方法的差异分析结果显示：不同性别的中学教师在大多数选项上都不存在显著差异，仅在"F. 情境教学法"选项（P = 0.023 < 0.05）、"J.阅读指导法"（P = 0.022 < 0.05）选项存在显著差异，且在 F 和 J 选项中，女教师的选择率均高于男教师（见表6-6）。此题目的整体选择情况不存在显著差异（χ^2=12.268，P = 0.0268>0.05）。

表 6–6 不同性别中学教师对生态文明教育方法构成的差异分析

选项	采用	效果好	
	F	F	J
男（人数 /%）	163（53.27%）	176（57.52%）	35（11.44%）
女（人数 /%）	894（62.13%）	927（64.42%）	240（16.68%）
χ^2	8.292	5.171	5.220
P	0.004 *	0.023 *	0.022 *

综合上述统计分析结果，可以得出如下结论：男、女教师对于通常采用的和效果好的生态文明教育方法的认知具有很高的一致性，但对于"情境教学法"的选用和认知存在差异，女教师更青睐和认同"情境教学法"的价值。

3. 不同级别学校中学教师对于生态文明教育方法的认知

不同级别学校中学教师对于通常采用的生态文明教育教学方法的差异分析结果显示：不同级别学校中学教师在多数选项上都不存在显著差异，仅在"D. 探究教学法"（P = 0.008 < 0.01）、"G. 项目式教学法"（P = 0.017 < 0.05）选项存在显著差异。普通学校教师更为关注探究教学法，重点学校

教师对项目式教学法的选择率要明显高于普通学校教师（见表 6-7）。其主要原因在于项目式教学法源于探究教学法的理论基础与实践成果研究，且项目式教学法对学生个体差异的包容性更强。此题目的整体选择情况不存在显著差异（χ^2=13.347，P = 0.205>0.05）。表明不同级别学校教师对于生态文明教育方法的认知具有很高的一致性。

不同级别学校中学教师对于效果较好的生态文明教育教学方法的差异分析结果显示：不同级别学校的中学教师在多数选项上不存在显著差异，仅在"A. 课堂讲授法"（P = 0.013 < 0.05）、"H. 跨学科教学法"（P = 0.019 < 0.05）选项存在显著差异。在 A 选项中，普通学校教师的选择率远高于重点学校教师，在 H 选项中，重点学校教师的选择率远高于普通学校教师（见表 6-7）。跨学科教学是基础教育课程改革的新趋势，不论是普通高中教师还是重点高中教师，均逐渐意识到了跨学科教学为中学教学带来的益处，但重点学校教师的关注度更高。此题目的整体选择情况不存在显著差异（χ^2=16.569，P = 0.084>0.05）。表明不同级别学校教师对于效果较好的生态文明教育方法的认知具有很高的一致性。

表 6-7 不同级别学校中学教师对生态文明教育方法构成的差异分析

选项	采用		效果好	
	D	G	A	H
普通（人数 /%）	657（51.13%）	115（8.95%）	540（42.02%）	275（21.40%）
重点（人数 /%）	202（43.91%）	59（12.83%）	163（35.43%）	123（26.74%）
χ^2	7.056	5.671	6.112	5.483
P	0.008 *	0.017 *	0.013 *	0.019 *

综合上述统计分析结果，可以得出如下结论：普通学校和重点学校的中学教师对于通常采用的和效果好的生态文明教育方法的认知具有较高的一致性，但在个别教学方法的认知上存在差异，普通学校教师对于探究教学法的选用情况和课堂讲授法的效果认同度明显高于重点学校教师，而重点学校教

师对项目式教学法的选用情况和跨学科教学法的效果认同度明显高于普通学校教师。

4.不同教龄中学教师对于生态文明教育方法的认知

不同教龄中学教师对于采用的生态文明教育教学方法的差异分析结果显示：不同教龄中学教师在 A、B、D、G、H 选项上不存在显著差异，在"C.角色扮演法""E.小组讨论法或辩论法""F.情境教学法""I.问题式教学法""J.阅读指导法"选项上存在显著差异（见表6-8）。通过百分比对比差异可知，对于 C、E 选项，均是4—10年教龄教师的选择率明显高于平均水平；对于 F、I、J 选项，均是11年以上教龄教师的选择率明显高于平均水平。此题目的整体选择情况存在显著差异（ $\chi^2=55.440$ ，$P = 0.005 < 0.01$ ），拟合优度检验也呈现显著性（ $\chi^2=2688.509$ ，$P = 0.000 < 0.01$ ）。表明不同教龄中学教师对于实际教学中采用的生态文明教育方法存在一定的差异。

表 6-8 不同教龄中学教师对生态文明教育方法构成的差异分析（采用）

选项	C	E	F	I	J
3 年及以下 （人数 /%）	70 （28.11%）	127 （51.00%）	137 （55.02%）	61 （24.50%）	49 （19.68%）
4—10 年 （人数 /%）	124 （29.04%）	223 （52.22%）	241 （56.44%）	95 （22.25%）	84 （19.67%）
11—20 年 （人数 /%）	89 （21.14%）	186 （44.18%）	277 （65.80%）	128 （30.40%）	130 （30.88%）
20 年以上 （人数 /%）	145 （22.38%）	274 （42.28%）	402 （62.04%）	180 （27.78%）	202 （31.17%）
χ^2	10.654	13.195	11.659	8.287	27.461
P	0.014 *	0.004 *	0.009 *	0.040 *	0.000 *

不同教龄中学教师对于效果较好的生态文明教育教学方法的差异分析结果显示：不同教龄中学教师在 B、C、D、E、G 选项上都不存在显著差异，在"A.课堂讲授法""F.情境教学法""H.跨学科教学法""I.问题式教学法""J.阅读指导法"选项上存在显著差异（见表6-9）。通过百分比对比差异

可知，对于 A 选项，3 年及以下教龄教师的选择率明显高于平均水平；对于 F、H、I、J 选项，均是 11—20 年教龄教师的选择率明显高于平均水平。此题目的整体选择情况存在显著差异（ χ^2=50.988，P = 0.010 < 0.05），拟合优度检验也呈现显著性（ χ^2=2306.366，P = 0.000< 0.01）。 表明不同教龄中学教师对于效果较好的生态文明教育方法的认知存在一定的差异。

表 6-9 不同教龄中学教师对生态文明教育方法构成的差异分析（效果好）

选项	A	F	H	I	J
3 年及以下（人数 /%）	117（46.99%）	127（51.00%）	45（18.07%）	43（17.27%）	25（10.04%）
4—10 年（人数 /%）	151（35.36%）	255（59.72%）	95（22.25%）	82（19.20%）	43（10.07%）
11—20 年（人数 /%）	169（40.14%）	286（67.93%）	116（27.55%）	108（25.65%）	82（19.48%）
20 年以上（人数 /%）	266（41.05%）	435（67.13%）	142（21.91%）	162（25.00%）	125（19.29%）
χ^2	9.112	26.510	8.927	11.224	27.014
P	0.028 *	0.001 *	0.030 *	0.011 *	0.001 *

综合上述统计分析结果，可以得出如下结论：不同教龄的中学教师对于采用的和效果好的生态文明教育方法的认知存在一定的差异，其中教龄长的教师对于情境教学法、问题式教学法、阅读指导法的选用情况和效果认同度均明显高于平均水平，教龄长的教师对于跨学科教学法的效果认同度也较高，新教师对课堂教授法的效果认同度较高，教龄短的教师对于角色扮演法、小组讨论法的选用情况明显高于平均水平。

5. 不同学科中学教师对于生态文明教育方法的认知

不同学科中学教师对于通常采用的生态文明教育教学方法的差异分析结果显示："B. 户外教学法或参观考察法"（P = 0.285 > 0.05）、"G. 项目式教学法"（P = 0.434 > 0.05）两个选项不存在显著差异，其余的选项均存在显著差异（见表 6-10）。整体的选择情况也存在显著差异（ χ^2=179.274, p=0.000<

0.01），拟合优度检验也呈现显著性（χ^2=2688.509，P = 0.000< 0.01）。表明不同学科的中学教师对于实际教学中采用的生态文明教育方法具有一定的差异。

其中，"A.课堂讲授法"呈现出 0.01 水平显著性差异（χ^2=46.792，p=0.000<0.01），历史、生物学科教师选择的比例会明显高于平均水平；"C.角色扮演法"呈现出 0.05 水平显著性差异（χ^2=20.538，p=0.015<0.05），地理、政治学科教师选择的比例会明显高于平均水平；"D.探究教学法"呈现出 0.01 水平显著性（χ^2=41.002，p=0.000<0.01），地理、政治学科选择的比例会明显高于平均水平；"E.小组讨论法或辩论法"呈现出 0.01 水平显著性（χ^2=30.568，p=0.000<0.01），地理学科教师选择比例会明显高于平均水平；"F.情境教学法"呈现出 0.05 水平显著性（χ^2=19.595，p=0.021<0.05），生物、历史学科教师选择的比例会明显高于平均水平；"H.跨学科教学法"呈现出 0.01 水平显著性（χ^2=47.154，p=0.000<0.01），语文、历史、物理学科教师选择的比例会明显高于平均水平；"I.问题式教学法"呈现出 0.01 水平显著性（χ^2=28.208，p=0.001<0.01），生物、历史学科教师选择的比例会明显高于平均水平；"J.阅读指导法"呈现出 0.01 水平显著性（χ^2=69.486，p=0.000<0.01），语文、生物、化学、英语学科教师选择的比例会明显高于平均水平。

表 6-10 不同学科教师对生态文明教育方法构成的差异分析（采用）

选项	A	C	D	E	F	H	I	J
χ^2	46.792	20.538	41.002	30.568	19.595	47.154	28.208	69.486
P	0.000**	0.015*	0.000**	0.000**	0.021*	0.000**	0.001**	0.000**

不同学科中学教师对于效果较好的生态文明教育方法的差异分析结果显示：不同学科中学教师对于 B、C、E、F、G、I 六个选项上不存在显著差异，在"A.课堂讲授法""D.探究教学法""H.跨学科教学法""J.阅读指导法"四个选项存在显著差异（见表6-11）。整体的选择情况不存在显著差异

（ χ^2=111.052, p=0.066 > 0.05），拟合优度检验呈现显著性（ χ^2=2306.366，P = 0.000< 0.01）。表明不同学科的中学教师对于效果好的生态文明教育方法的认知具有一定的一致性。

其中，"A.课堂讲授法"呈现出 0.05 水平显著性差异（ χ^2=17.159，p=0.046<0.05），政治、生物学科教师选择的比例会明显高于平均水平；"D.探究教学法"呈现出 0.05 水平显著性（ χ^2=19.881，p=0.019<0.05），语文、地理、政治学科选择的比例会明显高于平均水平；"H.跨学科教学法"呈现出 0.05 水平显著性（ χ^2=19.606，p=0.021<0.05），物理、化学、地理学科教师选择的比例会明显高于平均水平；"J.阅读指导法"呈现出 0.01 水平显著性（ χ^2=49.257，p=0.000<0.01），生物、化学、英语学科教师选择的比例会明显高于平均水平。

表 6-11 不同学科中学教师对生态文明教育方法构成的差异分析（效果好）

选项	A	D	H	J
χ^2	17.159	19.881	19.606	49.257
P	0.046 *	0.019 *	0.021 *	0.000 *

综合上述统计分析结果，可以得出如下结论：整体来说，不同学科的中学教师对于采用的生态文明教育方法的认知存在一定的差异，地理、政治学科的中学教师对于角色扮演法、探究教学法的选用情况明显高于其他学科教师，历史、生物学科的中学教师对于讲授法、情境教学法、问题式教学法的选用情况明显高于其他学科教师，地理教师对于小组讨论法的选用率也较高；而对于效果好的生态文明教育方法的认知具有一定的一致性，但对于个别教学方法的效果认同度学科间仍存在一定的差异，政治、生物学科的中学教师对课堂教授法的效果认同度较高，语文、地理、政治学科教师对于探究教学法的效果认同度较高，物理、化学、地理学科的教师对于跨学科教学法的效果认同度也较高。

基于上述不同任教阶段、性别、学校级别、教龄、学科的中学教师对于选用的和效果好的生态文明教育方法认知的差异分析结果，得出如下的综合结论：不同性别、不同级别学校的中学教师对于选用的和效果好的生态文明教育方法的认知不存在显著差异，不同任教阶段、不同教龄的中学教师对于选用的和效果好的生态文明教育方法的认知存在一定的差异；不同学科的中学教师对于效果好的生态文明教育方法的认知不存在显著差异，而对于选用的生态文明教育方法的认知却存在差异。可见，学段、教龄、学科等因素对于生态文明教育方法的选用影响较大。

三、中学生态文明教育方法的选用原则

教学方法是在教学过程中，教师和学生为实现教学目的、完成教学任务而采取的教与学相互作用的活动方式的总称。中学生态文明教育方法的选择与使用必须遵循一定的原则才能保证其科学性、适切性、有效性，在综合考虑中学生态文明教育的目标定位、内容特点，以及中学生的认知心理发展特点和教学方法本身特点的基础上，确立如下中学生态文明教育方法选用的原则。

（一）适切性原则

中学生态文明教育的方法选用，必须依据生态文明教育的目标定位和具体内容的特点来选用，即生态文明教育的方法选用受制于目标和内容的制约。同时，应考虑学生的认知心理特点，符合学生的认知特点与心理发展水平（如，基于学生的年龄、已掌握的知识、兴趣、能力产生的需求），学生易于接受，并能调动学生参与的积极性；还应考虑学习环境（如，课时安排与进度、教学气氛），以及个人的能力特点和可用的资源（如，教材、技术、资金）等。在综合上述影响因素的基础上，切实发挥所选用教学方法的优势，来保证选用的教学方法契合中学生态文明教育的实际需求。

（二）有效性原则

中学生态文明教育方法选用的有效性主要体现在教学方法的运用要符合生态文明教育过程的客观规律，符合学生生态文明素养形成与发展的规律，

能切实地、有效地达成中学生态文明教育的预期目标要求。生态文明素养是知识与技能、价值观、行为能力、品格等的综合体现，生态文明教育方法的选用要能促进学生生态文明素养的综合、多元发展，尤其要强化生态文明价值观的内化、负责任生态文明行为能力、批判性与创新性思维能力等的形成。即在教学方法的选用中要关注生态文明素养核心或关键要素的发展，加强互动性、体验性、参与性、探究性等方式方法的选用，充分发挥各种教学方法的多维发展功能。

（三）整合性原则

中学生态文明教育方法选用的整合性主要体现在充分发挥多种教学方法的组配优势。生态文明教育的目标和内容均具有多元性的特点，要求与此匹配的多元教学方法；另外，每一种教学方法均有其特点和适用情境，即教学方法具有相对的独立性，但仅使用一种教学方法又很难满足生态文明教育的实际需求，需要综合运用多种教学方法，才能达到预期的目标和效果。基于此，为达成预设的多元的生态文明教育目标，在综合考虑多元影响因素的基础上选取多种有效的教学方法并进行优化组合。多种教学方法组配过程中，可按照主从式（即一法为主、多法相辅）与并列式、协调式与交替式、渗透式与融合式等方式进行整合，教学方法组配中优势互补，以形成合力，取得最佳的教育效果。

（四）创造性原则

国际生态文明教育的方法倡导采用变革性的教学方法，创造性地使用教学方法，是人的认识能力、实践能力发展的具体体现。创造性使用教学方法主要体现在基于生态文明建设的实际情况、基础教育课程改革的时代需求，要求教师要具有求新求变的意识，不断创新生态文明教育的教学方法。生态文明建设过程中会不断出现新问题、新情况，基础教育课程改革推进过程中也会不断出现新的理念、新的方式方法，教师应在积极吸取国内外最新研究成果的同时，在生态文明教学实践中不断反思与改进，优化现有的生态文明教育方法及方法组配方式，在不断地扬弃、创造与发展中，形成与时俱进的生态文明教育方法体系。

综上所述，中学生态文明教育的方法选用要兼顾目标定位、内容特点、方法特点、学生特点、教育发展规律等多元影响因素，在遵循适切性、有效性、整合性、创造性等原则的基础上来选用中学生态文明教育方法及组配方式。

四、中学生态文明教育方法体系的构成要素

中学生态文明教育方法是为了达成预设的生态文明教育目标，通过生态文明教育内容对学生的心理、思想和行为活动产生影响和改变的方式方法的总和。在遵循上述中学生态文明教育方法的选用原则的基础上，并参考相关生态文明教育方法构成的文献分析和对中学教师观点调查的分析结果，力图构建出一个具有一定层次性、科学性、可操作性的方法体系，以期为中学生态文明教育方法的有效选用提供参考与借鉴。现将中学生态文明教育方法体系的构成要素阐述如下（教学方法体系框架参见图6-3）。

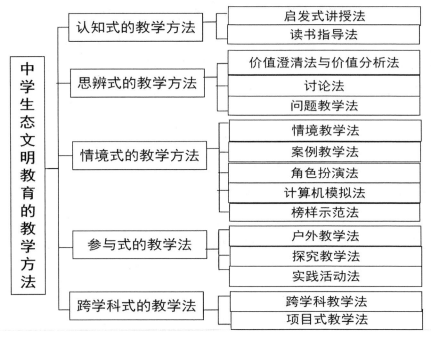

图6-3 中学生态文明教育的教学方法体系框架

（一）认知式的教学方法

此处认知式的教学方法是指以传授生态文明知识与理念为主要目的，引导学生通过对所学生态文明知识的理解和掌握，来提高生态文明素养的教学方法。中学生态文明教育中认知式的教学方法主要包括：讲授法、读书指导法等。

1. 启发式讲授法

讲授法是教师通过语言系统连贯地向学生传授知识、发展智能，陶冶思想的教学方法。讲授法是最基本的教学方法之一，也是中学生态文明教育中教师采用率最高和并被认为是效果较好的教学方法，通过摆事实、讲道理的方式促进生态文明认知的提高，其他教学方法在使用中大多伴之以讲授法。为了提高讲授法的教学效果，在教学过程中倡导以启发式讲授法来开展生态文明知识性的教学，并提高其使用的艺术性和科学化水平。教师可以通过生动形象的描绘和陈述，以及启发诱导性的设疑和解疑，启发学生思维，使学生在较短的时间内获得较为全面系统的生态文明知识，并把知识教学、情感熏陶和智力发展等有机地融为一体。启发式讲授法在生态文明相关理论与政策、环境保护科学知识、资源环境国情等内容的教学中发挥着重要作用。

2. 读书指导法

读书指导法又称阅读指导法，是教师指导学生通过阅读有关的文字材料，以获取知识或巩固知识，培养能力的一种教学方法。读书指导法可以帮助学生加深理解和牢固地掌握知识，可以扩大学生的知识领域，也是培养学生自学能力的一种较好的方法。包括指导学生进行课前的预习、复习已学过的知识、阅读课外读物等。在中学生态文明教育中涉及生态文明相关真实事例、拓展的资料卡片、环保科技前沿等材料的阅读与分析，是学生获取生态文明知识的渠道之一。相关学科的课程标准也对读书指导法的运用提出了相关建议，如初中地理课程标准中指出"组织学生进行地理阅读，引导他们欣赏中国的自然和文化景观，认同中华优秀传统文化"等，此外相关学科课程标准中提供的生态文明相关的情境素材和系列查阅资料类的活动，也可以转化为读书指导法的具体应用情境，该方法通常与其他教学方法如案例教学法、问题教学法等组合使用。

（二）思辨式的教学方法

生态文明教育的核心在于生态文明价值观的形成与内化。思辨式的教学方法主要是指有利于生态文明价值观形成与内化的教学方法。思辨式的教学法可以帮助学生在比较、鉴别中提高认识，在价值冲突中深化理解。中学生态文明教育中的思辨式的教学方法主要包括：价值澄清法与价值分析法、小组讨论法、问题教学法等。

1. 价值澄清法与价值分析法

在生态文明教育中，不宜直接向学生灌输某种价值观，而主张教给学生澄清与分析自我价值的技巧，帮助学生形成自己的价值观。价值澄清法和价值分析法是促进学生科学生态文明价值观形成的行之有效的教学方法。价值澄清法是由教师向学生提供某一生态环境问题的不同价值观，引导学生选择或提出自己的价值观，通过讨论争议，消除不恰当的价值观，确认恰当的价值观的过程①。一般认为，价值澄清的过程要经历三大阶段共七个具体的步骤，即：（1）选择：①自由无强迫的选择；②从多种可能中选择；③慎重考虑后果后的选择。（2）珍视：④珍视自己的选择；⑤乐意向别人公开自己的选择。（3）行动：⑥根据选择采取行动；⑦重复这种行动，并形成自己的生活方式。

价值分析法是把科学的、合乎逻辑的思维方法应用到价值观的研究中，它的主要目的是检视在一连串处境中不同人士的价值立场。价值分析法的运用一般包括以下几个步骤：（1）观察与区分：学生辨认并描述资料或案例中的利益冲突情况。（2）描述与区别：学生描述他们所观察的冲突行为，以及这些行为所显示的价值观。（3）辨认、描述、假设：教师要辨认出若干价值观，描述其内容，并让学生选择。（4）辨认—分析：学生辨认出各种利益团体的价值冲突，以及分析出相关的行为。（5）假设：学生探讨利益冲突的价值来源，并提出假设，教师尽可能提出理由支持他们。（6）回顾：学生说出

---

① 祝怀新. 环境教育论［M］ 中国环境科学出版社，2002：253.

资料或案例中的所有价值观，并预测与比较各种价值观的假设结果。（7）要求学生说出他们个人爱好的价值观。通过上述价值澄清与分析的过程，可以培养学生选择具有积极意义的生态文明价值观。生态文明建设中涉及很多有争议的问题，这些问题背后所隐含的价值观不尽相同，需要加以澄清与确认。经历价值的澄清与分析过程，有助于学生进一步确认自己的生态文明价值取向，有助于学生衡量各种解决方法的得失，同时有助于学生判定自身的行动是否与其价值观一致。例如，关于"巴西热带雨林的开发与保护"是一个典型的有争议的问题，通过权衡不同的价值观所带来的利与弊，最终确立个人正确的生态文明价值观。

2. 讨论法或辩论法

讨论法是学生在教师的指导下为解决某个问题而进行探讨、明辨是非真伪以获取知识、形成技能和发展能力的方法。恰当运用讨论法能发挥学生的主体作用，调动学生学习的积极性和主动性，培养学生的合作和交往能力。讨论法又分为分组式和辩论式，分组讨论更易于操作。选择恰当的生态文明主题来开展讨论，比如，以"巴西热带雨林开发的利与弊"为主题展开讨论，教师可按不同角色立场进行小组划分，展开利与弊的辩论，并讨论巴西热带雨林的开发对全球环境的影响；讨论能源利用带来的环境影响和可采取的应对措施，讨论核能利用可能带来的问题，讨论节约用电如何从自身做起，围绕"工业革命带来的利与弊"展开辩论等。讨论法作为基本的一种教学方法，通常与其他教学方法进行组合使用。

3. 问题教学法

问题教学法是指教师在生态文明教育过程中，通过提供给学生一个有争议的问题（一般是学生身边的环境问题），让学生亲自参与调查，收集资料，并对收集到的相关资料和初步确定的解决方案进行讨论，列出可能的行动，预测行动的成果，最后选取并评价最佳的行动方案，这一过程可以有效培养学生分析问题的方法、技能和态度[①]。选取的生态文明相关问题必须是有争议

---

① 魏智勇 . 中小学环境与可持续发展教育 [M]. 北京：中国环境出版社，2013：132.

的问题，即对于该问题的状况和解决方法存在不同的意见、价值观。在实际教学中，学生在问题解决的驱动下需要具备有关争议问题的背景知识，了解有关争议问题的已有解决途径和解决相似问题所采取的行动方案。2019 年人教版高中地理教科书中编制了生态文明教育相关的"问题研究"栏目，如"何时'蓝天'常在""能否淡化海冰解决环渤海地区淡水短缺问题""如何提升我国西南喀斯特峰丛山地的经济发展水平""如何让城市不再'看海'""低碳食品知多少"等，这些问题研究栏目是利用问题教学法开展生态文明教育的良好载体。

（三）情境式（或体验式）的教学方法

此处情境式的教学法是指利用一定的真实情境或虚拟情境，使学生身临其境，增强吸引力和感染力，从而促进学生生态文明情感与价值观形成的教学方法。中学生态文明教育中的情境式的教学方法主要包括：情境教学法、案例教学法、角色扮演法、计算机模拟法、榜样示范法等。

1. 情境教学法

情境教学法是指在教学过程中教师有目的地引入或创设以形象为主体的、具有一定情绪色彩的、具体活动的、能够提供学习资源的场景，并使学生心理机能得到发展的一种教学方式①。学生所要学习的知识存在于情境中，相应地情境也体现了知识的应用，因此情境教学法能将认知活动和情感活动有机结合起来。中学生态文明教育常用的教学情境有：生产生活情境、问题情境、模拟情境、实践活动情境、实验情境等。运用情境教学法时，可遵循创设情境—感知情境—理解情境—深化情境的步骤来进行操作，引导学生从情境中深化对生态文明情感与价值观的认同，进而体现在日常的生活方式中。在运用情境教学法开展生态文明教育时，要注意选取的教学情境要具有针对性、启发性、真实性、可接受性、趣味性等特点，开展情境教学时尤其需要强化情境使用的全程性、情境之间的关联性、情境促进学生多元发展的功能，以达到最佳的生态文明教学效果。情境教学法也是基础教育课程改革中积极倡

---

① 王同顺. 情境·探究·建构——课堂教学的优化 [M]. 济南：山东教育出版社，2007：97.

导的一种教学方法，中学相关学科的课程标准和对应的教科书中均提供了大量的生态文明教育相关的情境素材，教师应根据教学需要积极选用，并不断提高情境教学法的使用能力，以促进学生生态文明情感的升华与内化。

2. 案例教学法

案例教学法是指以案例为依托，教师和学生共同对案例或疑难问题进行讨论的教学方法，该方法有助于增强教学情境的凝聚力，提高学生分析问题、解决问题的能力，加强学生之间的交流与合作。基于现实材料的生态文明案例，内容生动、真实，能激发学生关注生态文明建设等热点问题，促进学生对生态文明理念有更深入的理解。案例教学法的关键在于案例的选取和案例的分析，选取的生态文明相关案例应具有典型性、蕴含生态文明的理论知识、并具有相对的完整性，典型事例的情感体验价值和迁移价值更强；案例分析的过程一般主要包括案例阅读、分析问题、拟定方案、方案的评价与抉择四个步骤，组织好案例讨论是案例教学的中心环节。案例教学法在中学地理、生物等学科的教学中被给予高度关注，倡导采用案例教学的方式来具体分析人类活动与自然环境相互关系的典型案例，帮助学生理解人与自然和谐共生的生态文明理念，掌握分析生态环境问题的思路和方法，实现知识的迁移和能力的提升。比如，2019 年人教版高中地理教科书中编制了系列生态文明教育相关的案例栏目，如"大气中二氧化碳含量的变化与人类活动""城市热岛环流""1953 年荷兰遭受风暴潮袭击""纽芬兰渔场的形成与衰败""'年轻'的黄河三角洲""我国黄淮海平原盐碱地的综合治理""贵州望谟'6·6'山洪灾害""八大环境公害事件""2030 年可持续发展目标"等，这些案例栏目均是案例教学法开展生态文明教育的良好载体，在充分利用教科书中现有案例的基础上，教师可应根据教学需要积极开展生态文明相关案例的创编。

3. 角色扮演法

角色扮演法是由教师创设一个模拟情境，由学生扮演其中某一角色，然后就某一问题进行讨论或争论。许多生态文明相关问题的产生、发展和解决都需要牵涉多方的利益关系，角色扮演的形式生动活泼，有利于学生通过角色转换能站在他人的立场思考问题，了解不同地区、不同机构、不同人群在问题解决中的各自立场和作用，并有机会充分表达自己的意见；通过协调各方面的关系，有助于学生对复杂环境问题的理解，并从综合的角度更有效地解决实际问题，对于学生生态文明价值观的内化也非常有利。教师可组织学生以具体生态文明事件中不同角色立场（企业、政府、民众、学者等身份）为依据分组收集资料并分析讨论，重现事件后期处理中出现的各种矛盾与利益冲突，在头脑风暴中引导学生构建"人与自然和谐共生"的生态文明价值观。如，利用角色扮演法开展"如何拯救海洋"的活动，可安排以下角色：联合国官员、政府官员、渔民、旅游人士、石油公司总裁、市民等，要求角色扮演者表达与探讨他们对于拯救海洋、自身利益保护等问题的看法，角色扮演者应和其他未参加扮演的同学共同讨论[①]。中学相关学科的课程标准中也提供了系列生态文明教育相关的角色扮演活动，比如"巴西热带雨林开发的利与弊"的角色扮演、以角色扮演的形式模拟各国代表在"联合国气候变化大会"上的发言等，教师应根据实际需要积极选用。

4. 计算机模拟法

当前，以大数据、互联网为代表的新一代信息技术迅速发展，为中学生态文明教育的方式方法革新带来契机。计算机模拟法以"互联网＋"为依托，设计模拟真实情境，实现信息技术与生态文明教育的深度融合，进而提升生态文明教育的效果，推动中学生态文明教育的高质量发展。计算机虚拟现实技术可以提供开展全球对话并促进相互尊重和理解的环境，让学生直观感受并体悟全球性多重危机的严峻性，丰富自身对地球、生态系统与其他生命共同体的具身知识与理解，培养他们变革自我与社会所需的关键能力[②]，塑造其参与生态文明建设的使命感与责任感。如，芬兰政府主导开发"环境在线"主题网站，"环境在线"的主要教学方法是在国际视野下关注当地环境，即国

---

① 王民. 地理新课程教学论 [M]. 北京：高等教育出版社，2003：175.

② 岳伟，李文娟. 可持续发展教育演进逻辑与未来趋势 [J]. 比较教育研究，2023（4）：3-11+33.

际性思考和区域性行动相结合；学生可以通过该网站进行环境信息的实时共享。学生根据主题内容收集环境信息，每个主题结束时举办活动周进行学习和讨论，在潜移默化中提高学生生态文明素养①。我国中学相关学科的课程标准中也提供了系列利用信息技术创设虚拟情境的活动，如可运用虚拟现实（VR）、增强现实（AR）等技术手段，让学生虚拟参观养殖场，模拟从海水中获取淡水的实验，模拟酸雨对植物、建筑等的影响，等。

5. 榜样示范法

榜样示范法是指为了提高学生对生态文明的思想认识和规范其在日常生活中的行为，通过生活中的典型事例或典型的榜样人物来感染或影响学生的生态文明态度和行为，以达到良好示范作用的教学方法。榜样是模范和良好的典型，榜样示范也是一种情境的营造与创设，榜样示范法是道德教育中常用的一种教学方法，生态文明教育属于德育的范畴，所以榜样示范法也是生态文明教育中的常用方法。生态文明教育中典型的榜样人物，可以是学生群体中树立的生态文明先进典型，以先进典型引领所在班级乃至学校的生态文明氛围；也可以是教师日常的生态文明行为示范，教师的生态文明行为表现会潜移默化地影响学生，特别是在校园中教师的言行举止耳濡目染影响学生的行为选择，所以教师要做好生态文明宣传员和践行者，并不断提升自身的生态文明素养和生态文明教育能力。

（四）参与式的教学方法

参与式的教学方法是以行动为导向的，可以让学生在参与行动中反思自身的经验；可以将抽象概念与自身经验和生活联系起来，从而加深认知、明确价值观、培养能力，能对提高生态文明教育的质量作出重要贡献。生态文明教育具有实践性的特点，决定了生态文明教育注重参与式的教学方式。国际环境与可持续发展教育的实践过程中，获得认可度最高的学习方式是参与式／合作式学习。中学生态文明教育中的参与式教学方法主要包括：户外教学法、探究教学法、实践活动法。

---

① 谢燕妮 . 芬兰中小学可持续发展教育研究 [J]. 世界教育信息，2017（5）：50-59.

1. 户外教学法

户外体验教学与生态文明教育是源与流的关系，离开自然环境和户外体验，生态文明教育无异于闭门造车。户外教学法是指教师有计划地、有目的地引导学生直接从环境中得到真实的、实际的体验，以便发展学生保护与改善生态环境的意愿，进而形成正确的生态文明价值观与态度。基于自然场景的户外教学法注重学生的深度参与和具身体验，学生在实践与体验中理解生态文明知识、培育生态文明情感、内化生态文明价值观、历练生态文明思维，进而启迪和发展学生实现人与自然和谐共生的行为自觉。可见，户外教学对于学生的生态文明认知、技能、情意、行为等方面的培养均有重要作用，是生态文明教育实施中积极倡导的一种教学方法。

教师可根据教学内容需要设计形式多样的户外教学活动，如各种自然环境要素的观察观测活动，地区人口、资源、环境的考察调查等户外活动。相关的户外体验活动在中学地理、生物、化学、物理等学科的课程标准和教材中广泛存在，教师应积极加以选用。户外教学对学校的资金、硬件条件以及教师队伍建设都提出了更高的要求。教师应加强对户外教学法的价值认识，并不断提高实施户外教学的组织和管理能力，为学生提供更多现实生活中参与生态环境问题的切身体验和积极经验，让其感受生态环境的改善所带来的愉悦感、幸福感和成就感，从而进一步激发积极参与生态文明建设的强烈意愿和内在动力。

2. 探究教学法

1982 年，美国芝加哥大学教授施瓦布（J. J. Schwaab）曾对美国教师进行调查发现：用于环境教育的教学法中探究式教学最有效。探究教学法是基础教育课程改革中大力倡导的一种教学方法，对于学生综合生态文明素养的培养同样具有重要价值。探究教学法强调学生在学习过程中自主构建知识，并掌握科学探究的过程和方法，教师是学习进程的促进者。探究过程一般包括如下要素：提出问题、作出猜想与假设、制定计划、搜集证据、处理信息、得出结论、表达交流、反思与评价等。在探究教学活动中，上述探究要素可不要求全面（即分为完全探究和不完全探究），探究要素的顺序也可调整，但要求一定要从问题出发，经过学生自主的探究学习得出科学结论。讨论、实验、调查等形式均是学生进行科学探究获取证据的重要途径，因此科学探究按形式又分为讨论探究、实验探究、调查探究，其中实验探究教学法在物理、化学、生物等学科渗透生态文明教育中有广泛的应用。

在生态文明教育过程中，教师应充分认识到探究教学法对于学生积极参与生态文明相关问题的探索与实践的重要价值，鼓励学生主动关注社会生态文明建设中的热点、难点问题，在此过程中要注重激发学生的好奇心、想象力、创新精神和批判性思维，并根据学生的认知发展水平，采取多种形式确保学生经历自主合作探究的过程，最终提出具体的、切实可行的生态环境问题解决方案，培养学生参与生态文明建设的责任感，获得识别、解决和预防生态文明相关问题的方法与技能，进而提升学生的综合生态文明素养。中学相关学科的课程标准中也列出了系列生态文明相关的探究活动，比如，探究环境因素对种子萌发的影响，通过实验探究植被对土壤的保护作用，探究土壤酸碱性对植物生长的影响，探究湿地的功能，探究环境污染对生物的影响，探究远距离输电中导致电能损耗的因素，探究太阳能在地球上是怎样转化为其他形式能量的、探究如何做到经济社会发展与生态文明建设相统一等。

3. 实践活动法

实践活动法是指让学生参加社会实践活动，以培养学生解决实际问题的能力和多方面实践能力的教学方法[1]。中学生既是生态文明的宣传者，也是生态文明的积极践行者。引导与鼓励学生参与符合生态文明理念的生活方式、消费方式，从身边做起，从小事做起。除在学科教学中积极开展生态文明相关的实践活动，还可寻求生态文明教育与综合实践活动的融合，增强学生的实践参与。比如，开展植树绿化、环保宣传（如，标语宣传、板报宣传、手抄报宣传、海报宣传、情景剧表演等形式）、垃圾分类、绿色低碳消费等各类社会实践活动。

---

① 黄埔全，吴建明. 课程与教学论 [M]. 北京：中国人民大学出版社，2019：201.

（五）跨学科式（或项目式）的教学方法

生态环境问题具有复杂性和广域性，因此生态文明教育应打破学科界限，实现各学科在生态文明教育上的同向同行，用一种跨学科的教育整合策略来培养学生的综合生态文明素养。生态文明教育为整合各门学科，加强各门课程内容之间的联系，提供了可能和实现的方式。中学生态文明教育中的跨学式教学方法主要包括：跨学科教学法、项目式教学法等。

1. 跨学科教学法

跨学科教学作为一种教学方式，是指以一个学科为中心，在这个学科中选择一个中心题目，运用不同的学科知识，展开对所指向的共同题目进行加工和设计教学[①]。跨学科教学能够对于学生知识的获得、能力的开发和价值导向起着积极促进作用。基础教育课程改革对跨学科教学进行了积极的关注，并设置了跨学科实践活动，以强化跨学科教学方法的使用。

生态文明教育在实施方面体现出鲜明的跨学科、多学科的协同性，需要调用多学科的知识和方法，破除学科之间的界限或壁垒，通过选取生态文明相关的主题内容（如生态文明建设、环境保护、资源利用、家乡环境等），采取以一门学科为主（如地理、生物），借助其他物理、化学、思政、历史等多门关联学科相互配合、协同实施的方式，能够充分利用相关学科的特色和优势，激发学生解决实际环境与发展问题的意识和责任心，进而提高学生综合解决问题的实践能力和创新能力。各学科教师应积极开展基于生态文明主题的跨学科合作，关注学科间的联系与差别，做到学科间有交叉但不重复，有融合但不堆砌。

比如，利用跨学科教学法来开展"水资源保护"的生态文明主题教学，需要地理、物理、化学、道德与法治、生物等学科的整合，通过地理课程了解水资源现状、分布等问题；物理、化学课程了解水的特性、净化、水污染及处理过滤等内容；道德与法治课程中了解节约用水、爱护水体是人类生存

---

① 杜惠洁，舒尔茨. 德国跨学科教学理念与教学设计分析 [J]. 全球教育展望，2005, 34(08): 28-32.

之美德，以及强调严禁违反、破坏生态环境红线等法律法规的内容。再如，利用跨学科教学法来开展"垃圾的分类与回收利用"的生态文明主题教学，需要融合化学学科、生物学科、地理学科、道德与法治等学科的相关内容进行整体规划，建立跨学科知识系统，主要内容包括垃圾导致的环境问题，垃圾分类方法、垃圾的处理办法及相关的政策法规，跨学科教学有利于学生绿色消费观念、垃圾分类习惯的形成。确立具体主题后，跨学科教学法在实施与操作中需要关注以下几个关键问题：一是需要明确以哪一学科为主导，可以关联哪些学科；二是设计具体的跨学科思路与方法，即设计好如何跨的问题；三是如何有效开展跨学科教学的评价。

2. 项目式教学法

项目式教学法是设置一系列完整的有挑战性的任务或研究项目，使学生在完成的过程中将理论和实践有机结合，它以学生为中心，以任务为导向，以培养学生的各种能力为首要教学任务。项目式教学也是基础教育课程改革中积极倡导的一种教学方式，并在相关学科的课程标准在"学习活动建议"部分提供了系列项目式学习活动（如，调查并分析当地近年来空气质量变化的原因，制定水循环利用方案，设计海报或制作短视频宣传低碳生活等），由于这些研究项目具有一定的挑战性，多数属于跨学科的项目范畴。中学阶段可围绕"水资源保护""全球气候变化""臭氧层空洞""光化学烟雾事件""防灾减灾""保护生物多样性"等生态文明主题开展项目式教学。在项目式教学中，教师扮演指导者的角色，一般来说项目式教学的流程主要包括：确定主题、制定方案、实施项目设计、形成作品、展示作品、项目评价等环节。比如，"基于碳中和理念设计低碳行动方案"项目是跨学科项目式教学的具体案例，该项目以化学与环境问题的解决思路作为整体框架，主要包括环境问题是什么（二氧化碳排放过多导致全球气候变暖）、有什么影响（气候变暖的危害）、如何防治（碳中和）、怎样解决（减少排放、增加吸收）等方面的内容①，需要遵循项目式教学的操作流程，融合化学、生物学、地理、道德与法治等学科课程内容来开展教学。

综上所述，本章从认知式、思辨式、情境式、参与式、跨学科式的教学方法五个层面来构建中学生态文明教育的方法体系，每一层面又包含多种具体的教学方法。除上述主要的教学方法外，还有欣赏法、演示法、实验法等其他的教学方法。在生态文明教育过程中，教师应不断更新教育观念、改革教学模式、优化创新教学方法及其组合，为生态文明教育目标的有效达成和生态文明教育的高质量发展发挥重要作用。

① 胡久华. 义务教育化学课程中跨学科实践活动的设计与实施 [J]. 课程·教材·教法, 2023, 43(7): 125-132.

第七章　中学生态文明教育优化策略

　　"将生态文明教育纳入国民教育体系"的趋势不可阻挡。在相关文献分析和现状调查的基础上，明确了中学生态文明教育在实施中主要存在以下几方面的问题：第一，中学生态文明教育的目标定位有失偏颇，表现为重"知""情"，轻"意""行"，目标过于宏观，有待细化；第二，中学生态文明教育的内容选择与配置欠均衡，表现为零散、缺乏系统性；第三，中学生态文明教育的教学方法选用实效性较差，传统的教学方法仍占主导地位；第四，中学生态文明教育的教学评价仍较为随意，规范性有待提升；第五，中学生态文明教育的师资培训较为薄弱，影响生态文明教育质量的提升。本章主要针对上述存在的问题从目标定位、内容选择与配置、教学方式方法、教学评价、师资队伍建设、制度保障等角度提出具体的优化策略，从而为中学生态文明教育的高质量发展提供支撑。

一、教学目标定位应聚焦生态文明核心素养的培育

　　当前中学生态文明教育的教学目标定位偏重于生态文明知识掌握与生态文明意识的形成，对于生态文明价值观的内化、生态文明行为能力以及生态文明思维能力的培养处于弱化境地，不利于生态文明素养的整体提升。为有效发挥生态文明教育对生态文明建设的重要支撑和推动作用，应转向学生的生态文明综合素养培养，并聚焦于生态文明核心素养的培育。生态文明核心素养是通过生态文明教育所应达成的正确生态文明价值观、必备的生态品格

和关键能力。本书第四章已构建出中学生态文明教育的目标体系框架及具体的构成要素，并对各要素进行了具体解析。基于生态文明教育特点、内容构成及育人价值的分析，中学生态文明核心素养应包括：生态文明观念、生态文明思维、生态文明实践、生态文明责任。

（一）核心素养之一：生态文明观念

生态文明观念是生态文明建设中人类在处理人、自然和社会三者之间联系与关系过程中所形成的基本观念，是生态文明素养情意层面的核心构成要素，是对生态文明认知、情感的升华，又是指导生态文明行为的重要驱动因素，在生态文明素养培养中起着关键纽带的作用。生态文明观念主要包括：人与自然和谐共生的自然观、绿色协调的发展观、平等公正的可持续发展观、合作共赢的全球观、生态文明法治观、生态文明安全观、生态文明科技观等，涉及自然观、发展观、价值观、全球观、法治观等范畴。具体生态文明观念构成要素的含义在前面章节中已有所阐述，这里不再赘述。其中，人与自然和谐共生的观念是生态文明的核心观念，对其他观念起着统领性的作用。在中学生态文明观念相关教学目标的确立中，应避免观念目标的泛化处理，注意通过与具体的生态文明知识内容，以及恰当的途径与方式手段相结合，来明晰具体的生态文明观念要素，即注意观念目标的可操作、可观察、可测量。

（二）核心素养之二：生态文明思维

生态文明思维是中学生态文明教育的重要目标之一。联合国教科文组织发布《教育促进可持续发展目标：学习目标》中指出，可持续发展教育应培养促进可持续发展的八项跨领域重要能力，其中的系统思维能力（认识和理解相互关系的能力，分析复杂系统的能力，思考各系统如何嵌入不同领域和不同范围之内的能力，应对不确定性的能力）、预期能力（理解和判断未来多种可能性的能力，评估行动后果的能力，应对风险和变化的能力等）、批判思维能力（质疑规范、习俗和意见的能力，反思自身价值观、认识和行动的能力，在关于可持续发展的对话中站定立场的能力）等均属于思维能力的范畴，也是生态文明教育中应着力培养的思维能力。基于中学生的身心特点，中学阶段应着力培养以下三种生态文明思维方式：系统整体性思维、辩证思维、创新与批判性思维。其中系统整体思维主要体现在从系统与要素、要素与要素之间相互联系和作用的角度来认识、思考人与自然之间、生态系统各要素之间的关系，乃至综合分析与解决生态环境相关的问题；辩证思维主要体现在从辩证的角度看待生态环境保护与经济发展之间的关系；创新思维主要体现在面对一系列生态文明新问题、新情况，要有求新求变的心态与思路去解决，批判性思维与创新思维相得益彰，批判性思维的发展有利于创新思维的形成，应注重价值批判与反思能力的培养。在中学生态文明的教学目标确定中应注意显性体现生态文明思维的目标要求，针对教学内容特点进行有针对性的分解与细化。

（三）核心素养之三：生态文明实践

生态文明教育具有很强实践性的特点，因此生态文明实践技能和能力的培养至关重要。生态文明实践主要是指基于获取生态文明知识、内化生态文明价值观、解决真实生态文明相关问题的生态文明实践过程中，形成的生态文明技能、生态文明行为能力以及生态文明相关问题的解决能力，最终落脚点是养成良好的生态文明行为方式和生活习惯。生态文明实践主要包括：参与生态文明实践活动以及过程中形成的生态文明行为技能与能力。参与的生态文明实践活动主要有：自然户外体验、生态文明主题的探究、生态文明宣传、生态环境保护与改善、生态文明消费、生态文明调查研究与社会决策、生态文明的法律监督等；生态文明行为能力主要包括：获取生态文明相关信息的能力、整理分析文明相关信息的能力、解决生态文明相关问题的能力，以及交流与表达的技能、分工与合作解决问题的技能等。教师在生态文明教育相关教学目标的确立中，应通过多样的生态文明实践活动形式来促成相关生态文明技能、生态文明行为能力以及真实问题解决能力的提高。生态文明行为能力的提升不是一蹴而就的，需要循序渐进地、反复地强化，才能达成预期的目标。

（四）核心素养之四：生态文明责任

生态文明教育的终极目标是培养和塑造符合社会需求的、积极的、负责的生态公民。社会责任是中国学生发展核心素养中社会参与领域的关键指标和核心成分。社会责任主要是指个体对社会所应承担或完成分内的事务，涉及家庭责任、集体责任、国家责任和人类可持续发展等多个方面，是个体针对自己所应承担责任的认知（知觉与意识）、情意（情感体验、态度、价值观）和行为能力（技能与行为）的综合表现。生态文明责任是社会责任中关于人类可持续发展维度应承担的责任。中学物理、化学、生物等学科课程的核心素养中均将社会责任作为重要构成要素，并进一步明确了生态文明责任是社会责任的构成要素。生态文明责任也是个人对其所应承担的生态文明建设责任的认知、情意和行为能力的综合表现，主要包括：明确自身应承担的生态责任（生态文明责任认知），形成节约资源、保护环境、推动生态文明建设和可持续发展的责任担当意识（生态文明责任意识），践行低碳环保的生态文明生活方式（生态文明责任行为）等。教师在生态文明教育相关教学目标的确立中，为提高目标的可操作性、可测量性，可将生态文明责任目标按其内涵进一步分解与细化，避免笼统表述。

二、教学内容选择与配置应注意各内容要素的均衡

参照最新颁布的中学相关学科课程标准，以及与之匹配的相关学科课程教科书中生态文明教育内容的分析以及部分中学教师对相关情况的意见反馈，中学的生态文明教育内容应在生态伦理、生态审美、生态文明相关法律法规、生态文明实践活动等内容的选择与配置方面做出相应的优化，进而形成科学、系统、均衡的生态文明教育内容谱系。

（一）合理选择和配置生态伦理的内容

生态伦理学是生态文明建设的重要支撑理论，生态伦理内容也必然是生态文明教育的重要组成内容。尊重自然、顺应自然、保护自然的生态文明理念是人与自然之间伦理关系的充分反映。生态伦理内容主要包括：生态伦理

核心理论、生态伦理原则与规范。自然价值与自然权利是生态伦理学的两个核心理论。当前中学生态文明教育在自然价值内容的选择上，主要关注点是在自然的经济价值（或资源价值）上，关于自然的生态价值、自然的内在价值、自然价值多样性的内容稍显薄弱，应适当予以强化，尤其是自然内在价值的内容更显薄弱；在自然权利内容的选择上应进一步加强显性化处理，当前以内隐的方式居多，需要充分加以挖掘，引导学生明确地球上所有的生命形态都具有生存与发展的权利，人类应尊重其他生命形态的生存与发展权利。当前中学生态文明教育关于生态伦理原则与规范的内容，主要是集中在日常生活领域（如，衣、食、住、行、购等）的行为规范，而对生产伦理、科技伦理、全球伦理等领域的规范内容关照力度不够，这些规范内容从合格公民教育的层面应加以关注；另外，当前关于生态伦理规范的内容主要是以课文表述或是相关资料卡片栏目的形式来呈现，即以静态的形式来呈现，仅停留在书面或口头的呼吁与倡导是远远不够的，有必要以相关的活动形式来加以呈现，提高其践行度；此外，还需要进一步明确生态伦理原则对具体行为规范的统摄与引领作用，避免互不关联，这样才能保证生态伦理规范的有效落实。

（二）合理选择和配置生态审美的内容

欣赏、赞美自然的情感是中学生态文明教育中的一条基本情感目标，为达成这一目标必须有其支撑的内容载体，因此生态审美的内容必然是生态文明教育内容构成中必不可少的维度。从国际环境与可持续发展教育的内容构成来看，美学元素一直也是其中的一项重要构成内容。具备一定的生态审美素养是生态文明建设过程中公民所必需的一项素养。生态审美的内容主要包含发现美、欣赏美、创造美的内容要素。当前中学生态文明教育中生态审美内容的选择与配置，以欣赏自然之美为主，对于发现自然之美、创造自然之美的内容稍显不足，欣赏自然之美仅是生态审美中的基础构成部分，而不代表全部，必须加以拓展与深化；另外，在生态审美内容的学科配置上，以地理、生物、语言类学科为主，其他学科乃至艺术类学科的生态审美价值也远未被充分挖掘出来。基于此，一是要明确生态审美的内容是生态文明教育中必不可少的内容，在相关学科教学和综合实践活动中应有充分体现，尤其是艺术类学科、物理、化学等学科需要加以关注；二是对于生态审美内容具体构成要素的选择与配置上，要适当凸显善于发现和捕捉自然之美，以及创造自然之美的实践体验，引导学生通过经历生态审美体验，从中获取归属感和幸福感，学会以审美的态度对待自然，自觉地维护和保护自然生态之美，并积极开展创造自然之美的活动。

（三）合理选择和配置生态文明法律法规的内容

生态文明法律法规是生态文明建设的刚性约束，也是中学生态文明教育的重要组成内容。中学生态文明法制教育的内容主要包括：一是普及生态文明相关的法律法规，二是关于环境权方面内容，三是关于合理用法和法律责任承担的内容。生态文明法制教育有利于引导学生在生态文明建设中自觉约束自身的行为，做到知法、懂法、守法、用法，形成生态文明法律意识和法治观念。当前中学生态文明法制教育的内容选择与配置，主要集中在生态文明法律法规文件的相关条款的普及，有利于学生了解保护生态环境的基本法律常识和基本义务，对于环境权、合理用法和法律责任承担方面的内容体现不足，后面几项内容对于生态文明法治观念的形成更具价值。其中，环境权是人的一项基本权利，主要包括环境生存权、环境利用权、环境知情权和环境侵害的请求权等，是有效护法、用法的重要支撑，在内容选择与配置中应加以重视，引导学生认识与关注环境权的存在，并能有效行使、维护自身的环境权益。关于合理用法和法律责任承担的内容，当前中学生态文明教育中选取的生态文明相关的法律案例仍较少，对于引导学生明确生态文明建设领域全面推进科学立法、严格执法、公正司法、全民守法的支撑力度稍显不足，需要予以强化。此外，生态文明法制教育的内容主要集中在道德与法制、思想政治学科中，在中学地理、生物、物理、化学等学科教科书中仅以星点的形式存在，不利于各学科合力开展生态文明法制教育，此方面也有必要做出优化。

（四）合理选择和配置生态文明实践活动的内容

生态文明行为是生态文明教育效果的最直观外在表征，生态文明实践活动是促进生态文明行为产生和生态文明行为能力形成的重要媒介。生态文明实践活动的内容和形式多元，主要有观察类、调查类、宣传类、实验类、社会决策类、法律监督类、日常行为参与类等，每种类型的实践活动均有其特定的价值。当前中学相关学科的课程标准和教科书中的生态文明实践活动数量和类型较为丰富，主要集中在自然体验类、观察类、调查类、宣传类的生态文明实践活动，而对于参与生态环境保护行动类（如，植树护绿、保护生物多样性等）的活动、生态文明的法律监督类（如，检举揭发生态环境污染事件、提交法律提案等）的活动较少；另外，对于日常生活行为参与类（如，垃圾分类、节水节电等）的活动主要是停留在倡议的层面，对于具体的实践与落实情况不得而知。基于此，在生态文明实践活动内容的选择与配置中，一是要均衡各类生态文明实践活动的配比，适当加强生态环保类实践活动和生态文明法律监督类实践活动的设计与配置；二是需要强化生态文明实践活动的实际效果，加强实操与践行的环节。

三、教学方式方法选择应关照生态文明素养的整体提升

教学方式方法的选用是影响教学效果的一个重要因素。当前中学生态文明教育的教学方式方法选用情况已不能适应培养学生综合生态文明素养的现实需求，必须予以调整与优化，并积极创新教学方式方法，助力中学生态文明教育的提质增效。

（一）注重参与式、活动式教学方法的选用

从国际环境与可持续发展教育的实践历程来看，需要以一种参与式、活动式的教学方法来促进可持续发展各项关键能力的形成，对于生态文明教育来说亦是如此。中学生态文明教育中的参与式教学方法主要包括：户外教学法、探究教学法、实践活动法等，也是当前中学教师公认的生态文明教学效果好的方法，应加以重视。

户外体验教学是参与式教学方法的典型代表。大量研究成果表明，传统以教室、课本为中心的教育形式虽能在一定程度上较好地完成知识的传授，但很难在真正意义上培养学生较高的综合素养。当前的教学实践中，受各种主客观因素的限制，户外教学的开展受限，致使这种方法的价值与功效远未发挥出来。户外教学法对于学生生态文明价值观的内化以及负责任生态文明行为的养成更具价值。教师应在针对教学内容，结合本地本校实际，积极创设条件开展生态文明相关内容的户外实践活动。教师在开展户外教学实践中应注意以下几点：一是重视学生的实地参与体验，开展"沉浸式""体验式"活动，学生可以从亲历中获得更真切的体验；二是充分利用地方的乡土教学资源，以及中小学生态文明教育基地、生物多样性体验地、劳动实践基地等场所资源，积极与社区、实践基地等建立关联，形成家—校—社联动；三是积极尝试以探究的思路来进行户外活动设计，寻求与综合实践活动、研学旅行等多种方式的融合，促进学生多元能力的发展；四是不断提升自身实施户外教学的组织和管理能力，保证安全的基础上取得更大的成效。

探究教学法是强调学生的自主构建、亲历参与的一种教学方法，对于学生生态文明价值观的内化、生态文明思维的形成，以及积极参与生态文明相关问题的探索与实践具有重要价值。探究教学法按探究的形式，可分为讨论探究、实验探究、调查探究，其中实验探究、调查探究更注重学生的行为体验与参与。实验（或调查）探究教学法是学生在教师的指导下，对某一具体问题通过实验（或调查）探索，获取知识、发展能力的一种教学方法。在生态文明教育中引导学生开展实验或调查探究活动，需要注意以下环节的设计与指导：一是关于实验（或调查）方案的设计与选择，需要充分调动、利用学生已有的知识和技能，提出不同的实验（或调查）方案，经过讨论比较，筛选出最佳方案；二是指导学生做好实验（或调查）探究，根据确定的实验（或调查）方案进行实验（或调查），通过对实验现象（或调查情况）的观察、记录来获取证据，并引导学生在整理分析的基础上得出结论，此环节是实验（或调查）探究的关键，需要加强实验（或调查）操作规范的指导和基于证据的推理分析；三是指导学生做好结论的表达与交流，组织学生将实验（或调查）结论以图文或口头的方式表达出来，此环节是学生思维参与的体现，需要加强结论表达的条理性、准确性的指导，并促进善于倾听、批判思考等优良品质的形成。

（二）注重跨学科式、项目式教学方法的选用

从国际环境与可持续发展教育的实践历程来看，跨学科式、项目式的教学方法的采用较为普遍，而且取得了较好的效果。从基础教育的课程改革来看，跨学科教学、项目式教学也是当前积极倡导的教学方式方法。生态文明教育自身的特点决定了其在实施跨学科教学、项目式教学方面具有得天独厚的优势，即生态文明教育为基础教育实施基于核心素养的教学提供了内容载体和平台，有利于实现两者的同向同行，与此同时能有效促进学生的综合生态文明素养提升。

跨学科教学、项目式教学均有利于学生综合问题解决能力的提升，两者既有融合点，也在具体的实施操作上存在一定的差异。跨学科教学方法强调打破学科之间的壁垒，需要调用多门学科的知识和方法，来解决真实情境中的问题；项目式教学方法强调以具有挑战性的任务或研究项目为导向，有相对模式化的操作流程，要求形成项目产品，并进行项目产品的展示与评价。可见，两者分属不同的教学方法，项目式教学中的项目可以是学科内的项目，也可以是跨学科的项目；而跨学科教学要求以一门学科为主，关联其他相关学科来综合解决实际问题。基于生态文明主题的跨学科教学，可以项目的形式来开展，两种教学方法的结合点即是跨学科项目式教学。教师在开展基于真实生态文明问题解决的教学时，根据具体教学目标的定位和两种教学方法的特点来选用具体的教学方法。下面以生态文明主题的跨学科项目式教学为例来说明其价值和具体应用。

跨学科项目式教学是以跨学科项目为载体开展的教学活动。跨学科项目式学习是为了解决一个真实而复杂的问题，学生学习并创造性地整合不同学

科的核心知识和能力以形成整合性的项目成果和新理解的学习过程①。义务教育阶段的相关学科课程标准新增了跨学科主题学习（或跨学科实践）的内容，为跨学科式、项目式教学方法的使用提供了平台，提倡学生运用跨学科的知识与方法，解决现实生活中的问题或形成产品，从而促进学生核心素养的发展。教师在充分利用各学科课程标准中提供的跨学科实践活动案例外，还应以地域性教学资源为依托，结合相关学科的教学要求，积极开发新的跨学科项目。例如，福建省泉州一中的某生物教师以泉州湾河口湿地保护区互花米草入侵问题为依托，设计开发了基于生态文明教育的跨学科项目式学习课程，教师按照"了解生态入侵现状—提出可行防治方案—探究开发利用新方向"的主题线索，运用生物学、地理、化学等跨学科知识理解互花米草的不同防治手段，并结合泉州湾的地域特点，设计适宜的防治方案，引导学生综合运用跨学科知识解决真实情境中的问题，在问题解决中建立了生态文明观念，切实感受到了践行生态文明理念的成就感，激发了参与科学研究的热情，学生的核心素养也得到全方位的发展②。

（三）注重思辨式、情境式教学方法的选用

生态文明教育的核心和关键在于生态文明价值观的形成与内化。思辨式、情境式的教学方法均是有利于学生生态文明情感、生态文明价值观形成与内化的教学方法。具体来说，中学生态文明教育中的情境式教学方法主要有：情境教学法、案例教学法、角色扮演法、计算机模拟法、榜样示范法等；思辨式的教学方法主要有：价值澄清法与价值分析法、小组讨论法、问题教学法等。其中，小组讨论法、角色扮演法、情境教学法等已成为当前中学教学中常用的教学方法，案例教学法、问题教学法在地理、生物、思政等学科渗透生态文明教育的教学中也有较多地使用，但对于价值澄清法与价值分析法仍采用较少，教师对此的了解也较少。

---

① 夏雪梅. 跨学科项目化学习：内涵、设计逻辑与实践原型 [J]. 课程·教材·教法，2022,(10):78-84.

② 陈志方，吴华勋. 基于生态文明教育的跨学科项目化学习课程设计与实践——以"泉州湾互花米草的防治与开发"为例 [J]. 中学生物教学，2023,(5):4-7.

　　基于此，中学生态文明教育中的思辨式、情境式的教学方法选用需要注意以下几点：一是需要提高对价值澄清法与价值分析法的认识和选用，生态文明建设中涉及很多有争议的问题，这些问题背后所隐含的多元价值观，需要加以澄清与确认，它们是促进生态文明价值观形成的行之有效的教学方法，应加以重视；二是在现有的基础上，进一步提高情境教学法、案例教学法、问题教学法使用的规范性和有效性，尤其需要注意情境教学法中情境使用的全程性、情境之间的关联性以及情境对学生的多元发展价值，案例教学法中典型案例的选取、案例的分析与讨论以及案例的迁移价值，问题教学法中基于问题展开的收集证据、分析与提出解决方案的科学性等；三是对于同一生态文明问题的教学，可尝试采用功效相当却不同的教学方法，例如对于某一有争议的生态环境问题，既可采用角色扮演法、小组讨论法，也可采用价值澄清法、问题教学法等，可结合教师、学情等其他影响因素进行选用。

　　（四）加强多种教学方式方法的优化组合

　　从前述中学生态文明教育方法体系的构建中可以看出，各类教学方法均有其特有的价值和功用，也有其局限性。为完成预期的生态文明教育的多元教学目标，并充分发挥教学方法之间的优势互补功能，需要进行多种教学方法的优化组合。教师在生态文明教育中需要结合主客观条件进行综合考量，选用并设计好多种教学方法的优化组配方式，既能丰富教学活动，调动学生的积极性，又能在有限的时间内取得最佳的教学效果。例如，"巴西热带雨林开发的利与弊"的教学，可以是角色扮演法、小组讨论法、价值澄清法的组合使用。再如，"基于碳中和理念设计低碳行动方案"的跨学科实践活动，是以跨学科项目式教学为主导的典型案例，基于该项目某研究团队开发了包括导引课、探究课、展示课等3种课型共6课时的跨学科项目教学；实施过程中需要与其他教学方法进行优化组合，导引课中通过"情境教学法""读书指导法"创设真实的问题情境，激发学生解决问题的动机；探究课中通过"实验探究教学法""讨论法""跨学科教学法"将低碳实际问题解决与二氧化碳的制备、性质与应用相结合，探讨具体可行的低碳行动方案，构建综合视角解决低碳问题。通过上述多元教学方法的优化组合，学生对生态文明知识的理解、实际问题解决能力、生态文明情感态度与责任等方面均能得到很好的发展。

四、教学评价应加强生态文明素养测评的规范与成效

当前中学生态文明教育活动庞杂、质量参差不齐，对于教师生态文明教育教学成效的评价，以及学生参与生态文明教育活动的科学评价一直处于缺失状态，不利于把握中学生态文明教育的实际效果，进而影响生态文明教育的持续改进与高质量发展。以科学、规范、常态的教学评价推动中学生态文明教育的高质量发展，实现以评促教、以评促学，形成规范高效发展的新格局，促进学生生态文明素养的全面提升。

（一）学习评价关注生态文明素养的测评

评价具有诊断、反馈、导向、激励、发展等多种功能，在倡导"教—学—评"一体化的基础教育课程改革中，应注重核心素养立意的学习评价，树立科学的评价观，重视发挥评价的育人功能。中学生态文明教育教学中，依据生态文明核心素养导向的教学目标，科学设计评价工具、优选评价方式方法，通过科学的学习评价促进学生生态文明素养的提升，进而提升生态文明教育课堂的育人成效。

1. 强化生态文明核心素养的测评

中学生态文明教育学习效果评价的着力点应是生态文明价值观、生态文明实践、生态文明责任，即情意和行为层面应是评价关注的要点。在中学相关学科课程标准的"评价建议"中对学习评价的评价内容、评价标准、评价方式等作了指导性的说明，对中学生的生态文明素养评价角度、内容有重要的导向作用。坚持素养导向，从生态文明知识、价值观、实践、态度责任等角度对学生进行综合评价。教师应明确评价既要重视学生的生态文明知识理解和应用的评价，又要关注学生生态文明价值观、责任感的评价，还要注意对学生参与生态文明实践的能力进行评价。后两个方面应是评价学生生态文

明素养的着力点所在，在具体的评价过程中应予以强化，以便精准地开展生态文明教育的学习效果评价。

2. 优选评价方式方法，注重过程性评价和综合性评价

生态文明教育评价方式方法的选择必须与生态文明教育的目标定位、教学方式方法选择保持一致。由于生态文明教育的目标具有多元性，为保证通过评价更加客观、科学、有效地反映实际的教学效果，需要采用多元的评价方式方法来对学习效果进行评价。当前的评价方式方法多样，主要有定性评价与定量评价、过程性评价与终结性评价、综合评价、增值评价等。在明确中学生态文明教育学习评价着力点的基础上，应根据实际情况优选适切的、多元的评价方式方法，并对多种评价方式方法进行综合运用。

在倡导基于证据来诊断发展学生生态文明素养的背景下，应注重过程性评价，并发展综合性评价。过程性评价主要体现在日常的活动表现评价和提交的相关作业（或活动成果）中。在众多评价方法中，作业法、档案袋法等是评价学生综合生态文明素养成效较好的评价方法，应在生态文明学习评价中予以一定的重视。综合性评价是对生态文明学习的过程进行多层次、多维度的评价，可根据重要程度对不同指标进行加权处理，以便更精准地评价学习效果。为保证生态文明教育中学习评价的科学与客观，需要制定科学的评价指标框架，确立衡量生态文明学习成果的标准，并发展规范的评价流程，方能达成较好的评价效果。此外，教师在开展生态文明教育的学习评价中，还应注意评价主体的多元性，教师评价、同伴评价和学生自评相结合，有利于促进学生监测自己的学习过程，并明确可能的改进方面；并注重提高学生自我评价、自我反思的能力，引导学生合理运用评价结果改进学习。

（二）教学评价关注生态文明教学能力的发展

教学评价是依据教育方针、一定的教学目标和教学规范标准，利用所有可能的评价技术对教学效果和教学目标的实现程度等作出价值上的判断，以期改进教学工作。此处的教学评价主要是指对中学教师开展的生态文明教育的教学质量进行评价。中学生态文明教育主要是通过学科课堂教学的渗透和

跨学科的生态文明教育活动来开展的，因此相关的教学评价也是基于这两个角度来开展评价，其评价的关注点均在于教师实施生态文明教育的教学能力状况。

1. 学科渗透式生态文明教育的教学评价

对于教师实施的学科渗透式生态文明教育的评价，可从教学目标、教学内容、教学方法、教学常规、教学效果等角度开展评价，需重点关注教学目标、教学内容、教学方法、教学效果等角度的评价。具体来说，在教学目标的定位上，是否符合学科的特点和生态文明教育的特点；是否在完成学科教学目标的同时，也能达成相关的生态文明教育目标要求；教学目标是否具有一定的可操作性、可测量性等。在教学内容上，能否科学、准确地讲解学科中的生态文明相关内容，渗透的生态文明教育内容的深广度是否符合学科课程标准的要求，生态文明教育内容能否与学科教学内容有机融合，渗透的生态文明教育内容能否与学生的生活经验或社会发展热点问题相关联等。在教学方式方法上，能否有效地选用多元化的教学方法及进行教学方法的优化组合；能否体现以学生主体，学生充分参与课堂的讨论、调查、实验探究等活动；是否采取了有效的组织和引导措施，调动学生参与的积极性等。在教学效果上，是否激发了学生学习的兴趣与积极性，是否丰富了学生的生态文明知识，是否发展了学生参与生态文明建设的意愿与责任感，是否发展了相关的生态文明行为技能与能力等。

2. 跨学科式生态文明教育活动的教学评价

对于教师实施的跨学科式生态文明教育活动的评价，可从活动目标、活动内容、活动形式与方法、活动效果等角度开展评价。具体评价的要点在于：是否明确此活动在生态文明教育中的地位和作用，此活动能否与课堂的渗透教学相协调、相辅相成，活动的内容能否与地方的生态文明建设问题建立紧密的关联，活动的实施能否培养学生参与生态文明建设的积极性与能力等。

中学生态文明教育的教学评价可根据不同教学形式，进行有针对性的评价，以形成通过科学评价促进生态文明教育良性规范发展的新格局。针对学科课程的渗透教学，形成学校校长、教学管理人员和教研员听评课制度，明确学科课程渗透生态文明教学的评价要素和要求，加强过程性与增值性评价，注重发挥教学评价的引导、诊断、改进发展、激励功能；针对跨学科的生态文明教育，要通过评价引导教师进一步提高生态文明主题的跨学科教学设计和跨学科实践活动的设计水平，促进教学更好地适应生态文明素养形成与发展的要求，不断提高教师开展生态文明教育的质量和有效性。

五、师资培训应关注教师生态文明教学能力的提升

中学教师自身的生态文明素养水平以及实施生态文明教育的能力是影响生态文明教育质量的重要因素，即生态文明教育的有效推进离不开教师的引导和示范。调查结果显示：中学教师的生态文明素养水平和生态文明教育教学能力均不能满足实际需求，在知识储备和胜任能力层面均存在欠缺；有机会参与生态文明教育培训的教师仍属于少数，不能在整个教育系统中发挥有影响的作用。因此，中学生态文明教育的师资培养和培训工作应引起相关部门的关注和重视，推进生态文明教育师资队伍建设应成为新时代生态文明教育的重要环节。

（一）职前师资培养

只有未来的师资具备了较高的生态文明素养和生态文明教育教学能力，才能有效地指导和开展中小学的生态文明教育活动。基于当前中学生态文明教育师资缺乏的现状，师范等院校应关注并加大生态文明教育专业人才的培养力度，培养一批满足基础教育需求的高素质的生态文明教育师资队伍。

1.师范等院校加强生态文明教育课程建设

师范等院校（尤其是高师院校）承担着培养基础教育师资的重任，在整个教育体系中居于基础性地位。课程是学校生态文明教育最基本、最有效的形式，科学、合理的生态文明教育课程建设，是确保生态文明教育成功的前提和关键。师范等院校的生态文明教育课程建设情况将直接影响未来中小学教师的生态文明素养及生态文明教育能力，进而影响未来中小学的生态文明

教育质量。师范等院校应将培养兼具生态文明素养和生态文明教育能力的专业人才纳入学校培养目标中，组织相关领域的专家制定和编排生态文明教育师资教育计划的内容，积极应对基础教育缺乏胜任生态文明教育师资的现状。

在课程建设中，课程内容建设是核心和主体。1975 年，环境教育学家斯塔普提出了一个职前教师培训的方案，把环境教育教师所必需的能力分为 4 个层次：通识教育能力、环境科学能力、环境教育技能、环境教育的教学方法，这一方案较为全面地涵盖了从事环境教育的教师所应具备的基本素质要求，对于当前我国师范等院校开展生态文明教育的课程建设仍具有重要的借鉴价值。基于生态文明教育师资培养的目标需求，既要具备良好的参与生态文明建设所需的知识、技能、态度、价值观、行为能力（或综合生态文明素养），又要具备从事生态文明教育的能力，师范等院校的生态文明教育课程内容应主要包括：一是生态文明知识层面，涉及生态文明的基础理论，本学科知识领域对生态文明建设的重要性及作用，基于本学科和跨学科视角的生态文明问题及其表现，生态文明建设的进展与挑战等内容；二是生态文明教育理论层面，涉及生态文明教育的实践与进展，生态文明教育的目标、内容、方法、评价，学校生态文明教育与其他形式生态文明教育之间的关系等内容；三是生态文明教育能力层面，涉及中学学科课程与生态文明教育之间的关系认知，生态文明教育的教学设计（目标设计、活动设计、方法与手段设计等），生态文明教育的教学实施（情境的创设、教学方法的运用、教学活动的组织等），生态文明教育的学习评价（评价的指标与要点、评价的方式方法、评价结果的运用等）等。

师范等院校应积极开展生态文明教育课程群建设，将上述课程内容纳入学校课程体系，可根据实际情况设置"生态文明教育"相关课程群，如生态文明教育通识课程、生态文明教育跨学科课程、生态文明教育选修课程等，将专业课与通识课、必修课与选修课多管齐下，为有志于开展生态文明教育的未来师资打下良好的基础。此外，在相关学科专业（尤其是地理、生物、物理、化学、思想政治）的师范生培养中，尤其需要强化生态文明教育的课程建设，形成渗透生态文明教育的共识，有意识提升师范生的生态文明教育融入能力。

2.师范等院校加强生态文明教育实践活动

师范等院校的生态文明教育实践活动主要包括两方面：一是学校开展的生态文明相关的课堂实践活动和课外实践活动，二是师范生实习中的生态文明教育教学活动。"绿色大学"是全球环境保护与可持续发展对高等教育提出的新要求，也是高校全面贯彻和渗透生态意识与可持续发展理念的具体体现 [①]。开展生态文明教育课程建设仅是绿色大学创建中的一项指标，还体现在：能将生态文明渗透到校园文化环境之中，学生积极开展和参与面向社会的生态文明教育实践活动等。当前师范等院校开展的生态文明实践活动状况仍未能达到理想的效果，仅局限在与生态文明教育相关性较大的自然科学专业（如，生物学、地理科学、化学等），学校应进一步扩大参与生态文明实践活动的范围与影响力度，积极创设让师范生在课堂、校园、当地社区以及日常生活中开展参与性、体验性、创造性的思考和行动，让师范生在参与生态文明实践活动中切身感悟到参与生态文明建设的责任感和成就感。可开展课内的动手创意活动、户外参观考察调查、小组项目研讨与汇报、宣传等形式的实践活动，能有效促进生态文明价值观、能力与行动力的培养。

此外，加强生态文明教育实践的另一途径是充分利用师范生的教育实习，师范生要求经历长达 18 周的教育实习，以便更好地胜任今后的教育教学工作。可在师范生的教育实习中纳入生态文明教育实践的要求，鼓励与引导他们将已学到的生态文明知识、生态文明教育理论和习得的生态文明教育技能在所任教学科的教育教学中进行实践与应用，以便准教师对开展生态文明教育的必要性、可行性有更深入的认识。

（二）职后师资培训

职后生态文明教育师资培训，主要是各级各类教育行政部门（如，教育学院、教师进修学校等）对在职教师进行的生态文明教育培训。在此从培训

---

① 王民.绿色大学与可持续发展教育 [M].北京：地质出版社，2006:5.

规划、培训内容、培训方式等方面提出具体优化建议，以有效提升中学教师的生态文明教育教学能力和育人质量。

1. 加强生态文明教育师资培训的规划设计

2016 年，我国发起了"千名教师环境友好使者项目"，以提升中小学教师生态文明教育能力，但影响范围和力度远未达到预期效果。各级教育部门要加强生态文明教育师资队伍培训的规划设计，尽快完善培训方案。在各级师资培训中，制定生态文明教育师资的培训政策，开展基于需求导向的生态文明教育教学能力专项培训，依据地区、学校等的实际需求组织专项培训，做好生态文明教育师资培训的科学设计与系统规划，不断充实生态文明教育的师资力量。系统的规划设计必须建立在对生态文明教育师资现状与实际需求的把握基础上，依据需求进行培训方案的设计，将其纳入教师业务培训的范畴，并采取适当的奖励激励机制，如，增设生态文明教师专项奖、教师项目等，切实提高教师的生态文明教育教学能力。国家要积极创建教师学习平台和赋予教师培训机会，定期组织开展全国性、区域性培训，依托国家MOOC 等资源共享平台开展国家级示范培训研修活动，保证参与培训的全覆盖。建立健全推进机制，细化落实措施，支持教师通过网上资源、面对面培训等开展生态文明教育，以实现提高教师生态文明素养和保证生态文明教育教学质量的现实目标。

2. 完善生态文明教育培训内容体系

在职教师的生态文明教育培训内容应与职前教师的生态文明教育内容相衔接，并具有一定的延展与深化，以更好地适应实际教学的需求为主要目的。在职教师的生态文明教育培训内容主要包括：一是生态文明理论与实践，要求具有与时俱进性，体现在对职前相关内容的补充和更新，具体涉及国家最新的生态文明政策与方针、生态文明的新思想与新观念、生态文明建设的典型案例等；二是生态文明教育的理论与实践，具体涉及国际生态文明教育的进展、代表性国家的生态文明教育经验、我国生态文明教育的现状与挑战、生态文明教育的教学策略、最新的生态文明教育研究成果介绍等；三是生态文明教育教学能力，具体涉及生态文明教育的教学目标设计、生态文明素材选取、生态文明教育的教学活动设计，生态文明教育活动的组织与指导、学科课程与生态文明教育的融合策略、跨学科实践活动的设计与组织、生态文明教育学习效果的评价等；四是生态文明教育优质课堂教学案例，为培训教师提供优秀案例的课堂实录和相关材料，是理论与实践相结合的最佳融合点，逐步引导培训教师能结合个人与任教学科特点打造融入生态文明教育的优质课堂教学案例，此内容是在职教师培训的重要组成内容，应加以重视。生态文明教育培训内容应根据培训教师的实际情况，以及生态文明教育的推进进程，有针对性地对生态文明教育的培训内容进行适当的调整与适时的更新。

3. 探索多元化的生态文明教育培训方式

生态文明教育教师培训应强调理论与实践相结合，依据培训内容探索与创新多元的培训方式，提升培训的实效性。当前，教师培训的形式多样，常见的教师培训方式有：需求驱动式培训、沉浸参与式培训、案例评析式培训、专家指导式培训等。生态文明教育培训中效果较好的培训方式主要有以下三种，具体说明如下。一是生态文明教育优质课堂教学案例分析（即案例评析式培训）：为教师提供优质的"学科教学融入生态文明教学案例"（课堂实录＋教学设计），从教学案例解析和研讨交流中让教师学会融入生态文明教育的具体操作方法，提高教师课堂教学渗透生态文明的能力；为提升培训效果，可适当增加课堂实践及与教学相关的生态文明教育案例的分享研讨频次。二是教师与专家深度研讨（即专家指导式培训）：可聘请生态文明教育领域的专家学者进行学术培训的同时，凸显参训教师与专家的互动研讨；针对教师的生态文明教育教学课例进行深度研讨，在交流互动中共同研讨、设计与优化，从教学目标、教学内容、教学方法与策略选择、学习评价等多角度展开探讨，使教师真正把握生态文明课堂教学设计与实施的要点与策略。三是实地观摩学习（即沉浸参与式培训）：开展生态文明模范学校实地考察与研学、校企合作、设立教师联盟等方式，促进教师生态文明知识与能力的提升；开展实地优质课堂的观摩学习活动，教师可在真实情境中感悟生态文明教育融入课堂教学的途径与方法，有效提升教师的教学反思和教学设计研究能力。

除加强生态文明教育师资培训外，还可以通过如下方式来提升教师的生态文明教育教学能力，如学校整合学校资源，组建生态文明教育教学团队；定期开展教学活动，对有进步的教师给予相应奖励，激励教师提高教学能力；积极建立校际的协同合作，实现资源共享；建立中学教师网络备课平台，实行交互式集体备课制度等。

六、加强中学生态文明课程与基地建设

高质量的生态文明教育离不开系统、科学的生态文明教育课程设置与实施，生态文明教育课程是生态文明教育观念和思想传播的重要平台。当前，我国中学的生态文明教育课程建设还比较薄弱，在教学实践环节中也面临着诸多的问题，因此亟待加强中学生态文明教育的课程建设与实践基地建设，以推动生态文明教育的深入开展。

（一）加强学科课程与活动课程中生态文明教育的融入

将生态文明教育内容纳入学校课程体系是有效开展生态文明教育的前提和保障，学校的课程按课程形态可分为学科课程和活动课程。当前学校生态文明教育课程的存在形态主要有以下三种形式：单一学科课程中渗透生态文明教育、跨学科课程融合开展生态文明教育以及综合实践活动课程中开展生态文明教育，每种形态都有其价值所在，应相互配合、多管齐下，充分发挥合力的综合效应。

在中学阶段的课程设置中，学科课程仍占主导地位，生态文明教育与各门学科课程均存在一定的关联，因此学科课程渗透生态文明教育仍是当前的主导形式。中学学科课程标准和教科书是生态文明教育的主要载体，中学相关学科教科书编制中应不断丰富生态文明教育内容的素材类型、知识体系以及呈现方式，教师应注重中学相关学科课程标准与教科书中生态文明教育因素的使用与挖掘，实现生态文明教育与中学学科课程的有机融合。此外，学科课程中设置的跨学科实践活动也是生态文明教育的重要实施载体，其中有

相当比例的生态文明主题的跨学科实践活动，需要教师积极开展实践探索。

综合实践活动是国家义务教育和普通高中课程方案规定的必修课程，与学科课程并列设置，是基础教育课程体系的重要组成部分。2017 年教育部颁布的《中小学综合实践活动课程指导纲要》指出，综合实践活动是从学生的真实生活和发展需要出发，从生活情境中发现问题，转化为活动主题，通过探究、服务、制作、体验等方式，培养学生综合素质的跨学科实践性课程[①]。综合实践活动的课程性质与基本理念、课程目标、课程内容与活动方式等均可与生态文明教育建立关联，尤其是价值体认、责任担当、问题解决的课程目标，以及提出的考察探究（如，野外考察、社会调查、研学旅行等）、社会服务（如，公益活动、志愿服务等）的活动方式可成为生态文明教育的最佳融入点。教师应根据学校与周边社区的实际情况，积极地开展符合中学生特点的基于生态文明主题的综合实践活动，并处理好学科课程与综合实践活动的关系，达到通过活动课程传播生态文明知识，提升生态文明实践能力的目标。

（二）积极开发地方与校本的生态文明课程

学校的课程按课程开发主体可分为国家课程、地方课程、校本课程。国家规定开设的学科课程和综合实践活动课程均属于国家课程的范畴。除在国家课程中融入生态文明教育外，也需要因地制宜地开发生态文明的地方课程与校本课程，编写与用好生态文明地方与校本课程的教材。

地方课程是由国家授权，地方政府、教育部门联合学校等多方机构根据当地特色开发的满足当地师生需要的课程。我国已有部分省市依托当地生态资源，将生态文明教育纳入地方课程，编写生态文明教育读本和开设生态文明教育课程。如，2020 年海南省要求在中小学校开设海南地理、生态文明教育、环境保护等地方课程，进一步增强学生的生态文明和环境保护意识；2022 年浙江省发布关于在中小学校深入开展生态文明教育活动的通知，要求

① 中华人民共和国教育部. 中小学综合实践活动课程指导纲要 [EB/OL]. http://www.gnun.edu.cn, 2017-10-03.

中小学要将生态文明教育纳入课程体系，用好《人·自然·社会》等地方课程教材，普及"垃圾分类""林长制""河长制"等知识内容。这些具有地方特色的生态文明课程有利于在地化生态文明教育的开展，更具针对性和实效性。

校本课程是由学校组织教师为适应学校发展和学生需求而开发的课程。因地制宜开发生态文明教育校本课程已成为生态文明教育的新趋势。已有部分学校组织本校教师或多所学校教师联合编写生态文明校本教材、读本、手册，开设了各具特色的校本课程，开发了内容丰富、形式多样的生态文明课程资源。如，《林业碳汇与气候变化》《生物与生态文明教育》《我与生态文明携手同行》《生态三江源》等各具特色的校本课程，助力了学校的多样化特色发展。做好国家、地方、校本三级课程中生态文明教育的协同，在充分利用好国家生态文明教育课程的基础上，不断优化地方与校本生态文明课程的开发，共同协作有效推进中学生态文明教育的高质量发展。

（三）注重生态文明校园建设

马克思说："人创造环境，同样，环境也创造人。"[①] 学校的环境建设在很大程度上会影响学生的生态文明素养，生态文明校园建设是校园环境育人的重要体现。校园环境是学校开展生态文明教育的客观外在条件，对学生具有潜移默化的影响，因此，通过创建生态文明校园、打造生态文明文化间接地向学生传递生态文明思想也尤为重要。

创建生态文明校园不仅仅是校园的绿化，具体来说主要包括以下三方面的内容：一是创建绿色校园环境，学校要实施校园绿化行动，创造优美的教学、生活环境，给予师生以美的享受和熏陶，要让校园中的一草一木、一砖一瓦都有着生态文明教育的价值和意义；二是营造生态文化氛围，即学校要以生态文明思想为指导，营造绿色、文明、健康、向上的精神文化氛围，如学校团委、德育、宣传等部门可将习近平生态文明思想有关内容做成醒目、可读性强的宣传标语或宣传栏；三是建设"生态化课程"，不仅要利用好学科渗透生态文明教育的主渠道，将生态文明理念渗透至相关的各门学科课程中，

---

① 马克思恩格斯全集（第1卷）[M]．北京：人民出版社，1995.92.

还要积极推进地方性或校本化生态文明课程建设，并提升综合性实践活动课程的实效性。上述三个方面缺一不可，构成了三位一体的生态文明校园创建格局。

学校要在校园建设各个环节中渗透生态文明的要素和理念，制定和实施生态文明校园规划方案，在校园绿化建设中注重乔灌草相结合，地面绿化、墙体绿化与屋顶绿化相结合，自然景观与人文景观相结合；完善环保标语牌和宣传警示牌的设立；采取节能环保措施，建设节能环保校园，推广使用清洁能源和节能装置，增加绿色环保材料的宣传与使用等。在生态文明校园的创建中，学生切身感受与实践生态文明教育，有利于促进生态文明教育的日常化、生活化、实践化。各地生态文明校园创建还可与地方特色文化相结合，因地制宜地建设具有特色性、宣传性、教育性等特质的生态文明学校。

（四）加强生态文明实践基地建设

生态文明教育基地是面向全社会的生态科普和生态道德教育基地，是建设生态文明的示范窗口。利用好各地的生态文明教育基地资源，开展"沉浸式""体验式"教育，使其真正成为开展生态文明教育的课外实践基地。2009年4月，国家林业局、教育部、共青团中央联合颁布了《关于开展"国家生态文明教育基地"创建工作的通知》，各地方政府积极响应号召，积极创建生态文明教育基地。国家通过倡导建立"国家生态文明教育基地""中小学环境教育社会实践基地""绿色校园"等教育基地，号召各级各类学校开展生态文明教育主题活动等措施，使学生真正参与到生态文明实践活动之中。通过大力建设博物馆、科普馆、标本馆、体验中心等生态文化普及场所，加强国家公园、自然保护区、风景管理区等的设立和开放也为生态文明教育提供了直接的资源支持，为生态文明教育提供特色鲜明、类型丰富的社会实践基地，以增加学生体验和实践机会，助力中学生态文明教育高质量发展。

七、强化生态文明教育相关制度保障

目前，国家层面尚未出台生态文明教育整体性、长远性规划，生态文明教育在操作层面仍然缺乏约束力。加强制度建设，是推动我国生态文明教育走上法治化、规范化与常态化轨道的重要保障。完备的制度建设能为中学生态文明教育的实施提供坚实保障，研究制定生态文明教育的相关文件，在政策制度层面对开展生态文明教育进行部署，推动中学生态文明教育步入规范化、常态化的发展轨道。

（一）健全生态文明教育的法律保障机制

发挥政策制度与法律法规对生态文明教育的有力保障。2012 来以来，国家出台多项落实生态文明教育的政策文件，如《关于加快推进生态文明建设的意见》（2015 年）、《中小学德育工作指南》（2017 年）等政策文件推动了生态文明教育融入基础教育。除将生态文明教育提高到国家战略的高度外，法治化是规范化的最高体现，对于生态文明教育而言，制度与法治的保障不容忽视。国外发达国家均将建立与完善生态文明教育法律体系作为推进生态文明教育的重要支撑，如，美国的《环境教育法》、瑞典的《瑞典环境教育法》，挪威的《环境教育促进法》、冰岛的《环境教育法》等。目前，我国国家立法层面，已将"生态文明"与"生态文明建设"历史性地纳入《宪法》，也为生态文明教育的深入开展提供了重要法律依据，但我国生态文明教育仍缺乏专门的国家法律保障。我国应在健全完善生态文明相关法律法规的基础上，加强生态文明教育的法律保障，推动生态文明教育走向法制化轨道。

值得欣喜的是，我国不少省市已出台了生态文明教育的条例法规。党的十八大以来，多地加强了生态文明教育的立法与政策出台工作，《天津市关于进一步加强生态文明教育的实施意见》《海南省教育厅关于大力推行生态文明教育的实施意见》《江苏省生态文明教育促进办法》等地方性法规与政策相继颁布与施行，对依法依规推动生态文明教育发挥了重要保障作用。例如，天津市要求所有中小学每学年安排生态文明教育不少于 4 课时；江苏省于 2022 年 9 月 1 日正式施行《江苏省生态文明教育促进办法》，其中明确提出，学校应当加强生态文明教育教学和社会实践活动，按照规定组织落实学校生态文明教育教学要求，充实、培养生态文明教育师资力量和课外辅导员，将生态文明教育纳入教师业务培训内容。但，地方立法仍存在刚性不足、约束力弱的问题。

为了增强教育服务生态文明建设的能力，国家生态文明教育专门法律的空白必将得到填补，各地生态文明教育立法工作也将得到进一步完善。国家有关部门可以借鉴地方立法的有益举措，并参考国外生态文明教育立法经验，加强生态文明教育国家立法的同时，实行有效的执法与监督也同样重要，以保障生态文明教育的实施效果。

（二）构建家—校—社协同联动机制

生态文明教育是一项系统的全民工程，需要调动一切积极力量参与生态文明教育实践。当前，学校、家庭、社会三方教育合力作用发挥不足，影响生态文明教育的实施效果。学校是实施生态文明教育的重点场域，但仅靠学校一方短期内无法彻底扭转反生态的生产与生活方式。应着力加强学校与家庭、社区、企业、媒体等多元主体之间的沟通合作，进而构建全方位、多层次、交互式的伙伴关系。借鉴 PPP（Public-Private-Partnership）模式，建立学校与政府、企业之间的多方协同机制，共同努力，多措并举，构建良性循环发展的生态文明优质学习场域。学校可借助多方的社会力量，充分调动校内外一切可借助的资源，整合社会、家庭、社区中的资源，开设特色鲜明的生态文明课程，推进生态文明教育的辐射进程，充分发挥生态文明教育的社会协同效应。

家庭也是传播和践行生态文明理念的重要场所，是学校教育的强化与补充，中学生群体可与家长群体互通有无、相互督促，形成一个良好地从认识到实践的循环过程，在家庭生活中有效落实低碳环保的生活方式。社会是生态文明教育的助推器，应充分利用各种社会资源，参与社区实践活动也是非常必要，让学生在社区实践活动中践行生态文明行为，帮助维护社区的生态环境；社会企业可利用全国环保设施向公众开放的契机，组织学生实地参观调研污水处理厂、垃圾无害化处理中心、环境监测站等生态环保基础设施，加快生态文明教育的推广与普及。学校在开展生态文明教育过程中，还应注重国际资源和项目的引入，在交流与合作中提升生态文明教育的效果和影响力。对于中学来说，也可以和地区大学、研究机构达成合作伙伴，在生态文明教育课题研究、课程建设等方面亲密合作。

综上所述，本章从教学目标的科学定位、教学内容的选择与配置、教学方式方法的选择、教学评价、师资培训、课程与基地建设、制度保障等角度提出了优化中学生态文明教育的策略，以期为提升中学生态文明教育的实效性和高质量发展提供重要参考与借鉴。

结论与展望

本书既涉及中学学科课程与生态文明教育的相关性分析，中学生态文明教育目标体系、内容体系、方法体系的理论构建，又涉及中学生生态文明素养现状、中学教师实施生态文明教育现状的调查，基本做到了理论研究与实证研究的有机结合，因此，本书得出的结论也较具有说服力。但由于各种主客观条件的制约，仍存在一些有待深化之处。

一、主要结论

（一）中学学科课程与生态文明教育相关性分析的结论

通过对中学地理、政治、历史等社会人文学科课程，以及中学物理、化学、生物等理科课程的课程标准和教科书进行分析，发现上述各门学科课程与生态文明教育的关联性较大，教师在教学中应对其中蕴含的生态文明教育因素进行充分地挖掘与利用。由于各门学科课程性质、特点等的差异，其对生态文明教育的渗透点也不尽相同。地理、政治、历史等社会人文类学科课程对生态文明情意层面，尤其是生态文明价值观的形成与塑造更具优势；中学物理、化学、生物等理科课程对于理解生态环境科学知识，形成科学的自然观，形成生态文明行为能力更具优势。具体来说，地理学科渗透生态文明教育的优势在于人地协调观，即不同空间尺度的人类活动与地理环境之间相互关系的内容；政治学科渗透生态文明教育的优势在于生态文明政策、生态文明道德、生态文明法治等内容；历史学科渗透生态文明教育的优势在于中外历史时期人地关系发展经验与教训的内容；物理学科渗透生态文明教育的优势在于物态变化、环境污染、能源开发利用等内容；化学学科渗透生态文明教育的优势在于环境污染与防治、材料技术、资源与能源、环境安全等内容；生物学科渗透生态文明教育的优势在于生物的多样性、生物与环境的关系、植物的生活等内容。各学科在发挥各自优势基础上，应相互配合，共同提升中学生态文明教育的质量。

（二）中学生态文明教育现状调查的结论

通过问卷对中学生的生态文明素养状况和中学教师实施生态文明教育的状况展开调查，调查结果发现当前的中学生态文明教育实施中存在如下问题：第一，中学生态文明教育的目标定位有失偏颇，表现为重"知""情"，轻"行"，价值观的内化程度有待深入，忽视生态文明行为习惯、行为能力的培养；第二，中学生态文明教育的内容选择与配置欠均衡，偏重于生态文明知识和理念、生态环境保护与污染防治等知识层面的内容，对于生态伦理价值观、生态文明行为策略、生态审美等内容配置稍显不足；第三，中学生态文明教育的教学方法选用实效性较差，传统的课堂讲授法仍占主导，小组讨论法、情境教学法、探究教学法有一定程度的应用，户外教学法、价值澄清法、项目教学法、跨学科教学法等应用很少；第四，中学生态文明教育的教学评价仍需规范，侧重于知识层面的测评，过程性评价方法的选用率、规范性需加强，评价主体以教师为主，很少兼顾学生自评、学生他评、家长评价；第五，中学生态文明教育的师资培训薄弱，教师的生态文明教育教学能力不能很好满足实际教育教学的需求，亟待通过各种途径和方式来进行提升。

（三）关于中学生态文明教育目标体系构建的结论

中学生态文明教育的目标体系构建是建立在相关研究文献分析和中学教师观点调查的双重向度基础之上。为了保证中学生态文明教育目标体系构建具有一定的科学性、可行性和可操作性，提出了目标体系的构建应遵循层次性、整合性、可操作性、开放性四条基本原则。中学生态文明教育目标体系采用"总目标—分目标"的表述方式，在总目标的基础上，分目标从认知、情意、行为三个维度来进行细化，其中认知目标主要涉及：人类活动与环境相互依存关系的认知、环境问题与国情的认知、生态学规律原理的认知、生态文明政策与法规的认知四个三级目标；情意目标主要涉及：生态文明情感（又细化为欣赏、赞美自然，尊重自然、珍爱自然，保护生态环境的责任感）、生态文明思维（又细化为系统整体性思维、辩证思维、创新思维）、生态文明观念（又细化为和谐共生的自然观、绿色协调的发展观、平等公正的可持续发展观、合作共赢的全球观、生态文明法治观）三个三级目标；行为目标主要涉及：参与生态文明宣传活动、生态环境保护的实际行动、生态文明消费行为、生态文明的调查研究与社会决策活动、生态文明的法律监督行为五个三级目标。目标的逐级细化，能够增强目标的可操作性，有利于预设目标的实现。

（四）关于中学生态文明教育内容体系构建的结论

中学生态文明教育的内容体系构建也是建立在相关研究文献分析和中学教师观点调查的双重向度基础之上。为了保证中学生态文明教育内容体系构建的科学性、系统性、完备性，提出内容体系的构建应遵循以下四条基本原则，即与目标定位一致性原则、跨学科性与统整性原则、可接受性与层次性原则、开放性与发展性原则。中学生态文明教育的内容体系大体分为生态文明知识教育、生态文明情意教育、生态文明行为教育三个基本的构成层面，在三个基本构成的基础上再进一步细化，其中生态文明知识教育主要涉及：生态文明相关理论与政策教育、环境保护科学知识教育、资源环境国情教育、生态文明法制教育；生态文明情意教育主要涉及：生态文明审美教育（又包含发现美、欣赏美、创造美）、生态文明价值观教育（又包含生态文明自然观、生态文明发展观、生态文明科技观、生态文明全球观、生态文明安全观等）、生态文明伦理教育（又包含自然价值、自然权利、自然道德规范、中国传统生态智慧等）；生态文明行为教育主要涉及：生态文明技能教育、生态保护行为教育、生态文明消费教育。上述内容要素是当前中学生态文明教育的重要组成部分，每项内容要素均有其特定的价值，应合理设置相关内容。

（五）关于中学生态文明教育方法体系构建的结论

中学生态文明教育的方法体系构建也是建立在相关研究文献分析和中学教师观点调查的双重向度基础之上。为了保证中学生态文明教育方法选用的科学性、适切性、有效性，应遵循以下四条基本原则，即适切性原则、有效性原则、整合性原则、创造性原则。中学生态文明教育的方法体系从认知式、思辨式、情境式、参与式、跨学科式的教学方法五个层面来进行构建，每一层面又包含多种具体的教学方法。其中认知式的教学方法主要包括：讲授法、读书指导法等；思辨式的教学方法主要包括：价值澄清法与价值分析法、小组讨论法、问题教学法等；情境式的教学方法主要包括：情境教学法、案例教学法、角色扮演法、计算机模拟法、榜样示范法等；参与式教学方法主要包括：户外教学法、探究教学法、实践活动法；跨学式教学方法主要包括：跨学科教学法、项目式教学法等。教师应根据实际情况有效地选用教学方法其组合，提升生态文明教育的教学效果。

（六）关于中学生态文明教育优化策略的结论

针对中学生态文明教育现状调查中存在的问题，从教学目标定位、教学内容配置、教学方式方法选择、教学评价、师资培训、课程与基地建设、制度保障等七个角度提出了具体的优化策略。其中，教学目标定位应聚焦生态文明核心素养（主要包括生态文明观念、生态文明思维、生态文明实践、生态文明责任）的培育；教学内容选择与配置应注意各内容要素的均衡，尤其是生态伦理、生态审美、生态文明相关法律法规、生态文明实践活动等内容的选择与配置；教学方式方法选择应关照生态文明素养的整体提升，应注重参与式、跨学科式、项目式、思辨式、情境式教学方法的选用，加强多种教学方式方法的优化组合；教学评价应加强生态文明素养测评的规范与成效，学习评价应关注生态文明核心素养的测评，教学评价应关注生态文明教学能力的发展；师资培训应关注教师生态文明教学能力的提升，职前师资培养中应加强生态文明教育课程建设和生态文明教育实践活动，职后师资培训应从培训规划、培训内容、培训方式等方面做出优化；加强中学生态文明课程与基地建设，加强学科课程与活动课程中生态文明教育的融入，积极开发地方与校本的生态文明课程，注重生态文明校园建设，加强生态文明实践基地建设；强化生态文明教育相关制度保障，健全生态文明教育的法律保障机制，构建家—校—社协同联动机制。上述优化策略的提出，能为中学生态文明教育的高质量发展提供重要支撑。

二、研究展望

本书经过研究者的不断努力取得了一定的成果，但由于各种主客观因素的限制，仍存在诸多的不足和盲点，有待做进一步的深化研究。

第一，从现状调查样本的来源来看，有必要做进一步的拓展调查。由于时间、精力、疫情等主客观因素的制约，本书的中学生和中学教师调查样本主要来源于辽宁省内相关城市的初中、高中，由于我国各省之间、城市与乡村之间在经济状况、教育水平等方面均存在一定的差异，因此，本书得出的调查结论的推广范围会受到一定的影响，有必要开展后续的拓展调查。

第二，本书中的目标体系、内容体系、方法体系构建的基础是基于中学教师群体的观点调查，以及相关的纲要性文件和专家学者、研究人员的研究文献，实证基础稍显薄弱，如能再增加本领域相关专家学者的观点调查或深入访谈，得出的研究结论在可信度、科学性等方面会有所提升。

第三，本书中的目标体系、内容体系、方法体系的建构力图具有一定的层次性、系统性、完整性和可操作性，但由于研究者能力和时间的限制，未能在初中、高中学段上做进一步的明确划分，也是后续研究有待深入的角度。相信经过上述的深化与拓展研究，本书的研究结论定会为中学生态文明教育的理论构建与实践研究提供更有价值的参考与借鉴。

附　录

附录 1：中学生生态文明素养现状调查问卷

亲爱的同学：

你好！生态文明建设、美丽中国建设离不开你我的参与，为了客观地了解中学生的生态文明素养现状，我们设计了此问卷，非常感谢你在紧张的学习之中抽出时间参与我们此次的问卷调查。问卷采用不记名方式，所得数据皆为研究所用，请你将自己的真实情况和想法提供给我们。你的意见和建议将为本课题的研究提供重要帮助，我们诚恳地希望得到你的支持和协助！祝你学习进步、生活愉快！

《中学生态文明教育研究》课题组

2022 年 11 月

填写说明：请将每题符合你的情况和想法的选项填在（　　　）内，除特别说明外，均为"单选"。

一、个人情况

1.1 你的性别是：（　　　）

A. 男　　　　　　　　　　　B. 女

1.2 你所在的学段为：（　　　）

A. 初中　　　　　　　　　　B. 高中

1.3 你所在的学校属于：（　　　）

A. 普通学校　　　　　　　　B. 重点学校

1.4 你的学校所在地为：（　　）

A. 城市　　　　　B. 县级市　　　　　C. 县城　　　　　D. 乡村

1.5 你获取生态文明知识的主要来源是：（请选 3 项）（　　）

A. 电视 / 广播　　　　　　　　B. 学校课程

C. 图书 / 报纸 / 杂志　　　　　D. 公园、景区等社教机构

E. 互联网和手机　　　　　　　F. 父母、亲戚朋友

G. 其他（请说明）

二、对于下列论述，作出你的判断

2.1 生态文明理念是指尊重自然、顺应自然、保护自然。对此你：（　　）

A. 同意　　　　　B. 不清楚　　　　　C. 不同意

2.2 山水林田湖草是一个生命共同体，生态系统的自我调节能力有一定的限度。对此你：（　　）

A. 同意　　　　　B. 不清楚　　　　　C. 不同意

2.3 关于生态环境的知识（如，生态系统、生态平衡、生物多样性），你的了解程度（　　）

A. 极少　　　　　B. 较少　　　　　C. 中等　　　　　D. 较多

E. 很多

2.4 生物与环境相互依赖、相互影响，人类活动可能对生态环境产生影响，需要限制自身的某些行为。对此你：（　　）

A. 同意　　　　　B. 不清楚　　　　　C. 不同意

2.5 空气中的下列物质，不计入“城市空气质量日报”报告项目的是（　　）

A. 二氧化硫　　　B. 氮氧化物　　　　C. 二氧化碳　　　　D. 悬浮颗粒物

2.6 空气质量检测中的 $PM_{2.5}$ 属于（　　）

A. 悬浮颗粒物　　B. 可入肺颗粒物　　C. 可吸入颗粒物　　D. 不知道

2.7 赤潮现象形成的主要原因是（　　）

A. 二氧化碳污染　　　　　　　B. 工业上二氧化硫的排放

C.污染水体富营养化　　　　　　　　D.汽车尾气排放

2.8 中国二氧化碳排放力争在 2030 年前达到峰值，在 2060 年前实现碳中和，你对"碳达峰、碳中和"的了解程度（　　　）

A.极少　　　　　B.较少　　　　　C.中等　　　　　D.较多

E.很多

2.9 关于生态环境保护与污染防治措施的知识，你的了解程度（　　　）

A.极少　　　　　B.较少　　　　　C.中等　　　　　D.较多

E.很多

2.10 关于垃圾分类的知识，你的了解程度（　　　）

A.极少　　　　　B.较少　　　　　C.中等　　　　　D.较多

E.很多

2.11 我国环境问题的举报电话是（　　　）

A.12315　　　　B.12369　　　　　C.12365　　　　　D.没听说过

2.12 下列环境法律法规的知识（如《环境保护法》《环境空气质量标准》等），你的了解程度（　　　）

A.极少　　　　　B.较少　　　　　C.中等　　　　　D.较多

E.很多

三、对于下列看法和问题，填入你真实的看法

3.1 对于你所在城市（或家乡）的垃圾分类状况，你认为（　　　）

A.很满意　　　　B.比较满意　　　　C.中等　　　　　D.不太满意

E.不满意

3.2 你对雾霾防治等社会热点问题的关注程度（　　　）

A.非常关注　　　B.比较关注　　　　C.中等　　　　　D.不太关注

E.不关注

3.3 关于水污染对人类所造成的影响，你的关注程度（　　　）

A.非常关注　　　B.比较关注　　　　C.中等　　　　　D.不太关注

E.不关注

3.4 关于个人参与环境治理和节约资源的责任，你的看法是（　　　）

　　A. 责任重大　　　B. 责任较大　　　　　C. 中等　　　　　　　　D. 责任较小

　　E. 无责任

3.5 关于"改善周围的环境质量，是你我共同的责任"，你的看法（　　　）

　　A. 很赞同　　　　B. 比较赞同　　　　　C. 中等　　　　　　　　D. 不太赞同

　　E. 不赞同

3.6 关于"地球上的植物和动物主要是为人类的利用而存在的"，你认为
（　　　）

　　A. 很赞同　　　　B. 比较赞同　　　　　C. 中等　　　　　　　　D. 不太赞同

　　E. 不赞同

3.7 "绿水青山就是金山银山"，对于经济发展与环境保护应协调发展，你
认为（　　　）

　　A. 很赞同　　　　B. 比较赞同　　　　　C. 中等　　　　　　　　D. 不太赞同

　　E. 不赞同

3.8 对于"坚持人与自然和谐共生，才能保障人类社会可持续发展"，你
认为（　　　）

　　A. 很赞同　　　　B. 比较赞同　　　　　C. 中等　　　　　　　　D. 不太赞同

　　E. 不赞同

四、请根据你最近一年的情况，选出一个和你实际行为最接近的选项

4.1 参加植树种草等绿化活动，你的情况是（　　　）

　　A. 不会　　　　　B. 很少　　　　　　　C. 有时候　　　　　　　D. 经常

　　E. 总是

4.2 在日常的生活中，你进行垃圾分类的情况如何（　　　）

　　A. 不会　　　　　B. 很少　　　　　　　C. 有时候　　　　　　　D. 经常

　　E. 总是

4.3（可多选）在日常的生活中，影响你进行垃圾分类的主要原因是
（　　　）

A.周围没有分类垃圾桶

B.垃圾集中转运时不分类，没有必要分类投放

C.不知道怎么分类

D.身边很少有人分类

E.其他

4.4 你在学校食堂就餐的情况如何（　　　）

A.经常剩饭　　　B.有时剩饭　　　　C.很少剩饭　　　　D.每次都吃完

4.5 当你去超市购买商品时，以下与你的行为更相符的是（　　　）

A.在超市购买塑料袋

B.有时准备购物袋，但有时会忘记

C.看情况，根据更方便的情况来选择

D.自带购物袋

4.6 日常出行以步行、骑自行车或乘坐公共交通工具为主，你的情况是（　　　）

A.不会　　　　B.很少　　　　C.有时候　　　　D.经常

E.总是

4.7 写作业进行计算时，会双面使用草稿纸，你的情况是（　　　）

A.不会　　　B.很少　　　　C.有时候　　　　D.经常

E.总是

4.8 在日常购物中，即使价格贵一些，也会尽量选择绿色产品，你的情况是（　　　）

A.不会　　　　B.很少　　　　C.有时候　　　　D.经常

E.总是

4.9 作为公民，参与地区有关部门的环境决策（如，提出解决环境问题的方案、建议），你的情况是（　　　）

A.不会　　　　B.很少　　　　C.有时候　　　　D.经常

E.总是

4.10 曾向有关单位检举环境污染事件（如水污染、大气污染、噪声污染等），你的情况是（　　　）

A. 不会　　　　　B. 很少　　　　　C. 有时候　　　　　D. 经常

E. 总是

五、生态文明教育的参与情况

5.1 在学校中，下列课程对你进行生态文明教育最具有优势的是（请按主次顺序选 3 项排列）：

第一的是（　　　）第二的是（　　　）第三的是（　　　）

A. 语文　　　　　B. 数学　　　　　C. 物理　　　　　D. 化学

E. 历史　　　　　F. 政治（道德与法治）　　　　　G. 生物

H. 地理　　　　　I. 英语　　　　　J. 其他

5.2 老师在课堂教学中开展生态文明教育内容的小组讨论活动，你的参与情况是：（　　　）

A. 积极参与　　　　　　　　B. 去参与

C. 无所谓　　　　　　　　　D. 不太愿意参与

E. 不参与

5.4 如果学校组织"环境日""地球日"等环保宣传活动，你的参与情况是：（　　　）

A. 积极参加　　B. 去参加　　　C. 无所谓　　　　D. 不太想去

E. 不去，除非老师要求去

5.3 如果学校组织垃圾分类实践活动，你的参与情况：（　　　）

A. 积极参加　　　　　　　　B. 去参加

C. 无所谓　　　　　　　　　D. 不太愿意参加

E. 不参加

5.5 你对学校老师开展生态文明教育还有哪些建议？请写下你的宝贵建议：

_____。

附录 2：中学教师实施生态文明教育现状调查问卷

尊敬的老师：

您好！生态文明教育在生态文明建设、美丽中国建设中发挥着重要的基础性作用。为了客观地了解中学教师开展生态文明教育的现状，我们设计了此问卷，问卷采用不记名方式，所得数据皆为研究所用，请您将自己的真实情况和想法提供给我们。您的意见和建议将为本课题的研究提供重要帮助，我们诚恳地希望得到您的支持和协助！祝您身体健康、工作顺利、生活愉快！

《中学生态文明教育研究》课题组

2022 年 11 月

填写说明：请将每题符合您的情况和想法的选项填在（　　　）内，除特别说明外，均为"单选"。

一、个人情况

1.1 您的性别是：（　　　）

A. 男　　　　　　　　　　B. 女

1.2 您所在的学校属于：（　　　）

A. 普通学校　　　　　　　B. 重点学校

1.3 您所教的学段为：（　　　）

A. 初中　　　　　　　　　B. 高中

1.4 您的教龄为：（　　　）

A. 3 年及以下　B. 4—10 年　　　C. 11—20 年　　　D. 20 年以上

1.5 您的学历为：（　　　）

A. 大专　　　B. 本科　　　　C. 硕士　　　　D. 博士

1.6 您所教的学科为：（　　　）

A. 语文　　　B. 生物　　　　C. 化学　　　　D. 地理

E. 物理　　　F. 政治　　　　G. 数学　　　　H. 历史

I. 英语　　　　J. 其他

二、对于下列叙述，作出您的选择

2.1 关于生态文明的内涵与理念，您的了解程度（　　　）

A. 很少　　　　B. 较少　　　　C. 中等　　　　D. 较多

E. 很多

2.2 关于生态环境的知识（如，生态系统、生态平衡、物质与能量循环、种群与群落、生物与环境因素的相互关系等），您的了解程度（　　　）

A. 很少　　　　B. 较少　　　　C. 中等　　　　D. 较多

E. 很多

2.3 关于生态环境保护与污染防治的知识，您的了解程度（　　　）

A. 很少　　　　B. 较少　　　　C. 中等　　　　D. 较多

E. 很多

2.4 关于我国的环境问题及环境热点议题（如碳达峰、碳中和），您的了解程度（　　　）

A. 很少　　　　B. 较少　　　　C. 中等　　　　D. 较多

E. 很多

2.5 关于生态伦理学的知识（如，人对自然应持有的态度、自然价值、自然权利、环境道德原则与规范等），您的了解程度（　　　）

A. 很少　　　　B. 较少　　　　C. 中等　　　　D. 较多

E. 很多

2.6 关于环境法律法规的知识（如，《环境保护法》《环境污染防治法》《环境空气质量标准》等），您的了解程度（　　　）

A. 很少　　　　B. 较少　　　　C. 中等　　　　D. 较多

E. 很多

2.7 关于参与生态文明建设所能采取的"消费行动"（如，购买有益环保的产品等），您的情况是（　　　）

A. 不会　　　　B. 很少　　　　C. 有时候　　　　D. 经常

E. 总是

2.8 去超市购买商品时，自带购物袋，您的情况是（　　　）

A. 不会　　　　　B. 很少　　　　　C. 有时候　　　　　D. 经常

E. 总是

2.9 主动向他人说明保护环境的重要性，您的情况是（　　　）

A. 不会　　　B. 很少　　　　C. 有时候　　　　　D. 经常

E. 总是

2.10 作为公民，参与地区有关部门的环境决策（如，提出解决环境问题的方案、建议），您的情况是（　　　）

A. 不会　　　　B. 很少　　　　C. 有时候　　　　　D. 经常

E. 总是

三、对于下列问题，填入您真实的情况

3.1 您认为所任教学科与生态文明教育的关系如何？（　　　）

A. 很密切　　　B. 较密切　　　　C. 一般　　　　　D. 关系不大

E. 无关

3.2 您认为现行中学的各门学科中，哪些学科在生态文明教育方面具有优势：（请按主次顺序选 3 项排列）：

第一的是（　　　）第二的是（　　　）第三的是（　　　　）

A. 地理　　　　B. 生物　　　　　C. 化学　　　　　D. 语文

E. 物理　　　　F. 政治　　　　　G. 数学　　　　　H. 历史

I. 英语　　　　J. 其他

3.3 在任教学科中对学生进行生态文明教育，您是：（　　　）

A. 经常做　　　B. 偶尔做的　　　　C. 很少做　　　　D. 不做

3.4 对于教育部 2017 年颁布的《中小学德育工作指南》中提及的生态文明教育内容，您的了解情况（　　　）

A. 仔细研究过　　B. 一般翻阅过　　　C. 听说过　　　　D. 不知道

3.5 关于"生态文明是指人与自然、人与人、人与社会和谐共生、良性循

环、全面发展、持续繁荣为基本宗旨的文化伦理形态"的理解，您是（　　　）

　　A. 很赞成　　　　B. 比较赞成　　　　C. 无意见　　　　D. 不太赞成

　　E. 不赞成

　　3.6 关于"生态文明教育是对环境教育、可持续发展教育的继承与超越"的理解，您是（　　　）

　　A. 很赞成　　　　B. 比较赞成　　　　C. 无意见　　　　D. 不太赞成

　　E. 不赞成

　　3.7 关于"生态文明教育的最终目标是培养具有生态文明素养的生态公民"的表述，您认为是（　　　）

　　A. 很赞成　　　　B. 比较赞成　　　　C. 无意见　　　　D. 不太赞成

　　E. 不赞成

　　3.8（可多选）关于"中学生态文明教育的具体目标"，您认为包括（　　　）

　　A. 学习生态文明知识和技能　　　　B. 培养生态文明情感

　　C. 增强生态文明意识　　　　D. 树立生态文明价值观

　　E. 形成生态文明行为方式　　　　F. 其他（请说明）

　　3.9（可多选）关于"中学生态文明教育的内容"，您认为包括（　　　）

　　A. 生态文明知识和理念　　　　B. 生态环境保护与污染防治

　　C. 生态环境法律法规　　　　D. 生态伦理价值观

　　E. 生态文明行为策略　　　　F. 生态审美

　　G. 生态环境现状　　　　H. 其他（请说明）

　　3.10 在所任教学科中开展生态文明教育，您认为当前教材中的相关生态文明教育内容（或素材）具备情况如何？（　　　）

　　A. 很充足　　　B. 刚好够用　　　C. 比较少　　　D. 很缺乏

　　3.11（可多选）您认为在任教学科渗透生态文明教育的影响因素有（　　　）

　　A. 课程标准中的相关规定　　　　B. 教材中相关内容的多少

　　C. 教师的生态文明素养　　　　D. 教师的生态文明教学能力

　　E. 学校的重视程度　　　　F. 其他（请说明）

3.12（可多选）您在日常教学中通常采用何种教学方法开展生态文明教育（　　　）

A. 课堂讲授法　　　　　　　B. 户外教学法或参观考察法

C. 角色扮演法　　　　　　　D. 探究教学法

E. 小组讨论法或辩论　　　　F. 情境教学法

G. 项目式教学法　　　　　　H. 跨学科教学法

I. 问题式教学法　　　　　　J. 阅读指导法

K. 其他（请说明）

3.13（可多选）您认为开展生态文明教育效果较好的教学方法有（　　　）

A. 课堂讲授法　　　　　　　B. 户外教学法或参观考察法

C. 角色扮演法　　　　　　　D. 探究教学法

E. 小组讨论法或辩论　　　　F. 情境教学法

G. 项目式教学法　　　　　　H. 跨学科教学法

I. 问题式教学法　　　　　　J. 阅读指导法

K. 其他（请说明）

3.14（可多选）对生态文明教育内容进行评价，您通常采用的评价方法有（　　　）

A. 纸笔测验　　　　　　　　B. 活动表现评价

C. 建立学习档案袋　　　　　D. 其他（请说明）

3.15（可多选）对生态文明教育内容进行评价，您通常从哪些方面进行评价？（　　　）

A. 生态文明知识　　　　　　B. 生态环境问题和议题的关注度

C. 生态文明活动的参与情况　D. 生态环境问题的价值判断

E. 生态环境问题的解决能力　F. 其他（请说明）

3.16 您认为中学教师接受生态文明教育专题培训的必要性如何？（　　　）

A. 非常有必要　B. 有必要　　　C. 没有太大必要　　　D. 没有必要

3.17 您参加过生态文明教育方面的培训吗？（　　　）

A. 参加过　　　　　　　　　　B. 没参加过

3.18 您认为自身具备的生态文明素养如何？（　　　）

A. 很差　　　　B. 较差　　　　　C. 中等　　　　　　D. 较好

E. 很好

3.19 您认为自身具备的生态文明教育能力如何？（　　　）

A. 很差　　　　B. 较差　　　　　C. 中等　　　　　　D. 较好

E. 很好

3.20 对于中学有效开展生态文明教育，您还有哪些建议，请在下面横线处填写。

_____

_____

_____

_____

主要参考文献

著作类

[1] 陈丽鸿，孙大勇．中国生态文明教育理论与实践 [M]．北京：中央编译出版社，2009．

[2] 教育部基础教育司．中小学德育工作指南实施手册 [M]．北京：教育科学出版社，2017．

[3] 曾建平．寻归绿色—环境道德教育 [M]．北京：人民出版社，2004．

[4] 杜昌建，杨彩菊．中国生态文明教育研究 [M]．北京：中国社会科学出版社，2018．

[5] 徐湘荷．生态文明视域下环境教育的转型研究 [M]．北京：中国社会科学出版社，2020．

[6] 张婧．中小学生态文明教育路径研究 [M]．杭州：浙江大学出版社，2020．

[7] 岳伟．生态文明教育研究 [M]．北京：中学社会科学出版社，2020．

[8] 陈士勇．新时期公民生态文明教育研究 [M]．长沙：湖南师范大学出版社，2018．

[9] 朱小蔓．情感德育论 [M] 北京：人民教育出版社，2005．

[10] 曾建平．环境正义——发展中国家环境伦理问题探究 [M]．济南：山东人民出版社，2007．

[11] 裴广川. 环境伦理学 [M]. 北京：高等教育出版社，2002.

[12] 李久生. 环境教育论纲 [M]. 南京：江苏教育出版社，2005.

[13] 余谋昌，王耀先. 环境伦理学 [M]. 北京：高等教育出版社，2004.

[14] Joy A. Palmer 著. 田青，刘丰译. 21 世纪的环境教育——理论、实践、进展与前景 [M]. 北京：中国轻工业出版社，2002.

[15] 袁孝亭. 地理课程与教学论 [M]. 长春：东北师范大学出版社，2006.

[16] 张云飞，周鑫. 中国生态文明新时代 [M]. 北京：中国人民大学出版社，2020.

[17] 祝怀新. 环境教育论 [M]. 北京：中国环境科学出版社，2002.

[18] "面向公众的生态文明教育模式研究"课题组（2022）. 生态文明教育模式研究 [M]. 北京：中国林业出版社，2022.

[19] 李晓菊. 环境道德教育研究 [M]. 上海：同济大学出版社，2008.

[20] 韩梅. 中学地理学科中的环境伦理教育研究 [M]. 北京：北京师范大学出版社，2010.

[21] 嫱亚萍. 环境教育教程 [M]. 长春：东北师范大学出版社，2003.

[22] 马桂新. 环境教育学（第二版）[M]. 北京：科学出版社，2007.

[23] 袁孝亭. 地理课程与教学论（第二版）[M]. 长春：东北师范大学出版社，2020.

[24] 胡庆芳，严加平，黄开宇，等. 跨学科实践推进与教师能力发展 [M]. 上海：华东师范大学出版社，2021.

[25] 环境保护部宣传教育司. 全国公众生态文明意识调查研究报告 [M]. 北京：中国环境出版社，2015.

[26] 黄甫全，吴建明. 课程与教学论 [M]. 北京：中国人民大学出版社，2019.

[27] 钱海. 生态文明与中国式现代化 [M]. 北京：中国人民大学出版社，2023.

[28] 余谋昌. 环境哲学：生态文明的理论基础 [M]. 北京：中国环境科学出版社，2010.

[29] 黄承梁. 生态文明简明知识读本 [M]. 北京：中国环境科学出版社，2010.

[30] 潘家华. 生态文明建设的理论构建与实践探索 [M]. 北京：中国社会科学出版社，2019.

[31] 关成华，陈超凡. 可持续发展教育：理论、实践与评估 [M]. 北京：教育科学出版社，2022.

[32] 王民. 可持续发展教育概论 [M]. 北京：地质出版社，2006.

[33] 曲向荣. 环境学概论（第 2 版）[M]. 北京：科学出版社，2015.

[34] 李春玲. 可持续发展教育：进展与挑战 [M]. 北京：社会科学文献出版社，2018.

[35] 王君，赵世明. 问卷编制指导 [M]. 北京：教育科学出版社，2006.

[36] 史东根，王桂英. 可持续发展教育基础教程 [M]. 北京：教育科学出版社，2009.

[37] 夏凤琴，姜淑梅. 教育心理学（第 2 版）[M]. 北京：清华大学出版社，2021.

[38] 张云飞，周鑫. 中国生态文明新时代 [M]. 北京：中国人民大学出版社，2020.

[39] 赵建中. 实现美丽中国梦开启生态文明新时代 [M]. 北京：人民出版社，2018.

[40] 袁继池. 生态文明教育简明读本 [M]. 武汉：华中科技大学出版社，2015.

[41] 徐辉，祝怀新. 国际环境教育的理论与实践 [M]. 北京：人民教育出版社，1998.

[42] 洪俊，刘徽. 跨学科统整：国家课程的校本化实施 [M]. 上海：华东师范大学出版社，2020.

[43] 中共中央文献研究室.习近平关于社会主义生态文明建设论述摘编〔M〕.北京：中央文献出版社，2017.

[44] 文学禹，李建铁，刘研君.简明生态文明教育教程〔M〕.北京：中国林业出版社，2018.

[45] 李军.走向生态文明新时代的科学指南——学习习近平同志生态文明建设重要论述（1）[M].北京：中国人民大学出版社，2015.

期刊类

[1] 刘贵华，岳伟.论教育在生态文明建设中的基础作用 [J].教育研究，2013（12）:10-17.

[2] 徐洁.生态文明教育的内涵、特征与实施.现代教育科学 [J],2017（8）:8-12.

[3] 穆艳杰，魏恒.习近平生态文明思想研究 [J].东北师范大学（哲学社会科学版）,2019（1）:62-68.

[4] 常晓薇，孙峰，孙莹.国外环境教育及其对我国生态文明教育的启示 [J].教育评论，2015（5）：165-167.

[5] 温远光.世界生态教育趋势与中国生态教育理念 [J].高教论坛，2004（2）：52-55.

[6] 戚万学，唐爱民，韩笑.改革开放 40 年德育理论研究的主题及进展〔J〕.教育研究，2018(10)：20-31.

[7] 杜时忠.制度德性与制度德育〔J〕.教育研究与实验，2002,（1）：38-43.

[8] 陈俊，张忠潮.习近平生态文明思想：要义、价值、实践路径 [J].中共天津市委党校学报，2016（6）：19-26.

[9] 刘耀彬，易容，姜俐君等.习近平生态文明思想形成逻辑、内涵演进与最新进展 [J].华东经济管理，2022,36（11）：1-8.

[10] 王蒙雅.习近平生态文明思想的生成、内涵与价值 [J].淮阴师范学院

学报（哲学社会科学版），2022，44（6）：553-556.

[11] 杨冠政. 环境伦理——环境教育的终极目标 [J]. 环境教育，2004，（3）：12-14.

[12] 杨彩菊. 生态文明教育评价的功能与原则. 中学政治教学参考 [J],2020,（11）：1+4.

[13] 仲晓敏. 促进价值澄清的生态文明教育理念的建构 [J]. 天津教育，2018（03）：14-17.

[14] 胡金木. 生态文明教育的价值愿景及目标构建 [J]. 中国教育学刊,2019,(04):34-38.

[15] 李霞. 生态文明教育的功能价值与目标研究 [J]. 安徽工业大学学报(社会科学版),2013,30(03)：148-149.

[16] 黄娟，黄丹. 中国特色生态文明教育思想论：十六大以来中国共产党的生态文明教育思想 [J]. 鄱阳湖学刊，2013，（2）：38 -45.

[17] 郭岩. 高校生态文明教育探究 [J]. 教育探索，2015(10)：74-76.

[18] 骆清，刘新庚. 大学生生态文明教育的思想理路［J］. 广西社会科学，2017(12)：197 -201.

[19] 王鹏. 中小学生态文明教育的目标和方法 [J]. 教育视界，2019(11):8-10.

[20] 蔡志良. 生态文明教育的价值取向 [J], 中国德育，2022(10):1.

[21] 石建，何兴明，赵广宇等. 初中生物学教学中生态文明教育的实施体系构建 [J]. 课程·教材·教法，2015（08）：67-72.

[22] 孙广学，李正福. 中小学开展生态文明教育的价值与策略 [J]. 福建教育，2021(32):6-8.

[23] 沈欣忆，张婧，吴健伟等. 新时期学生生态文明素养培育现状和发展对策研究——以首都中小学学生为例 [J]. 中国电化教育，2020(06):45-51.

[24] 秦利琳，包万平. 多措并举开创我国生态文明教育新局面 [J]. 中国生态文明，2022（1）：78-83.

[25] 陈艳 . 论高校生态文明教育 [J]. 思想理论教育导刊，2013（4）：112-115.

[26] 廖金香 . 高校生态文明教育的时代诉求与路径选择［J］ 高教探索，2013，(4)：137 -141.

[27] 徐洁 . 学校生态文明教育的内容建构与实施策略 [J]. 广西科技师范学院学报，2017,32(03):1-4.

[28] 石沁禾 . 规范社会主义核心价值观的践行路径——基于生态文明视角的探析 [J]. 湖湘论坛，2017，30(06)：44-47.

[29] 刁龙 . 生态文明教育的碎片化困境与系统性重构［J］ 学校党建与思想教育，2017，(12)：9-12.

[30] 李娟 . 新时代中国共产党生态文明教育的基本方略与特点 [J]. 思想理论教育导刊，2019（4）：53-57.

[31] 方世南，范俊玉 . 我国生态文明教育内容体系的构建研究 [J]. 南京晓庄学院学报 ,2020,36(05):69-73.

[32] 张军霞 . 关于小学科学教材中生态文明教育的思考 [J]. 课程·教材·教法 ,2020,40(06):122-128.

[33] 吴颖惠 . 中小学生态文明教育的内容体系建设 [J]. 中国德育，2022（20）：25-29.

[34] 仵芳 . 中学地理学科生态文明教育的内容体系构建 [J]. 地理教学 ,2015,(24):13-16.

[35] 陈东萍，戴宏 . 化学教学融入生态文明教育的策略——以常见的无机物及其应用为例 [J]. 亚太教育，2022 (05):181-183.

[36] 唐泽君，张维，来月 . 人教版高中生物学新教材中生态文明教育内容的渗透与特点 [J]. 生物学教学 ,2022,47(08):85-86.

[37] 韩梅，田野 . 高中化学教材习题中生态文明教育内容选取与呈现的比较分析 [J]. 化学教育，2023,44(07):1-6.

[38] 王民 . 可持续发展教育的目标、原则与教学方式［J］ 学科教育，

1999，（7）：10 -13.

[39] 林智理.生态文明教育与高校的实践策略研究［J］.黑龙江高教研究，2009，（9）：86 -89.

[40] 冯静冬，孙润秀.加强青少年生态文明教育的方法与途径探析［J］.北方环境，2010，（4）：98-101.

[41] 韩梅.中学地理学科的环境伦理教育内容体系构建——兼论中学地理教科书中的环境伦理教育内容 [J].课程·教材·教法，2009，29（6）:70-75.

[42] 岳伟，马祥.初中地理课程渗透生态文明教育的内容分析及实施策略 [J].教育理论与实践，2022,42(23):40-44.

[43] 马毅飞.中小学生态文明教育的现状与发展策略——基于全国八万余名学生的问卷调查 [J].中国德育，2022（20）：30-34.

[44] 王蓓蓓.海南省中小学校今年开始正式普及生态文明教育 [J]，教师，2010，（5）：126.

[45] 韩梅，秦冰.高中化学学科中的社会责任素养内涵及课程内容指向探析 [J].化学教学，2020(2)：9-13.

[46] 刘建伟.习近平生态文明建设思想中蕴含的四大思维 [J].求实，2015，(4)：14-20.

[47] 王萍.系统思维：习近平生态文明建设的重要思维方法 [J].系统科学学报，2020，(2)：79-83.

[48] 顾明远，滕珺.《中国教育现代化 2035》与全球可持续发展教育目标的实现 [J].比较教育研究，2019，(5)：3-9+35.

[49] 王永胜，马恒.澳大利亚维多利亚州课程标准中的可持续发展教育——基于联合国"十年计划"可持续发展教育框架的分析 [J].外国教育研究，2009，36(5)：53-58.

[50] 宋乃庆，唐智松.试论可持续发展教育的目标 [J].西南大学学报（社会科学版），2009，35(2)：123-127.

[51] 田青.我国可持续发展教育初探 [J].中国人口·资源与环境，2003，

13(3)：125-127.

[52] 岳伟，李文娟．可持续发展教育演进逻辑与未来趋势——基于对联合国教科文组织系列报告的分析 [J]. 比较教育研究，2023，(4)：3-11+33.

[53] 杨尊伟．面向 2030 可持续发展教育目标与中国行动策略 [J]. 全球教育展望,2019,48（6）：12-23.

[54] 韩梅．美国 K-12 国家可持续发展教育学生学习标准解析．外国中小学教育，2010，（9）：56-59+39.

[55] 朱竹，苑大勇．联合国教科文组织可持续发展教育理念的发展及其在中国的扩散 [J]. 世界教育信息,2023,36(6):76-80.

[56] 史根东．可持续发展教育的理论研究与实践探索 [J]. 教育研究,2003,(12):44-50.

[57] 黄宇，张丽萍，谢燕妮．国际生态文明教育的趋势与动向 [J]. 环境教育,2017,(11):50-53.

[58] 岳伟，陈俊源．环境与生态文明教育的中国实践与未来展望 [J]. 湖南师范大学教育科学学报,2022,21(2):1-9.

[59] 徐新容，张靖，马强．如何推进生态文明教育教师队伍建设 [J]. 教育家,2022,(29):36-37.

[60] 黄丹，石秀秀，贺宇明等．北欧四国生态文明教育实践与启示 [J]. 河南师范大学学报（哲学社会科学版），2019（6）：

[61] 相巨虎．中国式生态文明教育高质量发展路径探析——以国际环境教育先进经验为借鉴 [J]. 鄱阳湖学刊,2023,(2):19-29.

[62] 韩梅．高师院校环境教育通识课建设问题分析 [J]. 沈阳师范大学学报（社会科学版），2015，39（3）：111-113.

[63] 蒋笃君，田慧．我国生态文明教育的内涵、现状与创新 [J]. 学习与探索，2021，（1）：68-73.

[64] 覃佩．基于 CiteSpace 知识图谱的我国生态文明教育研究热点分析 [J]. 林草政策研究，2022，2（4）：60-65.

[65] 史根东.为美丽中国奠基:生态文明-可持续发展教育的涵义解读与素养分解 [J]. 可持续发展经济导刊, 2021,（6-7）: 63-66.

[66] 王灿发.论生态文明建设法律保障体系的构建［J］.中国法学: 2014,（3）: 34-53.

[67] 韩梅.初中化学课程"科学态度与责任"素养的内涵、特点及内容指向［J］.教学与管理, 2023,（7）: 64-67.

[68] 岳伟,杨雁茹.生态文明教育为建设美丽中国供给"养分"[J]. 人民教育,2023,(2):58-59.

[69] 曹红丽.高中生物学教学中落实生态文明教育的尝试 [J]. 中学生物教学,2022,(11):23-26.

[70] 苑大勇,王煦.从国际理念到本土实践:可持续发展教育的"日本模式"解析 [J]. 比较教育研究,2023,(2):86-95.

[71] 宁云中,邹蓉.构建生态文明的教育体系:问题与对策［J］. 当代教育论坛, 2021,（3）: 75-80.

[72] 韩梅,刘玲.高中化学教学中 STSE 情境教学的问题表征与优化策略［J］.教学与管理, 2022,（28）: 61-64.

[73] 范韦芳,王世存.高中化学教科书中的生态文明教育内容建构——以人教版和鲁科版必修部分为例 [J]. 化学教学,2021, (11):20-24+36.

[74] 岳伟,古江波.公民生态文明素养亟需全面提升——基于当前重大疫情的反思 [J]. 教育研究与实验, 2020,（2）: 8-12.

[75] 张婧.中小学开展生态文明教育的路径与实践探索 [J]. 教育视界, 2019,（5）: 44-46.

[76] 王巧玲,徐焰华,傅继军.整体论视域下生态文明教育的融合模式与实现策略——基于"学—教—评"一体化实践探索 [J]. 教育科学研究, 2022,（3）: 78-84.

[77] 马强.新时期中小学生生态文明素养的培育策略与实践 [J]. 教育与管理, 2022,（6）: 44-46.

[78] 韩梅 . 高师院校环境教育课程内涵及其建设 [J]. 沈阳师范大学学报（社会科学版），2010，34（3）：90-92.

[79] 乐先莲 . 中国式现代化视域中的生态文明建设：现实之困与教育之为 [J]. 南京师大学报 ,2023,(2):56-67.

[80] 张婧 . 可持续发展教育：架设通向优质教育的桥梁——瑞典 2016 国际可持续发展教育会议综述 [J]. 世界教育信息 ,2016,29(22):17-20.

[81] 刘天 . 我国生态文明教育体系构建的价值取向与基本面向［J］. 云南行政学院学报，2023，（2）：44-57.

[82] 周妍 . "美丽中国"视域下公民生态文明素养的提升［J］. 经济研究导刊，2022，（9）：146-148.

[83] 韩梅 .《高中地理课程标准（2017 版）》中的环境伦理教育因素分析［J］. 科教导刊（下旬），2018，（33）：128-129+141.

[84] 周妍 . "美丽中国"视域下公民生态文明素养的提升［J］. 经济研究导刊，2022，（9）：146-148.

[85] 杨成 . 开展青少年生态文明教育的方法研究 [J]. 青年探索，2009,(3):31-33.

[86] 韩梅 . 中学地理课程优化环境伦理教育的策略探析［J］. 内蒙古师范大学学报（教育科学版），2015，28（8）:148-150.

[86] 周宏春，江晓军 . 习近平生态文明思想的主要来源、组成部分与实践指引［J］. 中国人口·资源与环境，2019，29（1）:1-10.

[87] 杜昌建 . 习近平生态文明思想研究述评［J］. 北京交通大学学报（社会科学版），2018，17（1）:151-158.

[88] 阮晓菁，郑兴明 . 论习近平生态文明思想的五个维度［J］. 思想政治教育导刊，2016，（11）：57-61.

[89] 穆艳杰，魏恒 . 习近平生态文明思想研究［J］. 东北师范大学（哲学社会科学版），2019，（1）：62-68.

[90] 温志嵩 . 新时代高校生态文明教育的逻辑转向及路径选择［J］. 高教

论坛，2020，（7）：18-23.

[91] 屈乾坤.论构建中学生态文明教育机制［J］.中学政治教学参考，2015，（5）：82-83.

[92] 郭桂周，罗珊，李明丽.中学物理教科书中的环境教育内容及其自然观研究——以人教版初中物理教科书为［J］.教育理论与实践，2021，41（14）：44-48.

[93] 常晓薇，孙峰，孙莹.国外环境教育及其对我国生态文明教育的启示［J］.教育评论，2015，（5）：165-167.

[94] 李霞.大学生生态文明教育国内外研究述评［J］.安徽工业大学学报（社会科学版），2016，33（1）：99-103.

[95] 陈丽鸿.中国生态文明教育实践综述（2008~2010年）［J］.林业经济，2011，（11）：70-73.

[96] 吴广庆.生态文明教育的三个维度［J］.理论月刊，2013，（1）：163-165.

[97] 齐秀强，屈朝霞.马克思主义生态文明教育的实践场域与实现路径［J］.求实，2015，（4）：4-13.

[98] 杜昌建，李冬雪."美丽中国"视域下的生态文明教育意义探析［J］.教学与管理，2014，（5）：4-6.

[99] 卡洛琳·德莱昂.可持续发展教育的框架：维度、内容与价值观［J］.世界教育信息，2011，（2）：21-25.

[100] 亚历山大·莱希特.联合国可持续发展教育十年（2005—2014）国际实施计划：迈向2014年及以后［J］.教育科学研究，2013，（6）：25-29.

[101] 王巧玲，张婧，王咸娟，等.中学生生态文明素养测评指标体系的构建与应用［J］.中国教育学刊，2023，（7）：78-84.

[102] 胡皓月，吕国富，杨胜.大学生生态文明素养研究热点的共词可视化分析［J］.高教论坛，2020，（9）：108-111.

[103] 陈小荣.高校生态文明教育体系构建的探讨［J］.科技经济市场，

2015，（4）：132-134.

[104] 聂惠. 高校生态文明教育体系的构建与实现路径〔J〕. 宿州教育学院学报，2019，22（5）：36-38.

学位论文类

[1] 巩莉. 高中地理教学中实施生态文明教育的研究 [D]. 湖南师范大学硕士学位论文，2017.

[2] 徐文杰. 新时代背景下生态文明教育在高中地理教学中的渗透 [D]. 山东师范大学硕士学位论文，2019.

[3] 李志强. 中学生态文明教育研究〔D〕. 苏州大学硕士学位论文，2011.

[4] 孙晓丽. 澳大利亚可持续发展教育研究 [D]. 华东师范大学硕士学位论文，2012.

[5] 王晶晶. 高中思想政治课生态文明教育探究 [D]. 上海师范大学硕士学位论文，2018.

[6] 陈红彬. 初中生物教学中渗透生态文明教育教学方法的研究 [D]. 东北师范大学硕士学位论文，2016.

[7] 刘佳欣. 统编版高中历史教材中生态知识的课堂教学研究 [D]. 阜阳师范大学硕士学位论文，2022.

[8] 和亚文. 初中《道德与法治》课生态文明教育研究 [D]. 信阳师范学院硕士学位论文，2019.

[9] 孙洁. 高中思想政治课强化生态文明教育研究 [D]. 山东师范大学硕士学位论文，2023.

[10] 李兴华. 高中生态文明素质教育的现实困境及对策研究 [D]. 河南师范大学硕士学位论文，2015.

[11] 王海燕. 21 世纪以来瑞典中小学可持续发展教育研究 [D]. 云南师范大学硕士学位论文，2014.

[12] 曾昭鹏 . 环境素养的理论与测评研究 [D]. 南京师范大学博士学位论文，2004.

[13] 何秀霞 . 新时期中学生态文明教育研究 [D]. 河南师范大学硕士学位论文，2011.

[14] 吴凯伦 . 价值澄清视域下高中地理教学中生态文明教育融入策略的研究 [D]. 天津师范大学硕士学位论文，2021.

[15] 刘晓琴 . 初中化学教学中生态文明教育的渗透 [D]. 苏州大学硕士学位论文，2011.

[16] 林敏 . 中小学生生态文明教育研究 [D]. 湘潭大学硕士学位论文，2015.

[17] 陈薪伊 . 中学"知行合一"的生态文明教育研究 [D]. 广州大学硕士学位论文 ,2019.

[18] 和文娟 . 中学历史教学生态文明教育研究 [D]. 天水师范学院硕士学位论文，2019.

[19] 白文灿 . 中学生物教学中渗透生态文明教育初探 [D]. 华中师范大学硕士学位论文，2016.

[20] 朱帅 . 初中道德与法治课生态文明教育研究 [D]. 上海师范大学硕士学位论文，2019.

[21] 胡朝兰 . 高中地理提升学生生态文明素养的实践路径 [D]. 河北师范大学硕士学位论文，2019.

[22] 张蓉蓉 . 高中地理课堂中生态文明教育案例教学 [D]. 南京师范大学硕士学位论文，2014.

[23] 谢水羡 . 初中化学生态文明教育主题教学设计与实践研究 [D]. 闽南师范大学硕士学位论文，2023.

[24] 黄晓庆 . 中美物理教科书中环境教育内容的比较分析 [D]. 湖南师范大学硕士学位论文，2019.

[25] 赵艺璇 . 高中地理教学进行生态文明教育的现状与途径研究 [D]. 山

东师范大学硕士学位论文，2019.

[26] 林晓伟. 大学生生态文明教育研究 [D]. 渤海大学硕士学位论文，2019.

[27] 张靖. "美丽中国"视域下大学生生态文明教育研究 [D]. 辽宁师范大学硕士学位论文，2019.

[28] 李文静. 素质教育背景下中学生态文明教育研究——以苏南地区中学为例 [D]. 南京林业大学硕士学位论文，2017.

[29] 韩路. 生态文明教育在高中地理教学中的渗透 [D]. 贵州师范大学硕士学位论文，2016.

[30] 金旭峰. 生态文明教育在高中地理教学中的渗透研究——以人教版高中地理必修 2 为例 [D]. 重庆师范大学硕士学位论文，2017.

[31] 李嘉颖. 生态文明教育在高中生物教学中的渗透研究 [D]. 内蒙古师范大学硕士学位论文，2015.

[32] 程兰. 高中思想政治教学中的生态文明教育探究 [D]. 华中师范大学硕士学位论文，2016.

外文文献类

[1] Phillip G Payne. Environmental Education and Curriculum Theory[J]. The Journal of Environmental Education，2006，37（2）.

[2] Affifi, R. The Metabolic of Environmental Education [J]. Studies in Philosophy and Education, 2017 (3).

[3] Heurtebise, Jean-Yves.Sustainability and Ecological Civilization in the Age of Anthropocene: An Epistemological Analysis of the Psychosocial and "Culturalist" Interpretations of Global Environmental Risks[J]. Sustainability, 2017(9).

[4] UNESCO.Roadmap for Implementing the Global Action Programme on Education for Sustainable Development［R］. France :UNESCO,2014.

[5] United Nations. Transforming our world: the 2030 Agenda for Sustainable Development[EB/OL]. http://www.un.org/ga/search/view_doc.asp?symbol=A/

RES/70/1&Lang=E.

[6] Gerhard de Haan.The development of ESD- related competencies in supportive institutional frameworks [J] . International Review of Education，2010.

[7] UNESCO. Framework for the implementation of education for sustainable development (ESD) beyond 2019[EB/OL] .(2019-09-03)[2022-09-04] https://unesdoc.unesco.org/ark:/48223/pf0000370215/PDF/370215eng.pdf.multi.

[8] UNESCO. Education for sustainable development: A roadmap[M] . Paris: UNESCO, 2020.

[9] ADESUWA V A. Sustainable development, education for sustainable development, and the 2030 Agenda for sustainable development: Emergence, efficacy, eminence, and future[J] . Sustainable Development, 2019(4).

[10] UN.The sustainable development goals report 2022[R] . New York: United Nations Publications, 2022.

[11] NAGATA Y. A critical review of education for sustainable development (esd) in Japan: beyond the practice of pouring new wine into old bottles[J] . Educational Studies in Japan, 2017（11）.

[12] Mcbride，B. B.，Brewer，C. A.，et al. Environmental literacy, ecological literacy，ecoliteracy：What do we mean and how did we get here?[J] .Ecosphere，2013，4（5）.

[13] UNESCO. 2012 Report on the UN Decade of Education for Sustainable Development，the United Nations Educational，Scientificand Cultural Organization［R］.Paris：UNESCO，2012.

[14] SHULLA K, FILHO W L, et al. Sustainable development education in the context of the 2030 Agenda for sustainable development[J] . International Journal of Sustainable Development & World Ecology, 2020, 27(5).

[15] UNESCO.Education for Sustainable Development Goals:Learning Objectives[M] . Paris: UNESCO, 2017.

后　记

自博士毕业已有 15 载，毕业后一直从事环境教育、学科课程与教学论的教学和研究工作，虽然其间有过教学任务的调整，但研究的关注点从未离开过环境教育、乃至生态文明教育的领域。2010 年出版了个人的第一本专著，是从学科层面来探讨环境教育，经过多年的积淀和认识的深化，尝试跳出单一的学科层面，从跨学科乃至更上位的层面来开展深化和拓展研究。

本书从确定选题、拟订提纲，到现状调研与理论构建，从完成初稿、多次修改到最终定稿，由于其间要兼顾工作和家庭，断断续续历时一年半有余。回想起研究历程与写作期间的种种，感慨万千，有生活的忙碌与思维受阻的苦闷，也有精神的充实与顿悟的喜悦！在本书即将付梓之际，感激与欣慰难以言表！

虽然已毕业多年，仍要感谢将我引入学术殿堂的袁孝亭教授和林宪生教授，两位导师的教诲学生终生难忘！本书的顺利完成，离不开多人的辛勤付出。在现状调研期间，得到了赵红杰、庄瑞杰、牟晓兰、王艳萍、张昱等省市教研员的支持，以及刘杨、孙丹、梁明华、张旭、陈宏、夏俊艳、徐春娇、刘健、杨姝等中学一线教师的配合，感谢他们在调研期间给予的热心帮助，在此一并表示感谢。

感谢我指导的硕士研究生田野、任晓旭、杜婷婷协助完成部分资料的查阅与整理，韩祉曼、冯诗情、王天娇协助完成调研数据的录入与统计分析，以及本书稿的校对工作，在此一并表示感谢！

感谢沈阳师范大学省一流经费项目对本书出版给予的经费资助，感谢九州出版社的张皖莉编辑，她在本书的校审过程中付出了大量心血，在此深表谢意！

本书参阅、引用了诸多专家、学者的相关文献资料和观点，保证了本书能站在较高的起点上开展研究，在此对各位学术前辈及学术同仁表示诚挚的谢意！此外，还要感谢我的家人及亲戚、朋友、同事，他们一直以来的理解、鼓励、支持，尤其是写作期间儿子的懂事与督促，使本书能够如期顺利完成！

本书是一部探讨中学生态文明教育理论与实践的研究性著作，由于本人的能力、水平，以及时间、人力、物力等诸多主客观因素的制约，书中必定存在不足之处，在此恳请学界同仁批评指正！

韩 梅
2023 年 11 月